열도 총독, 왜5왕

1500년 숨겨진 한일 관계의 비밀

김주인

박영사

일러두기

- 고대 역사서의 원문과 번역문은 한국사데이터베이스 및 동북아역사넷에 탑재된 문구를 인용하였고, 번역문의 경우 필요에 따라 필자가 첨삭하였다.
- 한자는 각 장에서 처음 한 번만 병기하고, 일본 인명과 지명은 국립국어원 어문 규정에 따라 원어 발음을 표기하였다.
- 일반적으로 일본의 국왕을 일컫는 '천황'이라는 칭호는 상국 백제가 임명한 '왜왕(倭王)'인데, 자칫 "한반도 — 상국, 일본열도 — 제후국"이라는 역학 관계에 혼란을 일으킬 여지가 있으므로 본문에서는 '일왕'으로 통일한다. 단, 인용문의 경우 그대로 표기한다.

추천사

본인이 저자와 인연을 맺게 된 것은 3년 전 학술지 「역사와 융합」지에 실린 「5C 왜 5왕의 실체」라는 소논문을 읽고서였습니다. 그때 처음 관심을 갖고 만나게 되었습니다. 그 후 그 논문을 기초로 한 저자의 박사학위 논문(순천향대학원, 2024) 심사위원장까지 맡게 되었고, 이것이 이 역사서의 발간에 즈음하여 추천사까지 쓰게 된 연유임을 밝혀 둡니다.

만학도의 눈으로 "역사는 왜 중요한가"와 "왜 우리의 역사는 축소·쇠퇴했는가"를 집요하게 추적하는 이 책은, 개인적 성찰과 학문적 문제의식을 설득력 있게 결합했습니다. 역사교육이 본질적으로 정치적이라는 논의를 이 책이 환기시킨다는 점에서 더욱 유의미합니다. 일제강점기의 지식·제도 유산의 장기적 지속 효과를 점검하려는 독자에게도, 식민지기의 공적 영역과 담론의 복합성을 이해하려는 독자에게도 유익한 읽을거리입니다. 비판적 역사 읽기를 원하는 모든 이들에게 이 책을 자신 있게 추천합니다.

이 책은 한국사 왜곡의 원인을 외세 탓에만 돌리지 않고, 우리 스스로의 역사관·기록 관행·정체성 서사에서 비롯된 장기지속적 문제로 정면 돌파하는 과감하고 설득력 있는 성찰입니다.

중국과 일본이 일찍이 자국 중심의 역사관을 제도화해 국가 정체성의 기둥으로 삼은 반면, 한국은 내부의 사대주의와 기록의 축소·멸실을 통해 자학적 서사를 자초해 왔다는 필자의 주장은, 집합기억이 현재의 정치적 맥락에서 동원·재구성된다는 비교정치·국제정치 연구의 통찰과 정확히 호응합니다. 더 나아가, 역사교육이 본질적으로 정치화된 장(場)이라는 국제 비교 논의와 맞물리며, 왜 '역사관의 자주성'이 곧 시민교육과 미래 상상력의 문제인지 각성시킵니다.

이 책의 핵심 강점은 자학적 서사의 기원에 대한 내면적 비판입니다.

이 책은 외세의 그림자 너머, 우리 손으로 만든 서사의 족쇄를 직시하게 합니다. 역사관의 자주성을 회복하려는 모든 이에게 이 책을 강력히 추천합니다.

이 책은 "역사를 잊은 민족에게 미래는 없다"라는 명제를 오늘의 학문적 언어로 갱신하려는, 문제의식이 분명한 도전장입니다. 저자는 사료의 빈곤을 자학으로 합리화하지 않고, 기억의 프레이밍과 화자 권위를 둘러싼 논쟁의 장으로 한국 고대사를 재진입시키며, 자주적·자존적 역사관의 필요를 강하게 환기합니다. 동아시아 국제질서가 주권적 평등이 아니라 위계와 위신의 논리 위에서 작동해 온 맥락을 상기시키며, 기록의 선택과 해석이 곧 국가·문명 서사의 위상을 규정한다는 점을 집요하게 보여줍니다.

이 책의 강점은 학문적 용기에 있습니다. 『송서』 상표문, 광개토왕비 경자년조 등의 사료를 공개된 논증의 장으로 끌어내

학문적 검증을 촉구했습니다. 이는 "기억의 프레이밍 ― 누가 말할 권한을 갖고, 어떤 경계 안에서 말하는가"를 재협상하는 행위로서 학술공동체의 건강성을 시험합니다.

그리고 이 책의 강점은 관점의 전환에 있습니다. '자존사관'은 배타적 국수주의가 아니라, 사실성 위에서 집단적 자기존중을 회복하려는 규범적 시도임을 분명히 합니다. 도덕적 행위와 자기존중의 연계에 대한 심리학적 통찰은, 자존을 근거로 한 역사 서술이 곧장 배타적 우월감으로 귀결되지 않음을 시사합니다.

이 책의 강점의 첫 번째는 비교사적 맥락화입니다. 이 책은 일본 제국주의와 식민 도식화의 유산이 오늘날까지 기억·담론의 지형을 규정해 왔음을 상기시키며, 그 위에서 한국·일본 간 식민 기억 정치가 재동원되는 과정을 짚었습니다.

그러므로 이 책의 학술적 기여는 다음과 같습니다.

우선 동아시아 질서사의 재맥락화입니다. 위계·조공체제라는 질서 논리 위에서 고대 한·일 관계를 다시 읽어냄으로써, 전통적 주권 ― 평등 모델의 집착을 벗어난 해석 가능성을 제시했습니다.

두 번째는 기억정치에 대한 실증적 함의입니다. 국내 정치화된 식민 기억이 화해와 인식투쟁을 어떻게 장기화하는지에 대한 최근 연구의 통찰과 맞물리며, 자료 해석과 화자 권위의 재구성이 왜 중요한지 설득력 있게 드러냈습니다.

세 번째는 공론장에 대한 비판입니다. 이 책은 통설 ― 비통설 이분법으로 연구를 봉쇄하는 관행을 지적하며, 공개적 반증과 토론을 통한 검증의 절차적 정당성을 요구했습니다. 이는 일제하 공·사적 영역의 중첩과 지식 권위의 형성 과정을 비판적으로 재조명하는 흐름과도 호응합니다.

그러므로 이 책을 특히 한국 고대사 서술의 틀과 기억정치의 작동 방식에 문제의식을 가진 모든 독자에게 추천합니다. 그리고 동아시아 질서·위계, 근현대 식민지적 유산, 한·일 관계의 역사적 기억을 교차적으로 탐구하는 모든 독자에게 이 책을 추천합니다.

'자유로운 탐구와 비판 가능한 검증'이라는 학문의 상식이 실제로 어떻게 작동해야 하는지, 사례로 확인하고자 하는 모든 이들에게 이 책을 추천합니다.

사실성 위에서 자존을 회복하려는 용기, 그리고 기억의 프레임과 화자 권위를 다시 묻는 집요함. 이 책은 이런 두 가지가 만난 획기적인 역사서입니다.

2025년 11월

세종대학교 대양휴머니티칼리지 대우교수

호사카 유지

저자 서문

필자가 기업 경영으로 평생을 보내다가 일흔이 넘은 나이에 역사 공부에 뜻을 두고 석·박사 과정을 밟게 되면서 줄곧 뇌리를 떠나지 않은 큰 두 가지 자문의 주제가 있었다. 첫째는 역사가 왜 중요한가이고, 둘째는 우리나라 역사는 고대의 만주벌 일대와 한반도에 걸친 대제국으로 시작했는데, 왜 고려 중반 이후 점차 강역이 축소되고 쇠락의 길을 걷게 되었는가 하는 점이었다.

첫 번째 자문에 대한 해답은 오히려 쉽게 나름대로 결론을 낼 수 있었다. 우리는 역사를 통해서 우리 자신의 뿌리를 찾고, 과거의 경험을 통해 미래를 내다보는 통찰력을 키운다. 무엇보다 역사를 통해 우리 자신의 정체성을 확인할 수도 있다. 역사는 우리의 존재 자체와 직결되는 근본 학문이라는 생각이 들어 만학도로서 희망과 자부심까지 느끼게 되었다 해도 과언이 아니었다.

그러나 두 번째 의문, 즉 왜 우리나라 역사는 통일신라 이후 발해가 망하고, 고려 중기를 기점으로 계속해서 역사가 축소 내지 쇠락의 길을 걷게 되었을까 하는 점은 그 해답이 쉽지 않았다. 학자에 따라서는 그 원인으로 우리나라의 철기문화가 중국보다 뒤처

졌기 때문이라고 주장한다. 그러나 실제 고고학적 발굴을 통해 얻은 결론에 따르면 신용하 교수가 지적한 대로 고조선의 철기문화 역시 중국보다 오히려 앞섰다는 주장도 있다. 그러므로 우리 역사의 쇠퇴를 삼국시대까지의 왕성했던 상무 정신의 소멸 내지 쇠퇴와 연관시키는 것은 몰라도, 철기문화의 유입시기과 연관시키는 것은 별 설득력이 없다고 본다.

그리하여 일제에 의한 조선사편수회를 통한 의도적인 식민사관의 주입과 교묘한 역사왜곡 내지 축소·말살 작업의 결과가 아닌가 하는 생각에 이르렀다. 이에 대해서는 수많은 재야 학자들의 논문과 저서가 발간되었고 그를 주제로 한 학술대회도 많이 열렸음은 주지의 사실이다.

그래서 표면적으로 스스로 '나는 식민사학자'라고 주장하는 학자는 이제 한 사람도 없다 해도 과언이 아니다. 그러나 그것은 표면적 현상일 뿐, 내용적 면에서는 아직도 일제가 구축해 놓은 『조선사』의 프레임, 즉 한국의 북쪽에는 평양에 한사군이 있었고, 그를 통해 400여 년간 중국의 식민지배를 받으면서 중국의 선진 문물을 전수받아 문명국가로 발전하게 되었다는 것과, 또 남에는 4세기 중반부터 6세기 가야가 신라에 의해 멸망할 때까지 200년 이상 한반도 남쪽은 야마토 왜의 '임나일본부'에 의해 지배를 받았다는 식민사학의 기본 틀이 오히려 강화되고 있다는 것이 지난번 『전라도천년사』 편찬에서 여실히 입증된 서글픈 우리 역사의 현주소이다.

이런 과정을 거치면서 우리나라 역사의 왜곡 축소의 근저에는 일제나 이웃 나라 중국과 일본의 역사침탈을 방관 내지 동조하는 더 근본적인 내면의 문제가 있지 않을까 하는 생각이 들었다. 바로 역사관의 문제인 것이다.

중국의 역사 기술은 한무제 때인 B.C. 1세기에 사마천이란 걸출한 역사가에 의해 『사기(史記)』로 집대성된 이래 연연세세 왕조가 바뀔 때마다 역사 기록을 남겨 <25사>에 이르고 그것이 중국 역사의 근간을 이루고 있다. 또 일본은 백제가 망한 후 A.D. 720년에 일본의 자주적 역사관을 확립한다는 분명한 목적하에 『일본서기』를 편찬하여 자국의 역사를 1,000년이나 끌어 올려 B.C. 660년에 시작된 것으로 만세일계의 역사를 금과옥조로 삼아 후대를 가르치고 있다.

반면 우리나라는 어떤가? 공식적으로 우리나라 현존 역사서의 대표는 김부식이 1145년경에 쓴 『삼국사기』와 1281년경에 쓴 일연의 『삼국유사』가 있다. 그 당시만 해도 김부식이나 일연은 당시의 현존 역사서인 고구려의 『유기』나 『신집』, 백제의 『서기』, 신라의 『국사』 등 많은 역사서를 참고하여 역사서를 집필했다. 그러나 안타깝게도 그들 참고문헌인 역사서는 현재 후손인 우리에게 하나도 전해지지 않고 있다.

왜일까? 물론 오랜 세월 잦은 병화를 겪으면서 소실되었을 수도 있다. 그러나 우리 손에 의해 축소·왜곡·멸실되었다는 부끄러운 역사가 근본 원인임을 인정하지 않을 수 없다. 『삼국사기』의 저자인 김부식이 사대주의적인 유학에 경도되어 중국에 대항한 고구려와 백제의 역사 기술을 대폭 축소한 것은 잘 알려진 사실이다.

그러나 당시 금나라의 간섭을 받아 삼국의 왕이 각자 사용한 연호를 없애고 광개토태왕 비문에 관한 웅혼한 기록도 없애고, 중국 사서에 나와 있는 대륙백제의 기록이나, 백제의 열도 경영에 관한 기록도 다 누락시킨 것도 사실이다.

더구나 결정적인 것은 조선시대에 들어와 행해진 대규모 역사서 수거령이다. 즉, 성리학적 사대주의를 국시로 삼은 태종 이방원이 명나라의 비위를 맞추기 위해 전국에 역사서 수거령을 내린 이후 예종과 성종에 이르기까지 100여 년간 이러한 망국적 역사서 수거령으로 폐기 또는 멸실한 책자의 목록이 『조선왕조실록』에 상세히 나와 있다.

이러한 일련의 과정 속에서 우리나라는 일제강점기까지 거의 1,000년에 걸쳐 우리 손으로 우리의 자랑스러운 역사를 폄하하고 축소하는 데 골몰해 왔으니, 그러고도 어찌 나라의 융성을 바라겠는가 하는 생각이 든다. 이는 비유하자면 서커스 공연에 동원된 코끼리가 한쪽 발목에 걸린 가느다란 말뚝 사슬에 순치되어 전혀 저항할 생각을 하지 못하고, 주인이 시키는 대로 훈련을 감내해 나가는 형국과 비견된다.

역사를 잊은 민족에게 미래는 없다는 말이 새삼 전율을 느끼게 하는 대목이다.

물론 여기에 덧붙여 일제강점기에 전국에서 강제로 수거하여 멸실·훼손한 20여 만 권의 역사서가 결정타를 입힌 것도 사실이지만 우리는 남의 탓을 하기 전에 스스로의 열패적 자기 비하의 역사관에 대해서 철저히 반성해야 한다.

이웃나라의 예를 살펴보자. 중국은 일찍이 공자가 『춘추』를 저술하면서 춘추필법(春秋筆法)이라 하여 역사기술의 엄정을 강조하는 한편, 3가지 역사기술의 방향을 제시했다. 첫째가 위국휘치(爲國諱恥)라 하여 나라를 위해 부끄러운 기록은 숨긴다는 것이요, 둘째 존화양이(尊華攘夷)라 하여 자기 민족의 역사는 높이고 주변국가는 오랑캐의 역사로 폄훼하여 낮춰 기록하게 한 것이며, 셋째 상내약외(詳內弱外)라 하여 국내문제는 상세히 기록하되 변방 역사는 대충 기록해도 된다는 것이 그 핵심내용이다.

얼핏 보면 이는 역사왜곡을 교시하는 내용으로 비칠 수 있으나, 곰곰이 생각해 보면 역사기술의 본령을 제시한 3가지 지침으로도 해석할 수 있다. 왜냐하면 역사기록은 자존감을 높이고 부끄러운 기록을 함부로 내세우지 말라는 것이 이 지침의 본령이지, 결코 거짓으로 사실을 왜곡·조작하라고까지는 지시하지 않았기 때문이다.

따라서 우리나라의 지식인들 사이에서 자존사관을 내세우면 '국뽕'이니 쇼비니즘이니 유사사학이니 뭐니 하는 비학문적 막말로 상대방을 윽박지르면서 스스로는 학문적으로 고귀하고 의연한 학자인 체하는 위선적 풍조가 만연하고 있는 것은 이웃 나라의 자존적 역사관에 비추어 볼 때 분명 타기할 주객 전도의 현상이라 비판하지 않을 수 없다.

이 점에서 러시아의 역사가로 『고조선연구』를 쓴 부틴(Yuri Butin)이 지적한 대로 "다른 나라 역사가들은 자국 역사를 높이기 위해 없는 역사도 만들어 넣는데 왜 한국 역사가들은 있는 역사도 그것이 자국에 유리하면 믿을 수 없다, 위서이네 하면서 폄훼하고 깎아내리려 하는지 도저히 이해할 수 없다"라고 한 말은 우리를 부끄럽게 한다.

요컨대, 역사서는 후세에게 자기역사에 대한 자학적 열패감을 조장하는 기록으로 작동할 것이 아니라 역사를 통해 자존감을 높이고, 자긍심을 고취하라는 의미로 기술되어야 할 것이다. 왜냐하면 사실에 기초를 두고, 자존감을 높이는 것은 그것이 거짓이 아닌 이상 결코 값싼 '국뽕' 운운의 대상이 아니기 때문이다.

여기서 중국의 역사서가 취하고 있는 전형적인 『사기』의 기록을 한 대목 살펴보자. 사마천은 한무제의 명을 받은 양복과 순체 두 장군이 B.C. 108년 5만 군사를 거느리고 위만조선을 멸망시킨 기록을 기술한다. 그러나 한무제는 이 두 개선장군을 대대적으로 포상하기는커녕 순체는 거시형이란 참형을, 양복에게는 참혹한 궁형을 내리는 기록이 나오는데, 사마천은 다른 것과 날리 이 대목에서 그 이유를 언급하지 않는다.

그래서 그 이유를 두고 여러 가지 해석이 분분했는데, 『환단고기』의 북부여기에는 그 분명한 이유가 나온다. 즉, 양복과 순체는 내친김에 요동으로 진격하여 고조선의 북부여를 완전 정복코자 했으나, 북부여의 왕족 고두막한(후에 졸본부여의 동명왕이되어 결국 북부여의 단군이 됨)이 의병을 일으켜, 그 진격을 저지시키고 한무제 군대를 패주케 했다는 기록이 나온다.

이 기록 하나루써, 한무제가 왜 두 장군에게 포상 아닌 가혹한 징벌을 내렸는가에 대한 해답과 함께, 한사군이 위만조선의 위치인 험독성지역에 설치되었다고 보는 것은 몰라도 양복과 순체가 패주하여 퇴각한 요서지방에서 수천 킬로 떨어진 한반도의 평양에 설치되었다는 것은 애시당초 성립 불가한 허구의 역사 왜곡으로밖에 볼 수 없다 할 것이다.

이는 바로 중국이 보인 위국휘치(爲國諱恥)에 의한 자국역사 기록의 한 가지 전형이다. 반면에, 우리 역사기록은 자기비하(自己卑下) 내지 자학사관에 의해 이런 고두막한 장군에 의한 위대한 승리의 기록조차 『환단고기』는 믿을 수 없다는 식으로 감추어 버린다. 그 후 우리 역사가 어떻게 왜곡되었는지의 결과를 보면 올바른 역사관의 확립이 얼마나 중요한지를 극명하게 알 수 있다.

우리는 흔히 고대사에 관한 자료의 빈곤을 한탄하지만 이러한 『환단고기』가 기록한 고두막한의 존재 하나만 하더라도 진작 부각 되었던들 현재 중국이 내세우는 동북공정과 한사군 평양설이 설 땅이 없었으리라는 생각이 든다.

중국 역사의 융성은 이처럼 사마천의 『사기』 기록에서 보인 위국휘치(爲國諱恥)와 존화양이의 자존사관이 후세에 한사군에 의한 한반도 북부 지배하는 역사 왜곡이 사실인양 지속적으로 확대 재생산되어온 반면에, 우리나라는 단재 신채호가 『조선상고사』에서 통렬히 지적한 바와 같이 고려 중엽 이래 『삼국사기』에서 보인 자비사관에 순치되어 그 결과 우리나라 역사는 점차 축소의 길을 걷게 되었다고 감히 단언할 수 있다.

필자의 본 저서 『열도총독－왜 5왕의 실체』는 바로 이런 역사관을 불식하고 왜곡된 고대 한일 관계를 바로 잡기 위한 필자 나름의 제1탄이라 할 수 있다.

이 책은 원래 필자의 학위논문 「왜5왕과 왜왕제도에 관한 연구」(순천향대학원, 2024)를 일반인이 읽기 쉽게 풀어쓴 책이다. 여기에는 5세기를 관통하여 일본 열도를 지배한 찬(讚), 진(珍), 제(濟), 흥(興), 무(武)의 실체가 어찌하여 한국 학자들의 연구대상에서 제외되어 별 주목을 받지 못하고, 일본의 관학자들의 주장에 따라 그저 일왕의 다른 이름으로밖에 알려지지 않았는가에 대한 해답이 분명히 제시되어 있다.

이는 필자가 무슨 심오한 연구를 통해 밝혀낸 역사 진실이라기보다, 앞에서 언급한 자주적·자존적 역사관의 시각에서, 『일본서기』나 『삼국유사』에서 외면한 『송서』의 상표문 기록과 일제가 삭제한 광개토태왕 비문 경자년조(400)의 기록을 토대로 밝혀낸 것이다.

그 과정에서 필자가 우리 강단사학계에서 아무런 합리적 근거도 없이 위서로 몰아붙이는 『환단고기』의 기록과, 『환단고기』의 편저자 운초 계연수 선생의 광개토태왕 경자년조(400)에 대한 「무술등본」을 과감히 인용했음도 특기할 만한 대목일 터이다.

『환단고기』나 「무술등본」의 진실과 역사성은 바로 이 논문 하나만 놓고 보더라도 그 존재의 가치가 확실히 입증되고도 남는다 할 것이다.

결론적으로 이 논문을 통해 5세기 전후 300여 년간 일본 열도는 660년 백제가 망할 때까지 40여 년간의 고구려지배를 제외하고 백제의 지배하에 있었고 왜5왕은 바로 본국인 고구려 백제가 각각 파견한 열도 경영의 총독이자 본국 왕위 후계를 위한 훈련 코스였다는 것이 밝혀졌다 할 것이다.

따라서 학계가 이 논문이 운초 계연수 선생의 무술 등본을 근거로 밝혀낸 광개토대왕 비문상 경자년조(A.D. 400년) 열도 상륙의 진실성이나 『송서』에 나타난 문언을 근거로 왜왕 제(濟)가 백제 근초고왕과 동일인이며 왜왕 무(武)가 왜왕 제(濟), 즉 근초고왕의 아들로 후에 백제 무령왕이 되었다는 사실을 기록한 무령왕릉의 묘지석이 거짓이라고 반증할 결정적 이론을 제시하지 못한다면 그간 논란이 되어온 『환단고기』의 위서론이나 4세기 신공왕후의 삼한 정벌주장과 임나일본부설은 애초 성립이 불가한 허구라는 것은 자동적으로 증명된다.

학문은 '학문의 자유'가 생명이다. 이 책을 통하여 독자들은 학문의 자유를 통해 어렵게 밝힌 내용을 아무런 합리적 근거를 제시하거나 토론 절차도 거치지 않고, "통설에 반한다", "믿을 수 없다", "위서이다"라는 식으로 덮어씌움으로써 자유로운 연구 자체를 봉쇄하는 주류 역사학계의 횡포가 어떻게 우리 역사학을 황폐화시켰는지 그 현장을 직접 절실히 느끼시리라 확신한다.

모름지기 이 작은 책자를 통해 그러한 병폐가 조금이라도 불식되고 묻혔던 우리 역사의 진실이 새로이 바르게 드러나는 계기가 되기를 간절히 소망한다.

끝으로 본 책자가 나오기까지 필자의 학위논문 「왜5왕과 왜왕제도에 관한 연구」를 지도해 주신 한가람역사연구소 이덕일 교수님과 세종대 호사카 유지 교수님, 순천향대 이영관 교수님께 감사드린다. 왜왕 무(武)와 백제의 무령왕이 동일 인물임을 진작에 밝혀주심으로써 필자에게 많은 영감을 주신 소진철 원광대 교수님께 감사드린다. 소진철 교수님의 건강이 하루 속히 회복되기를 기원한다. 또 이 책의 윤문에 도움을 주신 한성례 교수님 그리고 기께이 출판을 맡아 힘써준 박영사에게 감사드린다. 그리고 만학도 남편과 아비에게 격려와 지원을 아끼지 않은 아내 김춘강과 아들 경구 내외, 딸 유경, 채경에게 고마움을 전한다.

이러한 온 가족들의 전폭적인 격려와 성원이 없었던들 본 연구는 물론 역사 주권재단의 출범 자체가 애시당초 불가능했을 것이기 때문이다.

2025년 12월

선정릉의 푸른 숲이 내려다보이는 연구실에서

이오(夷悟) **김주인**(金周仁)

차 례

제4장 왜5왕의 실체

제5장 결론

제1장

제1절 배경과 목적

제2절 기존 연구사와 그 문제점

제3절 연구 범위와 방법

서론

제1절

배경과 목적

왜(倭)5왕이란, 일본열도의 왜왕 찬(讚)·진(珍)과 제(濟)·흥(興)·무(武) 다섯 왕을 가리키며, 488년 심약(沈約)이 편찬한 『송서(宋書)』에 등장한다. 왜왕이 중국 왕조에 사신을 보내어 작위 등을 요청했다는 내용으로, 『송서』의 이 기록은 일본열도에 존재했던 왜왕의 실체를 말해주는 가장 객관적인 사료이다. 그런데 정작 일본 최초의 칙찬(勅撰) 역사서인 『일본서기(日本書紀)』(720)에는 이 왜5왕 기록이 보이지 않아 문제시되었다. 사실 『일본서기』는 역사서가 갖춰야 할 기본 중의 기본인 기년(紀年)부터 의도적으로 왜곡해 서술했다. 일본의 대표적인 일본사 사전인 『일본사대사전(日本史大事典)』은 『일본서기』에 대해 이렇게 설명한다.

> 진무(神武) 즉위를 서력기원전 660년인 신유년(辛酉年)으로 설정했기 때문에, 초기의 천황들이 부자연스럽게 장수하고 있고, '진구황후기(神功皇后紀)'에서도 황후는 「위지왜인전(魏志倭人傳)」의 히미코(卑彌呼)라고 생각하지만 120년 정도 연대를 조정해서 위

로 끌어올렸다.[1)]

『일본서기』는 야마토왜의 초대왕 진무(神武)의 즉위를 서기전 660년인 신유년(辛酉年)으로 설정해 놓고 썼다는 뜻이다. '신유혁명설(辛酉革命說)'[2)]에 따라 야마토왜의 개국 기원을 서기전 660년으로 설정했다는 말이고, 진구 황후는 3세기 초반의 히미코라고 생각되지만, 연대를 120년 정도 끌어올려서 4세기 후반의 인물로 왜곡했다는 의미로 읽을 수 있다.

이러한 설명은 『일본서기』를 통해 일본 고대사 및 고대 한일관계사를 연구하려는 학자들에게는 참으로 당혹스러운 내용이다. 예컨대 한국 고대사를 연구할 때 『삼국사기』·『삼국유사』 등을 기본 사료로 삼을 때 기년이나 재위 연대를 끌어올린다든지 하는 것은 상상도 못 할 일이기 때문이다.[3)]

필자는 평소에도 한국 고대사에 나타나는 왜의 실체에 흥미를 갖고 석사학위논문으로 「광개토대왕능비에 나타난 '왜'에 관한 연구」[4)]를 작성했으며, 그 후속 논문으로 「5세기 왜5왕의 실체에 관한 연구」[5)]

---

1) 「日本書紀」, 『日本史大事典』, 平凡社, 1992.

2) '신유혁명설(辛酉革命說)': 고대 중국에서 발생한 참위설(讖緯說)의 하나이다. 역년(曆年)에 따라 제왕의 정치가 변화한다는 사상으로, 신유년에 왕조가 교체된다는 설이다. 이와 비슷하게는 갑자년(甲子年)에 왕조가 교체된다는 '갑자혁명설(甲子革命說)'이 있다. 『山川日本史小辭典』, 山川出版社, 2016; 那珂通世 著, 三品彰英 增補, 『上世年紀考 增補版』, 養德社. 1948.

3) 메이지 시대 때 쓰다 소키치(津田左右吉), 이마니시 류(今西龍) 등은 기년부터 맞지 않는 『일본서기』를 사실이라고 주장하면서 『삼국사기』를 가짜로 모는 '삼국사기 불신론'을 주창했는데 그 모순에 대해서는 앞으로 설명해 나갈 것이다.

4) 김주인, 「광개토대왕능비에 나타난 '왜'에 관한 연구」, 석사논문, 2021.

5) 김주인, 「5세기 왜(倭) 5왕의 성격과 실체에 대한 연구」, 바른역사학술원, 『역사와 융합 제』 12호, 2022.

를 학술지 『역사와 융합』에 게재한 바 있다. 필자는 이 논문에서 찬·진·제·흥·무 왜5왕 가운데 제와 흥은 각각 백제의 개로왕(蓋鹵王)과 그의 동생 곤지(昆支)이며, 왜왕 무는 개로왕의 아들로 가카라시마(加唐嶋 또는 角羅嶋)에서 출생한 사마(斯麻)라고 서술하고, 왜왕 무가 나중에 본국으로 와서 무령왕(武寧王)이 되었다고 기술했다.[6] 이때는 왜왕 찬·진에 대해서는 그들이 백제 계통이 아닌 고구려 계통으로 추정된다는 점까지만 언급하고[7] 더 구체적인 논증은 하지 못했는데, 연구를 계속하면서 왜왕 찬과 진이 고구려계라는 사실을 밝히려면 왜왕 찬의 등극 시기로 추정되는 5세기 초에 있었던 광개토대왕군의 남진 기록 중 경자년조가 관련 있으리라 판단했다. 그러던 중 운초(雲樵) 계연수(桂延壽)[8] 선생이 남긴 광개토대왕릉비 탁본 「무술등본(戊戌謄本)」을 접하였다. 강단사학계에서는 계연수 선생과 그 제자인 이유립(李裕岦) 선생에 관한 모든 내용을 무조건 부정하고 있으나[9] 이는 학자적 태도라고 보기 어렵다.

그간 금나라 황제의 비석으로 알려졌던 능비가 광개토대왕릉비임을 처음 간파한 인물은 일본군 참모본부에서 파견한 간첩 사코 가케아키(酒勾景信) 중위였다. 그는 1883년 광개토대왕비문의 묵본(墨本)을 입수해 참모본부에 제출했다. 참모본부는 6년이나 지나서 1889년

6) 김주인, 위의 글, 2022. pp.27~30.

7) 김주인, 위의 글, 2022. p.25.

8) 운초 계연수(?~1920): 한말 학자 이기(李沂)의 문인으로 훗날 대한민국 임시정부 국무령이 되는 이상룡(李相龍)의 지휘 아래 참획군정을 맡았다고 알려져 있다. 1911년 홍범도·오동진 장군의 재정지원으로 『환단고기(桓檀古記)』 30권을 편찬했다고 전해진다.

9) 장신, 「이유립의 계연수 날조기(捏造記)」, 『역사와 현실』 115, 한국역사연구회, 2020년, pp.383~416.

일본의 국수주의 단체 아세아협회(亞細亞協會)의 기관지 『회여록(會餘錄)』 제5집에 「고구려고비석문(高勾麗古碑釋文)」이라는 제목으로 처음 공개했다. 고작 1,800여 자에 불과한 능비의 내용을 6년이나 지난 뒤에 발표한 이유는 불 보듯 뻔하다. 일본의 한국 침략을 합리화하는 방향으로 비문의 내용을 변조한 후에 공개했음을 시사한다.

광개토대왕릉비는 1972년 재일사학자 이진희(李進熙) 교수가 일본군 참모본부의 비문조작설을 제기하면서[10] 국제적인 논쟁의 대상이 되었다. 일본군 참모본부의 비문조작설이 상당한 설득력을 갖고 전파되던 중 중국의 왕젠췬(王建群)이 『호태왕비연구(好太王碑硏究)』에서 능비는 일본군 참모본부가 의도적으로 조작한 것이 아니라 현지인이 탁본을 쉽게 뜰 목적으로 이끼를 불태우고 석회를 바르는 과정에 문제가 생겼다고 주장하여 일본군 참모본부에 면죄부를 주고 말았다.[11] 그러나 왕젠췬의 주장 역시 원래 비문과 내용이 달라진 또 하나의 이유를 제시한 데 불과하다. 최근에는 한국 고대사학계의 일제 식민사학 추종 정도가 더욱 심각해져 광개토대왕릉비의 해석도 달라지는 상황에 놓여 있다.[12]

---

10) 李進熙, 『廣開土王陵碑の硏究』, 吉川弘文館, 1972. 이 저서는 1982년 李基東 번역, 『廣開土王碑의 探求』(일조각, 1982)으로 국내에서 출간되었다.

11) 王建群, 『好太王碑硏究』, 吉林人民出版社, 1984; 왕젠췬 저, 임동석 역, 『광개토왕비연구』, 역민사, 1985.

12) 강진원, 「광개토왕비 연구의 어제와 오늘－신묘년조 문제를 중심으로」, 『내일을 여는 역사』 68, 내일을 여는 역사재단, 2017. pp.166~167. 안정준은 2017년 『한겨레 21』에 「정치적인, 너무나 정치적인 광개토왕비」란 글에서 능비의 내용에는 장수왕이 "자국 중심 국제질서상(像)과 전쟁에서의 승리를 비문 내에 극적으로 재구성해냈다"고 주장했다. 안정준은 자신을 '젊은 역사학자모임 연구자'라고 소개했는데, 일본인 식민사학자들도 하지 못하던 주장을 한국의 젊은 역사학자들이 버젓이 전개하고, 『한겨레 21』이 이를 특집기사로 싣는 행태에 경악한 사람들이 적지 않다. 필자도 이러한 반민족, 반국가적 경향에 충격을 받

이미 1889년 『회여록』 제5집에 「고구려고비석문」이 발표된 뒤이기는 하나 계연수가 남긴 「무술등본」(1898)은 우리가 볼 수 있는 가장 이른 시기의 비문이라는 점에서 그 가치가 상당하다.

「무술등본」은 그동안 문제시되었던 신묘년조뿐만 아니라 광개토대왕의 남정을 담은 경자년조 역시 참모본부에 의해 의도적으로 훼손되었다는 추정을 가능케 한다. 이런 점에서 「무술등본」은 제작 경위가 구체적이고 분명하며, 내용 면에서도 당시 일본열도의 상황이나 지명과 부합한다고 보이므로 그것에 기초하여 능비에 관한 이론을 전개해도 무방할 것이다. 「무술등본」의 작성 경위에 대해서 운초 계연수와 단해(檀海) 이관즙(李觀楫)은 「광개토왕성릉비문징실(廣開土王聖陵碑文徵實)」이란 글에서 자세히 서술하고 있다.

> 지난 무술년 5월에 고구려 고도(古都)를 보기 위해서 장차 떠나려 하니 오군(吾君) 동진(東振: 오동진)이 이를 듣고 50금을 노자로 주고, 이참봉 홍린이 또한 포(布)를 내어 보조했다.[13)]

계연수가 고구려의 옛 수도인 집안(集安)을 방문하려 한다는 소식을 듣고 오동진과 참봉 이홍린이 답사비를 보조했다는 말이다. 이 일에 대해 계연수는 『환단고기』 범례에서 이렇게 말하고 있다.

아 노구임에도 이런 연구에 나서게 되었음을 부기한다.

13) 雲樵 桂延壽·檀海 李觀楫, 「廣開土王聖陵碑文徵實」, 李裕岦 著, 『大倍達民族史』 2권, 高麗家, 1987, pp.339~340.

환단고기는 모두 해학 이기 선생의 감수를 거쳐 내가 정성들여 부지런히 엮고 옮겨 쓴 것이다. 또 홍범도, 오동진 두 벗이 돈을 내어 인쇄할 수 있게 되었으니 하나는 우리 인간의 주성(主性)을 발견할 수 있게 된 점이 크게 기쁘고, 하나는 민족문화의 이념을 표출할 수 있게 된 점이 크게 기쁘고, 하나는 세계 인류가 공존으로 서로 모일 수 있게 된 점이 크게 기쁘다.[14)]

「광개토왕성릉비문징실」 과 『환단고기』 범례는 모두 오동진이 자금을 보조해주었다는 사실을 전하고 있다. 윗글은 단순히 계연수 선생이 광개토대왕릉비를 보게 된 경위만을 설명한 게 아니다. 평안북도 선천 출신의 계연수와 평안북도 의주 출신인 오동진이 같은 고향 출신으로서 친분이 오래되었음을 짐작게 한다. 이런 점들은 계연수의 『환단고기』 및 「무술등본」의 신뢰성을 높여주며, 그간 간과되었던 광개토대왕릉비의 경자년조에 대한 새로운 해석에도 힘을 실어준다. 다시 말해 광개토대왕릉비에 나오는 경자년조 기사가 신라의 구원 요청을 받은 고구려군의 진격이 한반도 끝자락에서 멈춘 것이 아니라, 대마도를 거쳐 백제가 지배하고 있던 일본열도에까지 상륙하여 해양 백제의 기세에 결정적 타격을 입혔다는 추론도 가능하다.

경자년조에 대한 이러한 해석은 왜왕 찬·진의 실체를 엿볼 수

---

14) 『桓檀古記』, "悉經海鶴李先生之監修 而且余精勤繕寫 又因洪範圖 吳東振 兩友之出金 付諸剞劂 一爲自我人間之發見主性 而大賀也 一爲世界人類之對合共存 而大賀也", 인용한 번역문은 이기동·정창건 해석, 『환단고기』, 도서출판 행촌, 2019. p17에서 인용. 성균관대학교 대학원장을 역임한 이기동 교수는 이 책 서문에서 강단사학자들이 『환단고기』를 위서(僞書)로 판정했기에 그들의 판단을 믿고 읽어볼 생각조차 하지 않았다가 대학원생들의 선의를 믿고 『환단고기』 원문을 읽어본 결과 위서가 아님을 직감해서 이 책을 내게 되었다고 말하였다.

있는 힌트를 제공한다. 그리고 과거 백제계가 독점하던 왜왕의 자리를 새롭게 고구려계가 장악해 나갔다는 의미로도 넓게 해석할 수 있다. 이러한 결론에 도달하기까지는 계연수 선생의 「무술등본」에 힘입은 바가 큰 것도 사실이지만, 거기에만 의존하지는 않았다.

이 책에서는 「무술등본」 외에도 광개토대왕군의 일본열도 상륙을 입증하는 보강 증거를 여럿 제시했고, 이를 통해 경자년조의 뜻을 더욱 명확하게 '징실(徵實)'함으로써 지금껏 논란의 중심이었던 신묘년조 해석에도 새로운 방향을 제시했다고 생각한다. 이러한 논증 과정을 통해 왜5왕의 실체를 새롭게 제시한 것은 물론이거니와 광개토대왕 비문의 성격 자체를 '탈왜(脫倭)'로 결론지음으로써 과거 일본인 식민사학자들이 구축한 '임나일본부설'[15]의 토대를 근본부터 무너뜨렸다고 생각한다.

---

15) '임나일본부설(任那日本府說)': 4세기 중엽 일본열도의 왜가 한반도 남부로 출정해 가야와 그 주변을 정벌한 다음 '임나일본부'라는 통치기관을 설치하였고, 이후 562년까지 한반도 남부를 지배했다는 학설이다. 일명 '남선경영론(南鮮經營論)'이라고도 하며, 1720년에 완성된 『대일본사(大日本史)』에서 최초의 전형을 찾아볼 수 있는데 "신공황후(神功皇后) 때 삼한과 가라를 평정하여 임나일본부를 두고 통제하였다."라고 기술되어 있다. 이후에도 에도 시대(江戶時代) 국학자들의 '조선경영설(朝鮮經營說)'을 거쳐 천황 주권 국가을 표방하던 20세기 초에 확립되었고, 1949년 스에마쓰 야스카즈(末松保和)가 쓴 『임나흥망사(任那興亡史)』에서 완성을 보았다. 현재는 한일 양국 학계의 비판을 받아 입론의 근거를 상당 부분 잃었지만 변형된 형태로 지금까지 존속해 있다. 한국민족문화대백과사전.

제2절

기존 연구사와 그 문제점

1. 한국학계

그간 왜5왕(倭5王) 연구는 일본학계에서 주도했다고 해도 과언이 아니다. 국내 학계는 2005년 『왜5왕 문제와 한일관계』(이하 『왜5왕 문제』)라는 논문집을 출간하기는 했으나 제목과는 달리 왜5왕을 전면적으로 다룬 논문은 한 편도 없었고, 각 논문에서 부분적으로 언급할 뿐이었다.[16] 그러나 이들 논문에서 소주제로 왜5왕 문제를 다루는 방식을 보면 이 문제에 대한 한국 고대사학계의 관점을 잘 알 수 있다.

『왜5왕 문제』에 실린 논문 「5세기 고구려·신라와 왜의 관계」의 필자 주보돈이 주석에서 "5세기 고구려와 왜의 관계를 다룬 사례는 전무(全無)한 실정이며 신라와 왜의 관계에 대해서도 대부분 박제상과 관련한 몇몇 논고(論考)를 제외하면 거의 없다고 보아도 좋다

16) 한일관계사연구논집 편찬위원회 편, 『왜5왕 문제와 한일관계』, 경인문화사, 2005.

."[17]라고 토로한 사실로 알 수 있듯이 이 분야의 연구는 참으로 미미하다. 그런데도 최근에 발간된 『전라도천년사』에 전라도가 고대부터 왜인의 식민지였다고 서술된 사례처럼 관련 연구는 미미할 뿐만 아니라 고대 한국이 야마토왜의 식민지였다고 주장하는 경향이 더욱 확대되고 있어 몹시 우려스러운 상황이다.

위 논문집에는 계명대 사학과 교수 노중국의 「5세기 한일관계사의 성격 개관」, 충북대 역사교육과 교수 양기석의 「5세기 백제와 왜의 관계」, 경북대 사학과 교수 주보돈의 「5세기 고구려·신라와 왜의 관계」, 부경대 사학과 교수 이근우의 「5세기의 일본열도」, 경기대 사학과 대우교수 김기섭의 「5세기 무렵 백제 도왜인(渡倭人)의 활동과 문화 전파」, 한신대 국사학과 교수 권오영의 「고고학자료로 본 백제와 왜의 관계－영산강유역의 전방후원분을 중심으로－」, 경북대 고고인류학과 교수 박천수의 「5세기 일본열도의 한반도계(韓半島系) 문물을 통해 본 가야와 왜」, 동국대 고고미술사학과 교수 안재호의 「한반도에서 출토된 왜 관련 문물－3~6세기를 중심으로－」라는 여덟 편의 논문이 실려 있다.

이 여덟 편의 논문은 대체로 앞부분에서는 왜의 한반도 점령을 부정하는 기사를 제시하다가 뒤에 가서는 결국 왜의 한반도 점령을 시인하는 형태로 쓰여 있다. 그리고 대부분 도입부에서는 한반도를 둘러싼 5세기의 국제관계를 서술한다는 명목으로 자신들의 주장이 객관적인 양 포장하고 왜의 실체를 과장하는 형태로 글을 써나가는데 이런 방식 또한 특징적이다.

---

17) 주보돈, 「5세기 고구려·신라와 왜의 관계」, 『왜5왕 문제와 한일관계』, 한일관계사연구논집 편찬위원회 편, 경인문화사, 2005. p.120의 주석 1).

노중국은 「5세기 한일관계사의 성격 개관」에서 왜왕 무의 조(祖)와 부(父)가 "도평해북(渡平海北)"했다는 지역이 한반도가 아니라고 서술한다.[18] 그런 다음 한반도에 존재하는 왜계(倭系) 유물을 세 시기로 나누어 설명하는데, 스에키(須惠器)[19]를 중심으로 한반도 안에 왜인들이 다수 존재했다고 하여 전반부와 상반된 주장을 펼친다. 제1기인 5세기 3/4반기에는 영산강 유역에서 재지적 전통을 기반으로 하는 왜인집단이 이주한 결과라고 해석하고, 제2기인 5세기 4/4반기에는 가야권과 백제권에서 스에키 도질토기가 출토된다고 하면서 왜인집단이 이주해 온 결과라고 정반대 해석을 내놓는다.[20] 이는 결국 5세기에 왜인들이 한반도 남부 상당 지역을 점령하고 있었다는 주장이나 다름없다. 이런 상호모순되고 상반된 서술방식은 노중국뿐만 아니라 고대 한일관계사를 연구하는 한국 강단사학자에게 공통적으로 나타난다. 서론에서는 '임나일본부설'을 비판하지만, 후반부에 가면 결과적으로는 '임나일본부설'을 시인하는 형태를 띤다.

양기석도 「5세기 백제와 왜의 관계」에서 "지금까지 백제와 왜의 관계사는 고대 일본의 한반도 경영론을 일방적으로 기술한 『일본서기』 등에 근거하여 주로 일본 측 관계자들의 주된 관심하에 백제의 왜의 종속이라는 잘못된 시각에서 이해되어 온 부분이 많았다."[21]

---

18) 노중국, 「5세기 한일관계사의 성격 개관」, 『왜5왕 문제와 한일관계』, 한일관계사연구논집 편찬위원회 편, 경인문화사, 2005. p.2.

19) 스에키(須惠器): 5세기 일본 고분시대 중기를 전후해 등장한 단단한 경질토기로서 한반도의 도질토기 기술이 그 원류이며 1,100도 이상의 고온에서 구워내어 청회색을 띠고 매우 단단하여 이전에 없던 신식 토기라는 점에서 '기술혁명'으로도 평가된다.

20) 노중국, 위의 책, p.38.

21) 양기석, 위의 책, p.52.

라고 비판하지만, 광개토대왕릉비의 영락 9년 기해조(己亥條) 내용을 근거로 "백제가 왜에 군사 동원을 요청한 외교적 노력에 힘입어 왜병이 한반도에 출병한 것이다."[22]라고 해석한다. 그리고 "광개토왕의 업적을 특정한 시기에 집약해서 과장된 서술"[23]을 했다고 주장한다. 양기석은 "왜 왕권은 중신들이나 또는 각 지역의 수장층들에게 중국의 장군호를 수여함으로써 독립적인 지방 호족들의 왕권으로의 결속도를 강화하여 왕권의 위상을 높이려 하였다"[24]라고 왜왕을 중심으로 서술하고 있다.

경북대 사학과 교수 주보돈은 「5세기 고구려·신라와 왜의 관계」 가운데 '왜5왕의 작호와 그 의미'라는 항목에서 중국 사서의 왜5왕에 관하여 설명하였다. 그는 왜왕이 스스로 요청한 작호 중에 5세기에 한반도 안에 존재하지 않는 진한, 모한(마한) 등의 기록을 들어 "왜5왕의 작호는 현실성을 지닌 것이 아니라 과거의 사실과 현재 및 미래의 희망 사항이 착종(錯綜)한 상태에서 나온 것이었다."[25]라고 하였다. 주보돈이 진한과 모한, 즉 마한을 5세기에 한반도에 존재하지 않았던 정치세력으로 본 견해는 타당하다. 그가 이 논문의 주석에서 진한이 울진 지방에 존속했고[26], 마한이 영산강 유역에 존속했다고 주장하는[27] 일본학자들의 논문을 제시한 것은 지금에 와서 보면 참

22) 양기석, 위의 책, p.59.

23) 양기석, 위의 책, p.64.

24) 양기석, 위의 책, p.113.

25) 주보돈, 위의 책, p.162.

26) 山尾幸久, 『古代の日朝關係』, 塙書房, 1996; 東潮, 「慕韓과 秦韓」, 『碩晤尹容鎭教授停年退任紀念論叢』, 碩晤尹容鎭教授停年退任紀念論叢刊行委員会, 1996; 田中俊明, 「熊津時代 百濟의 領域再編과 王·侯制」, 『百濟의 中央과 地方』, 忠南大學校百濟研究所, 1997.

으로 의미심장하다. 2022년 광주광역시와 전라남도, 전라북도 등 3개 지자체가 공동 추진하여 발간한 『전라도천년사』 때문이다. 『전라도천년사』는 전라도가 고대부터 야마토왜의 식민지였다고 서술하여 일대 논쟁을 일으키고 있다. 문제가 된 서술은 30년 전 일본인 학자들이 제시한 새로운 정한론을 추종한 데에 그 뿌리가 있다. 광복 80여 년이 지났건만 날이 갈수록 더욱 노골화하는 일부 한국 역사학자들의 친일 추종, 친일 굴종, 자기 비하의 태도는 좌우 진영을 넘어서는 국가와 민족의 존속이 걸린 문제라고 생각한다.

그러나 주보돈도 왜5왕 가운데 무가 남송에 올린 「상표문(上表文)」의 의미를 정확히 파악하지는 못했다. "6국제군사호는 왜의 집념에 찬 외교전의 성과였다고 하겠다. 이는 백제와 경쟁하는 모습을 보여주는 방증이다."[28]라고 그릇된 분석을 내놓는다.

부경대 사학과 교수 이근우는 「5세기의 일본열도」에서 "고구려군의 남정(南征)으로 대화왕권(大和王權)을 중심으로 하는 수장연합정권은 궤멸적인 타격을 입었다."[29]라고 나름대로 평가하면서 야마토왜가 한반도 남부를 지배했다고 시사할 수 있는 내용도 덧붙이고 있다.

> 영산강 유역의 정치체에 대한 평가가 달라지면서 5세기 중엽 이후까지도 마한의 일부 세력이 여전히 잔존하고 있었을 가능성이 제기되고 있다. 따라서 종래에는(왜 왕의 「상표문」상 작호 요청 – 필자 주) 일고의 가치도 없는 주장이라고 여겼으나, 오히려 한국

27) 東潮, 「榮山江流域と慕韓」, 『展望考古學』 247, 1996.
28) 주보돈, 위의 책, p.163.
29) 이근우, 위의 책, p.207.

측에 보다 적극적으로 임나, 가라, 진한, 모한의 문제를 재고할 필요가 있을 것이라고 생각된다.[30)]

이근우 교수는 "영산강 유역의 정치체에 대한 평가가 달라"졌다는 근거로 전라남도에서 편찬한 『영산강유역 고대사회의 새로운 조명』[31)]이란 책을 들면서 5세기에도 한반도 남부에 임나, 가라, 진한, 모한이 존재했다고 주장한다. 이러한 이근우의 주장을 보더라도 『전라도천년사』에 나오는 고대 전라도가 야마토왜의 식민지였다는 서술은 '임나일본부설'[32)]을 부활시키려는 한국 역사학자들이 조직적으로 움직인 결과임을 알 수 있다.

같은 책에 실린 경기대 사학과 대우교수 김기섭의 「5세기 무렵 백제 도왜인(渡倭人)의 활동과 문화 전파」를 살펴보자. 김기섭은 머리말에서 이렇게 말하고 있다.

그런데 한반도와 일본열도에 남아 있는 유적·유물을 대상으로 고대의 문화교류 상황을 유추해 보면 '한반도에서 일본열도로'의

---

30) 이근우, 위의 책, p.208.

31) 역사문화학회, 『영산강유역 고대사회의 새로운 조명』, 전라남도, 2000.

32) 한국학계는 최근 '임나일본부'라는 용어를 쓰지 않는다고 하면서 자신들이 마치 '임나일본부설'을 극복한 것처럼 자화자찬하고 있다. 주지하다시피 '임나일본부설'은 369년부터 562년까지 야마토왜가 한반도 남부의 가야(경상도) 및 전라도·충청도 일부까지 지배했다는 설이다. 그러나 일본이라는 국호는 670년에 생겼는데 어떻게 그보다 먼저 임나'일본부'라는 기구가 존재할 수 있느냐는 비판이 제기되자 제2기 한일역사공동위원회에서 '일본'이라는 국호를 빼고, 임나라고만 쓰고 있다. 그러면서 '임나=가야설'을 주창하는데 '임나=가야설'이야말로 '임나일본부설'의 핵심이다. 한국학자들의 친일 역사학 추종 실태를 여실히 보여주는 행태 중 하나이다.

큰 흐름을 발견할 수 있다. 이 흐름은 다소 일방적인 측면을 갖고 있어서 적어도 현상적으로는 '일본열도에서 한반도로'의 문화 전파를 상상하기 어려울 정도이다. 일본열도에 널리 분포하는 횡혈식석실분(橫穴式石室墳), 새로운 단계의 경질토기인 수혜기(須惠器) 등은 모두 5세기에 한반도로부터 축조기술 및 제작기법이 도입되어 유행한 대표적인 사례이다.33)

김기섭도 한반도에서 일본열도로 문화가 흘러갔으며, 횡혈식석실분과 스에키 등도 모두 한반도의 분묘 축조 기술 및 제작기법이 전파되어 만들어졌다고 설명한다. 그러나 같은 글의 뒷부분으로 가면 '문화전파의 정치적 함의'에서는 이러한 앞부분의 논조와 전혀 다른 설명을 내놓고 있다.

그런 와중(고구려의 남하-필자 주)에 백제와 왜의 군사적 화친이 이루어졌다. 이로써 백제가 왜를 대하는 입장은 분명해졌다. 핵심은 군사적 도움이다. 중국이 실질적인 도움을 주지 못하는 가운데 왜(倭)로부터 얼마나 많은 군사를 끌어올 수 있느냐가 항상 관건이었고, 그런 능력의 유무가 때때로 왕위계승에 영향을 미치기도 하였다.34)

고대 한일관계사에서 서론과 본론, 그리고 결론이 다르게 전개되는 경우는 비일비재하다. 그러한 한국 역사학사들의 학문 태도는

---

33) 김기섭, 「5세기 무렵 백제 도왜인(渡倭人)의 활동과 문화전파」, 위의 책, p.22.
34) 김기섭, 위의 책, p.243.

하나의 흐름이라고 해도 지나치지 않다. 김기섭도 서론에서는 백제와 왜의 문화 흐름을 정확히 이해하여 설명했다. 그러나 후반부에 가면 백제와 왜의 관계가 갑자기 역전되어 나타난다. 왜가 백제를 군사적으로 후원하고 심지어 왕위계승까지지도 좌지우지하는 강국으로 뒤바뀐다. 야마토왜가 문화적인 면에서는 약했을지라도 군사력만큼은 무시할 수 없는 군사 강국이었다는 '황국사관(皇國史觀)'을 그대로 반복하는 것이다. 역사의 상식을 뒤엎는 이런 황당한 주장이 한국 고대사학계 전체에 널리 퍼져 있다고 해도 그리 틀린 말은 아니다. 이런 자기 비하적 주장이 통설로 자리매김하는 현실이야말로 우려스럽기 짝이 없다.

또 한편 한신대 국사학과 교수 권오영은 「고고학자료로 본 백제와 왜의 관계－영산강유역의 전방후원분을 중심으로－」에서 무엇을 주장하고 있을까. 그간 우리 국민은 일제강점기를 겪어야 했던 우리나라 한국의 역사학과 교수나 고고학 전공자라면 당연히 우리나라를 위한 학문연구에 힘을 쏟을 것이라고 아무 조건 없이 신뢰했다. 그러나 최근 들어 이러한 무조건적 신뢰는 상당 부분 흐려지기 시작했다. 가야 고분군의 유네스코 세계문화유산 등재 신청 과정에서 '임나일본부설'에 근거한 지명 비정이 역사 분야 시민운동가들의 활동으로 저지된 일이라든지 『전라도천년사』에 전라도 출신 역사학자와 고고학자들이 전라도를 고대부터 야마토왜의 식민지였다고 기술한 점이 문제가 되어 시민운동가들이 크게 반발하는 사태를 겪으면서 우리나라 국민은 이들 황국사관 추종자들의 실체를 깨닫고 경악을 금치 못했다.

고고학 전공인 권오영은 「고고학자료로 본 백제와 왜의 관계－

영산강유역의 전방후원분을 중심으로-」에서 전방후원분의 기원을 분석하였다. 그런데 전방후원분이 한국에서 기원했다는 당연한 논리[35]는 소수설로 치부하고 일본에서 기원했다고 하는 일본 학자들의 논리를 다수설로 규정하여 옹호하고 있다.

> 이렇듯 영산강유역 전방후원분의 연대에 대해서는 영암 자라봉 고분에 대해서만 약간의 이론이 있을 뿐 대부분 한성 말~웅진기에 해당시키는 견해가 대세를 이루고 있다.[36]

권오영은 한반도 내 전방후원분의 기원과 관련해서 국내 연구자가 강인구가 전방후원분인 영암 자라봉 고분의 연대를 4세기대로 본[37] 견해를 "약간의 이론"으로 축소하는 한편, 그 시기를 5세기 말~6세기 초라고 추정한 니시타니 다다시(西谷正), 아스나 우시오(東潮), 야나기사와 가즈오(柳澤一男) 같은 일본학자들의 견해, 즉 왜에서 건너왔다고 보는 주장이 대세라고 긍정하고 있다.

이러한 논리는 반드시 야마토왜의 식민지였던 임나가 한반도 내에 있었다는 긍정론으로 이어지기 마련인데 권오영도 예외가 아니다. 권오영은 "임나4현의 위치는 여수, 순천, 광양 등의 전남 동부

35) 북한학자 조희승은 "전방후원분은 본래 조선의 고유한 묘제이다. 조선 무덤의 외형에서 기본은 원형과 방형이다. 조선의 아류인 일본 것 역시 원형과 방형이다. 여기에 우두머리급의 큰 무덤들 앞에 네모난 제단이 붙은 것이 전방후원분, 전방후방분인 것이다."라고 말하고 있다. 조희승, 『고대 조일관계사(상)』, 사회과학출판사(평양), 1988, p.75.

36) 권오영, 「고고학자료로 본 백제와 왜의 관계-영산강유역의 전방후원분을 중심으로-」, 위의 책, p.255~256.

37) 강인구, 「해남 장고산고분 조사」, 『천관우선생환력기념 한국사학논총』, 천관우선생환력기념한국사학논총간행위원회, 1985; 권오영, 위의 책, p.254.

일대로 보는 것이 합리적이다."[38]라고 하였다. 『일본서기』「게이타이기(繼體紀)」에는 게이타이 왕이 백제에 임나4현을 하사했다는 기사가 있다.[39] 임나4현이란 상다리(上哆唎)·하다리(下哆唎)·사타(娑陀)·모루(牟婁)를 말한다. 백제가 야마토왜에게 조공을 바치면서 할양해 달라고 빌자 왜왕 게이타이가 백제에 주었다는 내용이다. 이는 곧 임나4현이 야마토왜가 소유권을 가진 야마토왜의 식민지였다는 뜻이다. 이 임나4현의 위치를 놓고 영산강 유역이라는 주장과 전남 동부 일대라는 주장이 있다. 두 주장 모두 야마토왜가 한반도 남부에 식민지를 경영했다는 '임나일본부설'의 반복에 불과한데 권오영은 임나4현이 여수, 순천, 광양 등 전남 동부지역에 있었다는 주장의 손을 들어 주었다. 다시 말해 전남 동부지역은 고대부터 야마토왜의 식민지였다는 주장이 합리적이라고 말한 것이다. 그리고 이런 주장이 합리적이라고 본 근거로 전영래(全榮來)의 1985년도 논문을 들었다.[40]

일반 국민은 최근에 벌어진 가야 고분군 유네스코 등재 소동과 『전라도천년사』 논란을 겪으면서 한국 역사학계의 친일 황국사관 추종 행태에 대해 놀라움을 금치 못하고 있다. 이런 현상은 한반도 남부에 야마토왜의 식민지가 있었다고 보는 '임나일본부설' 추종 행태가 꽤 오래된 흐름이라는 사실을 말해준다.

---

38) 권오영, 위의 책, p.265.

39) 『日本書紀』 卷第十七, 「繼體紀」 六年条. "冬十二月 百濟遣使貢調 別表請任那國上哆唎 下哆唎·娑陀·牟婁·四縣…由是 改使而宣勅 付賜物并制旨 依表賜任那四縣…(겨울 12월 백제가 사신을 보내어 調를 바쳤다. 따로 표를 올려 任那國의 上哆唎·下哆唎·娑陀·牟婁의 4현을 청했다.…이로 말미암아 사신을 바꾸어 칙을 선포하고 내리는 물건과 制旨를 붙여서 表에 따라 임나의 4현을 주었다…)."

40) 전영래, 「백제남방 경역(境域)의 변천」, 『천관우선생환력기념 한국사학논총』, 천관우선생환력기념한국사학논총간행위원회, 1985.

『왜5왕 문제』의 또 다른 필자인 경북대 고고인류학과 교수 박천수는 「5세기 일본열도의 한반도계(韓半島系) 문물을 통해 본 가야와 왜」에서 무슨 말을 하고 있을까? 고고학을 전공한 박천수는 서론에서 '임나일본부설'에 대한 일본학계의 해석 경향을 장황하게 설명하였다.

> 한반도에서의 문물 이입을 왜왕권(倭王權)에 의한 임나경영 혹은 대규모 침략에 의한 약탈로 보는 관점은 현재도 완전히 불식되지 않고 있다. 예를 들면, 1990년대에도 일본 각지의 한반도산 문물의 특별전 도록에서 금동제 장신구와 마구가 왜왕권(倭王權)의 한반도 경영 또는 외정(外征)에 의해 반입된 것으로 서술하고 있다.[41]

박천수는 일본학계의 여전한 '임나일본부설'에 대해 아무 비판 없이 거듭해 소개한다. 박천수는 "또한 한반도내 일본열도산으로 추정되는 유물에 대해서도 이와 같은 해석이 행하여져 왔다."[42]고 하면서 고고학 전문용어를 써가며 '임나일본부설'을 주창하는 일본학자들[43]의 논리를 나열하고 있다. 그는 일본학자들이 일본열도 출토품과 유사한 가야지역의 갑주가 임나일본부에 관한 중요 고고 자료임을 역설하였다[44]고 소개만 할 뿐, 사실관계를 뒤집어 주장하는 일본

---

41) 박천수, 「5세기 일본열도의 한반도계(韓半島系) 문물을 통해 본 가야와 왜」, 위의 책, p.284.

42) 박천수, 위의 책, p.284.

43) 아나자와 와코(穴沢和光)와 마노메 준이치(馬目順一)를 가리킨다. 穴沢和光·馬目順一, 「南部朝鮮出土の鉄製鋲留甲冑」, 『朝鮮学報』 第76輯, 1975.

학자들의 '임나일본부설'에 대해서는 비판하지 않는다. 일본열도에서 발견되는 가야계·백제계 유물유적들은 고대 일본열도가 가야계·백제계의 주요 진출지임을 말해주는 단적인 사료인데도 이에 대한 언급은 한마디도 하지 않고 넘어간다. 일본학자들의 논리에 동조하는 셈이나 마찬가지이다.

박천수는 또 "필자는 삼국시대와 고분시대의 한반도와 일본열도의 교섭을 양 지역 간 교류를 중시한 상호작용의 관점에서 다음과 같이 설명하였다."[45]라고 하여 가야의 정치적 주도 세력 교체가 마치 왜의 영향으로 이루어진 듯이 설명한다.

> 필자가 밝힌 바와 같이 일본열도의 5세기대 전반과 후반의 이입 문물의 출자가 금관가야권에서 대가야권으로 전환하고 동시에 왜계 문물이 금관가야권에서 대가야권으로 이동하는 것은, 가야 지역을 대표하며 왜와의 교역과 교섭을 장악한 중심지가 김해에서 고령으로 이동하는 정치적 변화와 연동하는 것에서 주목된다. 즉 가야지역 내 중심지내 이동에 의해 일본열도에 이입된 문물의 박재지(舶載地)가 변화하는 것이다. 또한 왜로부터의 문물이 일본열도와 지리적으로 가깝고 전통적으로 창구역할을 담당해온 남동해안에 위치한 김해지역에서 서부내륙의 고령지역으로 이동하는 것은, 양자간 문물의 왕래가 가야의 왕권과 왜왕권의 정치적인 교섭과 교역에 의해 이루어졌음을 웅변하는 것이다.[46]

---

44) 박천수, 위의 책, p.284.
45) 박천수, 위의 책, pp.284~285.

박천수는 가야연맹체의 중심이 김해의 금관가야에서 고령의 대가야로 변하는 이유가 왜왕권이 교섭 대상을 금관가야에서 대가야로 바꾸었기 때문이라고 해석하였다. 일반 국민이 알기 힘든 고고학적 용어까지 써가면서 그가 주장한 요지는 결국 가야가 왜의 식민지였다는 것이다.

마지막으로 동국대 고고미술사학과 교수 안재호의 「한반도에서 출토된 왜 관련 문물－3～6세기를 중심으로－」를 보자. 안재호는 머리말 첫 문장을 이렇게 시작한다.

> 왜계문물(倭系文物)이란 왜에서 제작된 유물과 왜의 속성을 지닌 유구를 말하며, 이와 유사한 요소를 가지며 한반도에서 제작된 것들도 포함한 광의의 의미로 사용된다.[47]

우리나라의 많은 국민이 일본열도 안에 흩어져 있는 가야와 백제계, 그리고 신라와 고구려계 유적 유물에 대하여 알고 싶어 한다. 그러나 한국 역사학자들과 고고학자들은 오히려 한국에서 극히 드물게 나타나는 왜계 유물 쪽에 더 큰 관심을 두고 이를 일반화하는 데 힘을 쏟는다. 고고학 전공자로서 드물게 주체적 시각을 가진 전 신라대 안춘배 교수는 이렇게 말한다.

---

46) 박천수, 위의 책, pp.311～312.

47) 안재호, 「한반도에서 출토된 왜 관련 문물－3~6세기를 중심으로－」, 위의 책, p.319.

> 우리나라에서 출토된 고고학자료 가운데서, 야나기다 야스오(柳田康雄)가 왜인계 유적 유물로 집계한 자료를 전부 왜인계로 볼 수 있는가? 하는데 대해서 문제가 전혀 없는 것은 아니지만, 일본고고학자들에 의해서 1987년에 보고된, 일본에서 출토된 토기자료만을 대상으로 대륙계(거의가 한국계)로 집계된 유적 유물의 숫자는 한국계 유적과 유물이 가장 많이 발견되는 곳의 하나인 구마모토현(熊本県) 등에 대한 조사가 빠지고 지석묘와 같은 유구와 토기 이외의 자료는 제외됐음에도 455개나 되고 있는 것을 보면, 당시 문화의 흐름은 더이상 언급할 필요조차 없이 한국에서 일본으로 거의 일방적인 흐름이었다고 보아야 할 것이다.[48]

전 부산시 문화재위원장을 역임한 안춘배 교수는 이 글에서 131명의 일본인 고고학자와 일본의 2개 기관이 한국과 일본 내 유적·유물을 조사한 결과 일본에서 출토된 한국계 유적·유물이 열 배가까이 더 많다고 하였다. 그러면서 "현재까지의 자료로 볼 때 '임나일본부설'이란 일고의 가치도 없음을 한일양국의 고고학자들은 모두 인식하고 있다."[49]고 일갈했다. 이는 일본 고고학자들의 조사 결과 일본 내 한국계 유적 유물의 숫자가 한국 내 왜계 유적 유물의 숫자보다 열 배가량 더 많다는 결과가 도출되어 '임나일본부설'은 고고학적 논리로서는 무너졌다는 뜻으로 확대해석할 수 있다. 이후 일본 내 사사카와(笹川) 재단, 즉 일본재단(日本財団) 같은 극우재단은 일본

---

48) 안춘배, 「공동연구1: 한,일 고대관계사 연구-특히 임나일본부문제를 중심으로: 고고학상에서 본 '임나일본부설'」, 『가라문화』 제8집, 경남대학교박물관 가라문화연구소, 1990, p.58.

49) 안춘배, 위의 글, p.58.

문부성과 합작하여 한국인 대학원생들을 대거 유치하여 장학금과 생활비까지 대주면서 박사학위를 따게 한 다음 한국 내 대학과 각종 연구기구에 취직시키는 방식으로 전략을 바꾼다. 그 결과 한국인 역사학자들과 고고학자들이 제국주의 시절 일본인 식민사학자들조차 차마 하지 못했던 주장을 하고 있다"고 한가람역사문화연구소 이덕일 소장은 분석한다.

안재호는 "왜인(倭人)이란 왜의 풍습에 맞추어 왜에서 거주하는 사람이라고 할 수 있는데 반해서, 왜계인(倭系人)은 왜에서 건너 온 사람 즉 왜도래인(倭渡來人)을 뜻한다. 왜계 유력자·왜계 집단은 모두 왜도래인을 뜻한다."라고 말해 일본열도에서 건너온 왜인들이 고대 한국을 지배한 것처럼 시사한다.

> 영산강유역은 5세기 중엽부터 왜인집단이 각 지역에 이주하였는데, 정치 경제적 성격이 강하였다고 추정된다 … 이들 집단은 6세기 중엽까지 지속적으로 각 지역에 분립하여 통치하였고, 또 전방후원분과 같은 새로운 왜계 묘제도 수용하였다.[50]

요컨대 야마토왜에서 온 왜인들이 영산강 유역을 지배했다는 주장이다. 한국의 역사학자, 고고학자들은 일본열도 안에 한국의 열배가 넘게 흩어져 있는 한국계 유적 유물은 도외시한 채 그것의 십분의 일에도 못 미치는 한국 내 왜계 유적 유물을 가지고 고대 한반도 남부가 왜의 식민지였다고 하는 '임나일본부설'을 새삼스레 되풀이하고 있으니 이런 망국적 상황이 또 있을까. 고대 야마토왜가 한

50) 안재호, 위의 책, pp.394~395.

반도 남부를 지배했다고 하는 '임나일본부설'을 한국의 역사학자, 고고학자들이 버젓이 주장하고 나서는 상황에서 필자는 그러한 황국사관 추종자들이 떠받들어 모시는 야마토왜가 사실은 백제에서 파견한 일본열도의 지배자, 즉 왜왕이 지배하는 6개국 가운데 하나에 불과하다는 점을 논증함으로써 '임나일본부설'을 완전히 불식시켜야 한다는 목적의식 아래 이 글을 쓰기 시작했다는 점을 밝혀둔다.

2. 일본학계

왜5왕에 관한 일본학계의 연구는 주로 왜5왕 각각이 어느 일왕에 해당하는지 『일본서기』 및 『고사기』 기록에 근거하여 비정하는데 초점을 맞추고 있다. 또 한편으로는 왜5왕의 성격이나 권력의 정도, 사신을 보내 관작 수여를 요청한 이유 등을 연구하는 경향도 적지 않다. 그리고 송으로부터 책봉 받은 관작에 대해서도 왜가 한반도 남부 왕조를 지배하고 있었기 때문에 가능했던 결과라고 보는 시각이 많다. 다른 측면에서는 왜왕이 자신뿐만 아니라 자기 수하들의 관작까지 중국 왕조에 내려달라고 청했다는 기록을 두고 당시 야마토 왕권의 지배력은 그리 압도적이지 않았다고 분석한 연구 결과도 있다.[51] 예를 들어 원가(元嘉) 15년(438) 왜왕 진은 수하 13인에게도 '평서(平西)·정로(征虜)·관군(冠軍)·보국장군(輔國將軍)'의 지위를 내려달라고 주청[52]했는데 왜왕 진이 얻은 '안동장군(安東將軍)'이 '평서장군(平西將軍)'보다 한 계급 높은 지위라는 점에서 왜국 내 왜왕의

51) 瀧音能之 監修. 『図説「日本書紀」と「宋書」で読み解く!謎の四世紀と倭の五王』, 青春出版社, 2018. pp.132~133.

52) 『宋書』 卷九十七, 「列傳」 第五十七, '夷蠻 東夷' 倭國, "珍又求除正倭隋等十三人平西·征虜·冠軍·輔國將軍號, 詔並聽"

지위는 초월적 지위가 아니라 맹주적(盟主的) 존재라고 보는 견해도 있다.[53]

왜5왕이 책봉을 요청한 이유를 국제관계 맥락에서 해석하려는 연구도 적지 않다. 이러한 연구 결과들은 대부분 고구려를 제외하고 백제나 신라에 비해 야마토왜가 국제적으로 우위에 있었음을 나타내려 하는데 '임나일본부설'로 이어지는 경우가 많다. 한반도 내 국가들과의 외교관계에서 유리한 위치를 차지하기 위해 사신을 파견했다는 주장이나 4세기 후반 이후 한반도 내에서 획득한 권익을 국제적으로 승인 받기 위하여 송에 사신을 파견했다는 주장 등이 그러한 경우다.[54] 또한 고구려가 남하할 때를 대비하여 한반도에서 군사권을 확보할 목적으로 사신을 보냈다고 분석하는 연구 결과도 있었다.[55]

일본학계의 왜5왕 관련 연구에서 가장 심각한 문제는 따로 있다. 왜5왕이 송으로부터 책봉받을 수 있었던 것은 왜가 한반도 남부를 지배하고 있었기 때문이라고 보는 시각이다. 왜왕 제는 원가 28년(451) 송 문제(文帝)로부터 왜, 신라, 임나, 가라, 진한, 모한 6국제군사(六國諸軍事), 안동장군으로 책봉받았다.[56] 이 기록을 두고 일본학계에서는 백제를 제외한 한반도 남부 왕조의 지배권을 인정받은

53) 森公章, 『倭の五王: 5世紀の東アジアと倭王群像』, 山川出版社, 2010, pp.47~50.

54) 瀧音能之, 위의 책, pp.130~132.

55) 西嶋定生, 『日本歴史の国際環境』, 東京大学出版会 編, 1985, pp.15~16.

56) 『宋書』 卷九十七, 「列傳」 第五十七, '夷蠻 東夷' 倭國, "二十八年, 加使持節·都督倭 新羅 任那 加羅 秦韓 慕韓六國諸軍事·安東將軍如故."

것으로 해석한다.57) 요컨대 왜왕이 송조(宋朝)에서 받은 작호는 백제에 대한 왜의 군사적 우위를 보여준다는 뜻이다.58) 이때 백제를 제외한 이유는 송이 북위(北魏)를 견제할 목적으로 백제를 중시함과 동시에 왜와 대립 관계에 있는 고구려의 반발을 피하기 위함이었다고 해석하기도 한다.59)

『송서』의 왜5왕을 『일본서기』·『고사기』 속 특정 일왕에 비정하려는 시도를 둘러싸고 수많은 설이 난무했다. 현재 일본학계에서는 찬을 닌토쿠(仁德)에, 진을 한제이(反正)에, 제를 인교(允恭)에, 흥을 안코(安康)에, 무를 유랴쿠(雄略)에 비정하는 것이 통설이다.60) 그러나 이 또한 가설일 뿐 수긍할 만한 근거는 발견되지 않는다.

주목할 점은 따로 있다. 왜5왕은 단일혈통이 아니라는 주장이 일본 안에서도 제기된 것이다. 이러한 주장은 왜가 국명이 아니라 성(姓)이라고 보는 견해와 궤를 같이한다. 이에 따르면 왜는 성씨이고, 찬은 이름에 해당한다. 왜왕 진과 제가 혈연관계라고 하는 주장도 있고, 그렇지 않다는 주장도 있다. 그리고 왜왕 무가 478년 송 순제(順帝)에게 보낸 「상표문」에서 자신들의 조상을 '조이(祖禰)'라고 표현한 문장이 있는데 여기서 '조이'를 '몇 세대 전 조상'이라는 뜻으로 해석하기도 한다.61) 일본학계는 대체로 왜5왕을 같은 부계 친족집단으로 간주하지만 드물게는 찬·진 왕조와 제·흥·무 왕조를 구

---

57) 坂元義種, 「古代東アジアの＜大王＞について－百済大王考補論－」, 『京都府立大學學術報告. 人文』第20巻, 京都府立大学学術報告委員会 編, 1968.

58) 坂元義種, 『古代東アジアの日本と朝鮮』, 吉川弘文館, 1978, pp.352~354.

59) 佐伯有清 編, 『雄略天皇とその時代』, 吉川弘文館, 1988, pp.26~27.

60) 白石太一郎, 吉村武彦, 『争點 日本の歴史』 2, 新人物往來社, 1990, pp.66~71.

61) 水谷千秋, 『謎の大王 継体天皇』, 文藝春秋, 2001, pp.94~99.

분하는 견해도 있다.[62] 이와 관련하여 일본 오사카부 후지이데라시(大阪府藤井寺市) 공식 홈페이지에 탑재된 왜5왕 게시물을 참고할 필요가 있다. 일본학계의 혼란스러운 여러 주장을 일목요연하게 간추려 소개하고 있다. 이 게시물은 분량이 많으나 왜5왕에 대한 일본측의 관점을 파악하는 데 도움이 되리라 생각하여 번역해 싣는다(제4장 제2절 '왜5왕의 비정1' 참조).

일본은 아직도 고대사 해석 과정에서 현실 권력의 영향을 받는 아주 드문 국가이다. 특히 강단사학계는 기존 통설 이외의 반대 주장을 하기가 거의 불가능한 상황이다. 왜5왕에 대한 해석도 한계가 뚜렷하다. 문제는 아직도 '임나일본부설'을 유지하기 위한 근거로 『일본서기』나 왜5왕을 이용한다는 것이다. 근래 한국학계에서 여기에 동조하거나 일본 학자들보다 더 왜곡된 논리로 변형시킨 '임나일본부설'을 주장하는 현상에 대해서는 학계뿐만 아니라 우리 사회 전체가 각성할 필요가 있다. '임나일본부설'은 학설이 아니라 일본제국주의가 조선 병탄을 위해 만들어낸 침략이론이기 때문이다.

62) 藤間生大, 『倭の五王』, 岩波書店, 1968; 原島礼二, 『倭の五王とその前後』, 塙書房, 1970.

제3절

연구 범위와 방법

1. 연구 범위

이 글은 5세기를 중심으로 왜5왕을 살펴보면서 앞뒤 300여 년의 고대 일본과 한국의 상황, 그리고 고대 한일관계사를 고찰하였다.

5세기 전후 300여 년은 한·중·일 동북아시아 고대사에서 가장 역동적인 시간이었다. 중국 대륙에서는 한(漢) 제국이 멸망하고 위(魏)·촉(蜀)·오(吳) 3국 시대를 거쳐 사마의(司馬懿)가 기틀을 다진 진(晉)나라가 잠시 통일했으나 곧이어 양자강 남쪽에서는 동진(東晉)과 송, 제(齊), 양(梁), 진(陳)의 남조가 명멸했으며, 북쪽에서는 5호 16국이라는 다섯 민족의 열여섯 나라가 각축을 벌였다. 그 가운데 북위(北魏)가 가장 강력했다.

한반도 남부에서는 고구려와 백제가 치열하게 대립하다가 전연(前燕)을 흡수한 고구려가 위세를 떨쳤다. 백제는 고이왕 때부터 국력을 신장하여 이전부터 대륙에 터를 잡고 살던 백제 유민들과 결합해서 대륙백제라는 교두보를 확보했다. 나아가 백제는 일본열도까지 진출하면서 대륙과 한반도, 열도에 걸친 제국을 형성했고 이 여세를 몰아 근초고왕 때 전성기를 맞는다. 고구려를 패퇴시키고 황색 깃발 아래 열병식을 펼칠 정도였다. 이러한 백제의 기세에 눌려 급기야 371년 고구려 고국원왕(故國原王, 재위: 331~371)이 전사하기에 이른다.

백제에 패퇴한 고구려는 절치부심했다. 19대 광개토대왕이 등극하면서(391) 형세가 급변한다. 전략 전술에 능한 광개토대왕은 4만 기병을 통솔하여 경기만을 건너 백제의 후방인 웅진을 초토화했다(396). 그리고 한성(위례)을 공격해서 백제 아신왕(阿莘王, 재위: 392~405)의 항복을 받아내는데 사직만 겨우 보존케 하고 장차 노객(奴客), 즉 신하로서 조공을 바치게 한 뒤 인질을 데리고 철수한다.

이러한 소용돌이 속에서 고구려의 침공을 당한 백제에서는 대량 난민이 발생한다.[63] 이 난민들이 신라를 거쳐 일본열도로 이주하는데 이들이 나중에 일본의 지배층을 이루어 '야마토왜'를 형성하는 주역이 된다.

아직도 황국사관을 고수하는 일본학자들은 야마토왜가 원래부터 자생적인 존재라고 주장한다. 일본열도 안에 있던 민족으로서 그

63) 『三國史記』 卷第二十五, 「百濟本紀」 第三, '阿莘王', "八年, 秋八月, 王欲侵高句麗, 大徵兵馬. 民苦於役, 多奔新羅, 戶口衰(8년(399) 가을 8월에 왕이 고구려를 공격하려고 군사와 말을 크게 징발하였다. 백성들이 전역(戰役)에 시달려 많은 사람이 신라로 도망치니 호구(戶口)가 줄어들었다)." 이 기사와 관련하여 최재석은 399년에 발생한 대량 난민이 403년~405년경 일본열도에 도착했을 것으로 보았다. 『일본서기』 오진(応神) 14년(283)에 120년을 더하면 404년이 되는데 그 해의 기사는 다음과 같다. "이 해에 궁월군(弓月君)이 백제에서 와서 '신은 저희 나라의 인부(人夫) 120현(縣)을 이끌고 귀화하고자 하였으나 신라인이 방해하여 모두 가라국(加羅國)에 머물러 있습니다.'라고 말하였다…" 이때 백제 궁월군이 이끌고 온 120현의 주민이 「백제본기」 아신왕 8년(399)에 발생한 대량 난민이며, 그들이 일본열도로 이주했다는 것을 말해주는 기사로 최재석은 본 것이다. 최재석, 『백제의 야마토왜와 일본화 과정』, 만권당, 2023. p.91.

들이 세력을 이루는 과정에 이른바 도래인의 문물을 받아들여 국력을 키운 결과 3세기에는 열도를 통일하고 4세기에는 한반도 남쪽에 진출하여 임나일본부를 설치했다는 식으로 말한다. 그러나 이 주장은 어느 모로 보나 어불성설이다.

야마토왜가 자체적으로 제철 기술을 확보한 것은 6~7세기 이후였고, 이전까지는 가야와 백제에서 철정(鐵鋌), 즉 덩이쇠를 수입하여 농기구나 생활 용기를 만들 수 있는 정도였기 때문이다. 야마토왜는 해외에 진출할 만큼 군사력이 강하지도 않았고 그럴 필요도 없었다. 일본열도는 그때까지도 상당 지역이 미개척 상태여서 굳이 해외까지 진출할 이유가 없었기 때문이다.

인구 구성 측면에서도 인류학적 분석에 따르면 3세기 당시 일본 인구의 이주민과 원주민의 비율은 9:1 정도였고, 일본 인구의 90%는 외래인이었다는 연구 결과도 있다.[64] 물론 외래인이 모두 한반도에서 건너갔다고 단정하기는 어렵다. 그리고 일부 동남아시아에서 이주한 부류도 있겠으나 지정학적 구도로 보면 한반도에서 대마도, 일지도(日崎島)[65]를 거쳐 열도에 상륙하는 것이 이주민의 주요 이동 경로였으리란 상상은 별로 어려운 일이 아니다. 최재석 교수의 주장에 따르면 이러한 일본열도 개척사는 영국인이 호주를 대량 이민으로 개척한 역사에 비유할 수 있는데[66] 수긍할 만한 대목이다.

신라는 한반도 3국 가운데 세력이 가장 약했다. 그러나 고구려에 의지해서 사직을 보존하고 차츰 국력을 키운 결과 신라 19대 눌

64) 최재석, 위의 책, pp.41~51.

65) 일지도(日崎島): 현재 나가사키현(長崎県)에 속한 잇키 섬(壱岐島)을 말한다.

66) 최재석, 위의 책, p.67.

지왕(訥祇王, 재위: 417~458)이 백제 20대 비유왕(毗有王, 재위: 427~455)과 434년 나제동맹(羅濟同盟)을 맺음으로써 고구려의 속박에서 벗어났고, 6세기 들어서는 가야를 흡수한 후 7세기 삼국통일의 기틀을 닦았다.

한반도와 일본에서 5세기 전후 300년은 이렇듯 격동의 세기였다. 이 격동의 시대를 연구할 때 핵심 주제 중 하나인 '왜5왕'이 한국학계에서는 여태껏 백지상태나 다름없이 방치되었다는 사실에 그저 놀랄 따름이다. 일본학계에서는 왜5왕 연구가 다양하게 이루어졌으나 대부분 왜5왕이 『일본서기』 상의 어느 왕인지를 추측하는 데만 방점이 찍혀 있다.

이 글은 그러한 기존 연구의 틀을 획기적으로 전환하여 왜5왕과 『일본서기』상의 일왕이 전혀 다른 존재임을 밝히는 데 초점을 맞추었다. 백제는 일본열도의 여러 나라를 다스리는 일종의 총독 역할자를 두는 방식으로 왜왕 제도를 운영했고, 『일본서기』의 일왕은 왜왕 산하에 속한 6~7개국 중 하나라는 것이 이 책에서 말하고자 하는 이야기의 큰 틀이다.

이에 필자는 백제가 일본열도를 다스리기 위해 두었던 왜5왕과 왜왕 제도의 시작에서부터 훗날 『일본서기』의 일왕이 왜왕과 하나로 통합되면서 소멸하는 과정까지를 깊이 있게 다루고자 한다.

2. 연구 방법

앞에서도 이야기했듯이 이 글은 필자의 졸고 「5세기 왜5왕의 성격과 실체에 관한 연구」[67]에 기초하며 그 논문에서 다루지 못한 왜왕 제도의 시작과 전개, 그리고 광개토대왕의 경자년조 해석을 통해 밝혀진 고구려군의 일본열도 상륙과 임나 10국의 성립과정, 나아가 왜5왕 중 고구려계로 보이는 찬과 진의 관계를 다루었다. 특히 찬과 진은 고구려 광개토대왕군의 일본열도 점령 후 세력 교체 과정에서 등극한 고구려계 왜왕임을 상세히 논증해 보았다.

또 백제계 왜왕 제·흥·무에 앞서 칠지도(七支刀)의 명문에 나타난 왜왕 지(旨)가 있었다는 점에 주목하여 왜왕 지와 왜5왕과의 관련성, 그리고 왜5왕 이후 왜왕의 기록이 역사에 보이지 않는 현상은 무엇을 의미하는지도 밝히고자 했다.

아울러 일본 정부에서 여러 가지로 수긍하기 힘든 이유를 들어 발굴을 금지한 다이센 고분(大仙古墳)[68]이나 곤다마루야마 고분(譽田丸山古墳)[69] 같은 거대고분군의 주인공이 왜5왕의 실체와 밀접한 관련이 있으리라 추론을 강력히 제기해 보았다. 더불어 이러한 왜5왕의 실체 규명을 통해 『일본서기』의 내용상 진실성이 의심되던 '진구기(神功紀)'나 임나의 위치 비정, 그리고 무엇보다도 일왕과 백제 왕실 사이에 주객이 전도된 듯한 기록도 왜곡된 서술임을 밝혔다. 요

67) 김주인, 「5세기 왜(倭) 5왕의 성격과 실체에 관한 연구」, 『역사와 융합』 12호, 2022, pp.7~48.

68) 다이센 고분(大仙古墳): 다이센료고분(大仙陵古墳)이라고도 한다. 오사카부 사카이시(堺市) 다이센마치(大仙町)에 있으며, 길이 525m, 높이 39.8m에 달하는 일본 최대 전방후원분이자 세계 최대 고분 중 하나이다. 일본에서는 닌도쿠(仁德)의 능으로 추정한다.

69) 곤다마루야마 고분(譽田丸山古墳): 오사카부 하비키노시(羽曳野市)에 있는 원형분으로 후루이치마루야마 고분(古市丸山古墳)으로도 불리며 세계문화유산인 후루이치 고분군에 속해 있다. 여기서 출토된 금동제 마구류(안장 장식)는 황남대총 남분, 임당동고분군 등에서 출토된 것과 유사하고, 마구가 신라계라는 점에서 신라에서 유입된 것으로 판단된다. 이 유물은 곤다마루야마 고분에서 가까운 곤다하치만 신궁(譽田八幡神宮)에 소장되어 있으며 국보로 등재되어 있다.

컨대 이 글에서는 5세기 전후에 일어난 한일관계의 중요한 흐름을 왜5왕 중심으로 새로운 시각에서 다루었다고 할 수 있다.

이를 위해 문헌 사료와 고고학적 사료를 폭넓게 활용했다. 문헌 사료로는 왜5왕 기사가 있는 『송서』를 비롯하여 『남제서(南齊書)』 등 중국 정사를 적극적으로 활용했으며, 일본의 『일본서기』와 『고사기』, 『신찬성씨록(新撰姓氏錄)』 등도 왜5왕의 실체 및 당시 한일관계의 실상을 분석하는 데 활용했다. 한국의 『삼국사기』와 『삼국유사』에는 무슨 연유로 왜5왕의 실체가 실려 있지 않은지, 아니면 다른 형태로 왜5왕의 내용이 기재되어 있는 것인지 파헤쳐 보았다.

금석문 자료 중에서는 광개토대왕릉 비문이 가장 중요하다. 이 비문은 1883년 발견 당시 일본군 참모본부의 간첩 사코 가케아키(酒匂景信)가 탁본을 떠서 참모본부에 보고했고, 1889년 일본의 국수주의 잡지 『회여록(会余録)』[70]에 처음 발표되었는데 이미 많은 글자가 마모된 상태였다. 특히 경자년조가 대부분 지워졌지만, 운초 계연수 선생의 「무술등본」이 세상에 나오면서 경자년조의 많은 부분을 복원할 수 있었다. 그것을 통해 광개토대왕군의 일본열도 상륙 사실도 알아냈고, 고구려의 일본열도 정복을 알아냄에 따라 왜5왕 가운데 찬과 진이 고구려계라는 사실도 밝힐 수 있었다. 그 핵심 근거가 광개토대왕비문의 경자년조 진실이었기에 광개토대왕비문과 「무술등본」은 고대 한일관계사의 숨겨진 진실을 푸는 중요한 열쇠였다는 사

70) 『회여록(会余録)』: 1888년부터 1895년까지 발간된 일본 국수주의 단체 아세아협회(亜細亜協会)의 기관지로서 니레 다카유키(仁禮敬之)가 편찬, 발행했으며 그 내용으로는 아시아 각국의 고금 일사(逸事), 이문(異聞), 민정 풍속, 시문 등이 모두 한문으로 소개되어 있었다. 黒木彬文, 「興亜会・亜細亜協会のアジア主義――アジア主義の二重性について(「興亜会のアジア主義」再考)」, 福岡国際大学紀要, 2006, No. 15, p. 16, 29.

실도 확인할 수 있었다. 고고학 자료로는 나라현(奈良県) 아스카무라(明日香村)에 있는 기토라 고분(キトラ古墳)[71]과 다카마쓰쓰카 고분(高松塚古墳)[72]을 참고했다. 기토라 고분의 천정에는 고구려 천문도(天文圖)가 그려져 있다. 다카마쓰쓰카 고분에는 고구려 여인의 채색 벽화가 있다. 이 또한 광개토대왕군의 일본열도 상륙 사실을 말해주는 근거가 된다.

이처럼 다양한 한·중·일 문헌 사료와 금석문 및 고고학 자료들을 활용함으로써 백제 및 고구려가 일본열도를 다스리기 위하여 일종의 총독 역할을 파견하는 왜왕 제도의 실체를 더듬어 볼 수 있었다.

한 가지 덧붙이면, 이 글은 백제가 고대 이웃 나라인 일본을 식민 지배했다는 사실을 부각하기 위해서가 아니라, 단지 백제가 일본의 발전 단계에서 국가 형성의 기초를 닦는 데 주역으로 활동했다는 역사적 사실을 밝히고자 썼음을 강조하고 싶다. 나아가 백제가 패망

---

71) 기토라 고분(キトラ古墳, 亀虎古墳): 일본 나라현(奈良県) 다카이치군(高市郡) 아스카무라(明日香村) 남서부 소재 아베야마(阿部山) 남서면에 있는 고분으로, 피장자는 아직 미상이나 덴무(天武)의 황자 혹은 고관일 가능성이 크다고 추측한다. 석실 내부에서 발견된 사신(四神) 벽화를 통해 당 문화의 영향을 엿보이고, 다카마쓰쓰카 고분과의 유사성도 나타난다. 2019년 벽화가 일본 국보로 지정되었다.

72) 다카마쓰쓰카 고분(高松塚古墳): 일본 나라현(奈良県) 다카이치군(高市郡) 아스카무라(明日香村)에 있는 횡혈식석실 무덤으로, 조성 시기는 7세기 말~8세기 초로 추정하며, 피장자에 대해서는 여러 설이 있으나 크게 덴무의 왕자설, 고위 신하설, 한반도계 왕족설 등 3가지 설이 우세하다. 1973년 다카마쓰쓰카 고분 전체가 특별사적에, 1974년 4면 벽화 국보로 지정되었고, 그 외 관의 장식품을 비롯한 출토품 다수가 중요문화재로 지정되었다. 1972년 극채색 벽화가 세상에 드러나자 전후 최대 발견으로 크게 주목받았다. 석실 내부의 벽화는 사신도(四神圖)·일월도(日月圖)·성수도(星宿圖)·인물군상(人物群像)으로 이루어져 있어서 인근 소재 기토라 고분과도 유사성이 나타나며, 축조 당시 당과 고구려 고분 양식에서 큰 영향을 받았다고 추측된다.

하는 순간까지 일본열도의 역사는 백제 역사의 일부였다고 해도 과언이 아닐 만큼 양자는 불가분의 관계였다는 사실을 알리고자 할 뿐이다. 흔히 전쟁사에서 배우듯 큰 전쟁은 역사의 흐름을 바꾸는 계기로 작용하곤 한다. 전쟁 중에는 무자비한 파괴와 살육이 벌어지지만 낡은 구질서가 무너지고 새로운 질서가 들어서는 것은 물론 거대한 문화와 기술의 전파도 함께 일어난다.

4, 5세기 한반도에서 일어난 고구려와 백제의 격돌, 그리고 광개토대왕의 일본열도 상륙은 조용하던 고대 일본의 권력 체계를 뒤흔들고 한반도로부터 대규모 이주를 촉발하여 일본열도의 사회, 문화, 기술 전반에 커다란 변화를 가져왔다.

필자는 그러한 역사적 사실과 변화의 과정을 있는 그대로 밝히고, 밝혀진 사실을 인정하는 과정이야말로 건전한 한일관계의 발전을 위해서도 꼭 필요한 선결 과제임을 강조하며 그러한 관점에서 이야기를 전개하려 한다.

제2장

제1절 왜왕 제도의 성립

제2절 왜왕 제도의 성격

제3절 왜왕 제도의 발전

왜왕 제도의 성립과 성격, 발전과정

제1절

왜왕 제도의 성립

1. 왜5왕에 대한 사료의 기재

왜5왕이란 중국 남조(南朝) 때 송의 정사인 『송서(宋書)』 「동이열전(東夷列傳)」 왜국조(倭國條)에 등장하는 야마토왜의 다섯 왕을 말한다. 413년 동진에 조공사절을 보낸 찬(讚)을 필두로 421년과 477년 중국 남조에 사신과 「상표문(上表文)」을 보낸 진(珍)·제(濟)·흥(興)·무(武) 다섯 왕이다. 이들 찬·진·제·흥·무 왜5왕은 5세기 무렵 중국 왕조에 사신을 보낸 일본열도의 왕으로 중국 정사에 기록되어 있어서 그 실체를 파악하기가 쉬울 듯하나 녹록지 않은 주제이다. 712년에 편찬된 『고사기(古事記)』는 물론 720년에 편찬된 『일본서기(日本書紀)』도 같은 시기를 다루고는 있으나 왜5왕은 전혀 등장하지 않기 때문이다. 한국 사료인 『삼국사기』나 『삼국유사』에도 왜5왕에 관한 언급은 없다.

이처럼 왜5왕 관련 기사인데도 한국 사서는 물론 일본 사서에도 등장하지 않고 오직 『송서』, 『남제서(南齊書)』, 『양서(梁書)』, 『태평어람(太平御覽)』 등 중국 문헌에만 나타나는 까닭에 흔히 역사의 수수께끼라 불리곤 한다. 그러나 왜5왕 문제는 그저 역사의 수수께끼로 치부할 일이 아니다. 『송서』를 위시한 중국 사서에 왜왕 당사자가 쓴 「상표문」이 분명히 남아 있기 때문이다. 종래 한일 역사학자들도 왜5왕과 「상표문」의 존재를 알고는 있었으나 거기에 나오는 국가들을 『삼국사기』 속의 나라들로 해석하거나 왜5왕의 실체를 『일본서기』 속의 천황으로 비정하는 연구에만 치중해 왔다.[1] 이러한 연구자들은 대부분 「상표문」을 자의적으로 해석하고, 핵심 문구는 외면했던 것이 사실이다. 필자가 보기에는 이 「상표문」의 실체를 제대로 연구할 경우, 기존의 한일관계사는 전면적으로 뒤집힐 것이고, 그 결과 『일본서기』를 자의적으로 해석해서 만들어낸 고대 한일관계에 관한 내용이 상당 부분 허구로 밝혀질까 두려웠기 때문이라고 생각한다.

그러면 왜 『일본서기』나 『삼국사기』는 중국 문헌에 나오는 왜5왕에 대해 한마디도 언급하지 않고 누락시켰을까 하는 의문에 맞닥뜨린다. 이 문제도 당시 국제관계나 사관들의 견지에서 생각해 보면 충분히 설명 가능한 이유가 있는데 『일본서기』나 『삼국사기』의 저자들이 왜왕의 존재를 알았을 개연성이 크다. 『일본서기』나 『삼국사기』의 저자들이 다양한 중국 문헌을 폭넓게 섭렵했음은 여러 방면에서 확인할 수 있다. 그런데도 5세기, 100여 년에 걸친 왜5왕 관련 기록을 전면적으로 제외한 데는 어떠한 의도가 작용했으리라 보인다.

먼저 『삼국사기』의 편찬자 입장에서 생각해 보자. 『삼국사기』

1) 왜5왕을 『일본서기』의 천황에 비정하는 문제에 대해서는 白石太一郎·吉村武彦, 『爭點 日本の歷史』 2, 新人物往來社, 1990, pp. 66~71을 참조할 것.

는 김부식[2)]을 필두로 한 고려의 사관들이 1145년 고려 인종의 명을 받들어 당시의 여러 사서[3)]를 참조하여 편찬한 대표적인 고대 정사이다. 편제도 사마천의 『사기(史記)』를 본받아 제왕의 기록인 「본기」와 신하들의 기록인 「열전」 및 「지」로 나눈 다음 「본기」는 연대별로 기록하고, 「열전」과 「지」는 주제별로 분류해 서술함으로써 정통 사서로서의 모양을 갖추고 있다.

김부식은 묘청의 난을 진압한 후 자신의 높은 관직[4)]을 사직하고는 2년여에 걸쳐서 당시에 존재했던 여러 역사서를 참조하고 정성을 다해 『삼국사기』를 편찬했다. 그리고는 「진삼국사기표 (進三國史記表)」에 "이 책이 비록 명산(名山)에 보관하기에는 부족하더라도 간장 항아리를 덮는 데 쓰이지 않았으면 합니다."라고 썼다.[5)]

그만큼 김부식은 『삼국사기』에 자신이 있었고, 정성을 다했다는 뜻이리라. 그러나 한 가지 아쉬운 점은 『삼국사기』 제작과정에서 중

2) 김부식(金富軾, 1075년~1151년): 평장사(平章事) 직책을 지낸 고려 중기의 문신이자 학자이다. 『삼국사기』 「선찬(宣撰)」은 "수충정난정국찬화동덕공신(輸忠定難靖國贊化同德功臣) 개부의동삼사(開府儀同三司) 검교태사(檢校太師) 수태보(守太保) 문하시중(門下侍中) 판상 서이예부사(判尙書吏禮部事) 집현전대학사(集賢殿大學士) 감수국사(監修國史) 상주국(上柱國)으로 퇴직[致仕]한 신하 김부식(金富軾)이 [왕명(王命)을] 받들어 편찬하였다."라고 전한다.

3) 『삼국사기』: 『고기(古記)』·『삼한고기(三韓古記)』·『신라고사(新羅古史)』·『구삼국사(舊三國史)』와 김대문(金大問)의 『고승전(高僧傳)』·『화랑세기(花郎世記)』·『계림잡전(鷄林雜傳)』 및 최치원(崔致遠)의 『제왕연대력(帝王年代曆)』 등의 국내 문헌과 『삼국지(三國志)』·『후한서(後漢書)』·『진서(晉書)』·『위서』·『송서』·『남북사(南北史)』·『신당서(新唐書)』·『구당서(舊唐書)』 및 『자치통감(資治通鑑)』 등 다양한 문헌을 참고하여 재구성한 것이다.

4) 반란을 진압한 김부식은 수충정난정국공신(輸忠定難靖國功臣) 칭호와 함께 검교태보수태위문 하시중판상서이부사감수국사상주국 겸 태자태보(檢校太保守太尉門下侍中判尙書吏部事監脩國史上柱國兼太子太保)로 임명되었다.

5) 『삼국사기』를 임금에게 올릴 때 함께 바치는 「진삼국사기표(進三國史記表)」는 『삼국사기』에는 수록되어 있지 않고 『동문선(東文選)』에 수록되어 전한다.

국과 대립했던 역사 기록을 축소, 왜곡하는 등 사대주의적 입장에 설 수밖에 없었던 김부식의 한계이다. 당시 고려는 남조의 송 황제 휘종(徽宗)까지 억류할 정도로 위세를 떨쳤던 중원의 강자 금(金)의 감시·감독 아래 있었다. 그러한 환경에서 김부식의 사대주의적 입장에 영향을 주었음은 잘 알려진 사실이다. 예컨대 삼국시대 광개토대왕을 비롯한 여러 왕이 보편적으로 사용했던 연호가 기록에서 삭제되기도 하고 심지어는 대왕 또는 태왕이라는 호칭 사용에도 제약이 있었다. 게다가 고구려·백제·신라 삼국과 중원 세력과의 쟁패도 축소 또는 생략을 면치 못했다. 형식상 제왕의 사적을 담은 「본기」 형태를 취했으나 내용상으로는 제후로 낮추어 서술했다. 그런 이유로 1970년 공주에서 출토된 무령왕릉 지석(誌石)에는 무령왕의 죽음에 대해 황제의 죽음을 뜻하는 붕(崩)으로 표기되어 있는데[6] 『삼국사기』에는 제후의 죽음인 훙(薨)으로 낮추어 서술되어 있나.[7]

편찬에 임하는 김부식의 역사관 또한 신라의 정통성 중심이어서 신라와 대립했던 백제나 고구려의 사적은 축소하거나 누락시키는 자세를 취한다. 『삼국사기』의 광개토대왕 비문 관련 기록이 상당 부분 빠졌다거나 당 태종과 자웅을 겨룬 연개소문의 행적을 당의 시각에서 매우 부정적으로 기술한 것이 그 단적인 예이다. 백제 관련 기술도 별반 다르지 않다. 중국에서 5호 16국이 명멸하던 혼란기를 틈타 해양 대국으로 발돋움한 백제는 3~4세기에 이미 중국 동해안에 교두보를 마련하여 '대륙백제'를 경영하고, 일본열도를 지방행정 조

6) 무령왕릉 지석원문은 다음과 같다. "寧東大將軍百濟斯/麻王年六十二歲癸/卯年五月丙戌朔七/日壬辰崩到乙巳年八月/癸酉朔十二日甲申安厝"(글씨 강조 필자)

7) 『삼국사기』「백제본기」 무령왕 23년조, "夏五月 王薨 謚曰武寧"(글씨 강조 필자)

직인 담로(擔魯)로 경영했으며 멀리 동남아까지 진출한 사실을 대폭 축소해 기록했다.

이는 일찍이 공자가 『춘추(春秋)』에서 역사 기록의 기본방침으로 제시한 3대 원칙, 즉 '위국휘치(爲國諱恥)'[8], '상내약외(詳內略外)', '존화양이(尊華攘夷)'에 준하여 볼 때 역사서가 갖춰야 할 방향성에서 한참 벗어난다. 자학사관(自虐史觀)의 결과라고밖에 할 말이 없다. 중국 사서에서는 '위국휘치'나 '상내약외', 즉 국가를 위해 부끄러운 일은 숨기고 자신들의 변방에서 일어나는 이민족의 일은 간략하게 적는 것이 일종의 전통이다. 그런 만큼 중국 사서들이 소위 이(夷), 다시 말해 오랑캐의 일을 축소하거나 생략하는 전통에 얼마나 충실했을지는 짐작하고도 남는다.

예컨대 사마천의 『사기』「조선열전」이 그것이다. 『사기』「조선열전」에 따르면 조한(朝漢) 전쟁의 최종 승자는 한이었다. 그러나 한 무제는 서기전 108년 1년여에 걸친 위만 조선 정벌을 마치고 귀국한 개선장군 양복(楊僕)과 순체(荀彘)에게 포상은커녕 형벌을 내렸다. 순체는 사형 중에서도 최고 극형인 기시형(棄市刑)을 받았고, 양복도 사형 판결을 받았는데 속전(贖錢)을 바쳐서 목숨은 건졌으나 서민으로 강등된다. 그들이 왜 그런 극형을 받았는지에 관한 사연은 언급이 없다. 1년여에 걸친 외정에서 승리하고 돌아온 장수들을 제후로 봉하지 않고 사형시킨다면 그 왕조는 유지되기 힘들다고 보는 것이 상식이다.

이에 반해 우리 사서인 『태백일사(太白逸史)』의 기재 내용은 비

8) 위국휘치(爲國諱恥): 위한치휘(爲漢諱恥)라고도 하며, 한(漢)을 위해 치욕을 감춘다는 뜻이다.

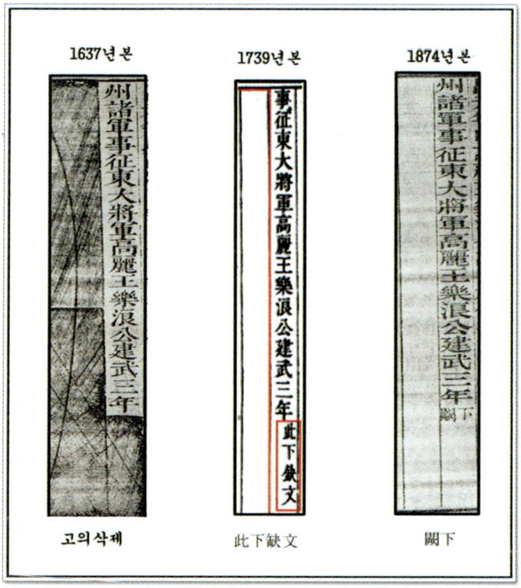

그림 1_ 『남제서』의 훼손된 기록

교적 합리적이다. 『태백일사』는 북부여의 제5대 단군으로 등극한 고두막한(高豆莫汗) 장군에게 양복과 순체가 전투에서 참패하여 더 이상 고조선으로 진격할 수 없었기 때문이라고 전하면서 양복과 순체가 극형을 당한 이유도 밝히고 있다.[9]

게다가 『남제서』의 기록도 수수께끼 같다. 『남제서』의 「동남이열전(東南夷列傳)」은 고구려에 이어 백제를 서술하고 있는데 앞부분이 대부분 빠져있어서 무슨 이야기인지 도통 알 길이 없다. 현재 전해지는 『남제서』 「동남이열전」 고구려 항목에는 "동이 고구려국은 서쪽으로 위(魏) 오랑캐와 경계를 접하고 있나."[10]라고 쓰여 있다.

9) 안경전 역주, 『태백일사』, 상생출판사, 2023, p.286.
10) 『남제서』 「동남이열전」, 고구려, "東夷高麗國, 西與魏虜接界"

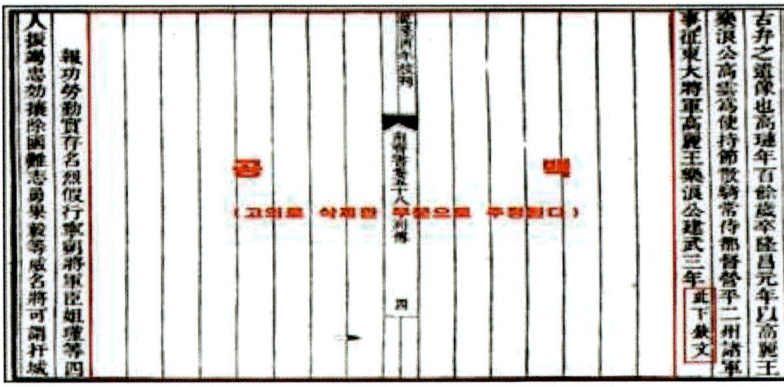

그림 2_ 남제서 1739년본

반면 백제에 대해서는 나라 이름도 없이 "공을 보답하고 부지런히 힘쓴 것을 위로하는 일은 실로 그 명성과 공업을 보존시키는 일입니다."11)라는 말로 시작한다. 이는 백제 관련 기록을 의도적으로 지우지 않았다면 있을 수 없는 일이다. 필자가 생각하기에 현재 중국이 역점을 두어 추진하는 '동북공정(東北工程)'의 역사 왜곡은 중국의 전통적인 춘추 사관의 연장선에서 벌어지는 일이다.

신라 중심 사관을 갖고 있던 김부식이 볼 때, 왜5왕에 대하여 기록한다는 것은 백제의 일본열도 지배 사실을 인정하는 행위이고, 그것은 백제의 해양 대국적 면모를 부각하는 결과를 초래한다. 게다가 광개토대왕의 남정(南征)이 일본열도에까지 미쳤다고 글로 남기는 셈이다. 이런 측면들이 신라의 정통성 확립에 큰 부담이 되리라 우려하지 않았을까 생각한다. 그런 이유에서 김부식은 왜5왕에 대한 기록을 『삼국사기』에 남기지 않고 누락시켰다고 본다.

---

11) 『남제서』 「동남이열전」, 백제, "報功勞勤, 實存名烈."

그러면 『일본서기』의 입장은 어떠한지 알아보자. 『일본서기』는 백제가 663년에 망한 후 더 이상 백제에 의존할 수 없다고 판단한 일본열도의 지배자들이 독자적인 역사서를 쓰기로 작정하고 40대 덴무(天武)의 명에 따라 펴낸 칙찬(勅撰) 역사서이다. 덴무의 명을 받은 가와시마(川島) 왕자와 도네리(舍人) 친왕 등이 국가 차원의 편찬 사업을 일으켜서 720년에 완성했다.[12] 초대 진무(神武)부터 41대 지토(持統)까지 기(紀) 30권, 계도(系圖) 1권으로 이루어져 있다. 이보다 먼저 712년에 야스마로(安萬侶)[13]가 펴낸 『고사기(古事記)』와 더불어 『일본서기』는 일본 현존 최고(最古)의 역사서로 평가받는다. 그러나 이 『일본서기』는 발간 목적부터가 역사적 사실에 충실한 기록보다는 일본의 백제 탈피 및 일본 독자의 정체성 확립이라는 대전제 탓에 애초부터 수많은 조작과 왜곡, 누락으로 얼룩질 수밖에 없는 숙명을 지고 탄생했다. 이 점에 관해서는 앞에서도 언급한 바와 같이 『일본사대사전』도 이러한 왜곡 사실을 인정하고 있다는 점에서 눈길을 끈다.

---

12) 『일본서기』는 『속일본기』 요로(養老) 4년(720) 5월 계묘조(癸卯條)에 "이전부터 1품 도네리 친왕이 천황의 명을 받아 『일본기(日本紀)』 편찬을 추진했는데, 이때(720) 완성되어 기 30권, 계도 1권을 찬상(撰上)했다."고 전한다. 편찬 시점은 『일본서기』에 덴무가 가와시마 왕자 이하 12인에게 "제기와 상고제사를 기록하여 정하라고 명했다(令記定帝紀及上古諸事)"라고 하는 덴무 10년(680)을 기준으로 한다. 여기서 '제기(帝紀)'는 역대 왕의 계보를 말하고, '상고제사(上古諸事)'를 '기정(記定)'한다는 말은 구전, 설화, 전승되어 온 기록물의 다양한 종류의 이설을 검토하여 사실을 확정 짓는다는 뜻이다. 연민수, 『역주 일본서기 1』, 동북아역사재단, 2013, p.7.

13) 야스마로(安萬侶, ?~722): 몬무(文武) · 겐메이(元明) · 겐쇼(元正) 3대에 걸쳐 출사한 나라 시대(奈良時代)의 유명 학자. 『고사기』나 그의 묘지명에는 '야스마로(安萬侶)'라고 쓰여 있는데 『고사기』 이외 『속일본기(續日本紀)』, 『홍인사기(弘仁私記)』, 『일본기경연화가(日本紀竟宴和歌)』 같은 역사서에는 '오노 야스마로(太安麻呂)'라고 쓰여 있다.

진무(神武) 즉위를 서력기원전 660년인 신유년(辛酉年)으로 설정했기 때문에, 초기의 천황들이 부자연스럽게 장수하고 있고, '진구황후기(神功皇后紀)'에서도 황후는 「위지왜인전(魏志倭人傳)」의 히미코(卑彌呼)라고 생각하지만 120년 정도 연대를 조정해서 위로 끌어올렸다.

게다가 『일본서기』는 체제 면에서도 동아시아 정사의 특징인 「본기」, 「열전」, 「지」 등의 기전체 형식을 띠지 않고 「본기」만 있는 특이한 형태의 역사서이다. 「본기」, 「열전」, 「지」가 각각 존재하면 상호검증으로 사실을 드러낼 수 있다. 그러나 『일본서기』는 사실을 감추려고 일부러 「열전」과 「지」는 생략하고 「본기」만 두는 형태를 취했다.

『일본서기』의 편저자들은 일본의 역사를 백제의 역사보다 시기를 올려잡으려고 야마토왜의 실제 존속연대보다 천년이나 빠른 기원전 7세기로 끌어올렸다. 그리고는 소위 '신대기(神代紀)'[14]라고 해서 자신들의 선조가 태양신의 자손이며 '만세일계(萬世一系)의 천황'이 지배하는 국가라고 호도했다.

---

14) 이 '신대(神代)'라는 명칭은 기본적으로는 『일본서기』 진무(神武) 이하에 보이는 '천황대(天皇代)'에 대응하는 말이나 일반적으로는 신대기(권1 신대 상과 권2 신대 하로 구성)와 『고사기』 상권을 아울러 칭하고 있으며, 여기에는 일본 고대 신화, 즉 신대의 설화가 매우 자세하고 체계적으로 정리되어 있다. 또한 신대기 상하 2권의 구성 방식은 각 단락별(권1은 제1단부터 제8단까지, 권2는 제9단부터 제11단까지로 각각 구성)로 이야기가 전개되고 있는데, 우선 본문(本文, 정문(正文)이라고도 함)을 수록하고, 다음으로 본문과 다른 이야기인 이전(異傳), 별전(別傳)을 '일서(一書)'의 형식으로 제시하고 있다. 상권의 이야기는 세상이 시작되는 천지개벽에서 스사노오노 미코토(素戔嗚尊)를 중심으로 한 소위 이즈모(出雲) 신화까지의 내용으로 구성되어 있다. 연민수, 위의 책, p.95.

그러면서 서기전 660년 진무부터 40여 일본 왕들의 이름을 나열하고 있으나 실제 활동 기록이나 명확한 재위 및 생몰연대도 없이 3~4세기까지 이름과 신화 형태의 기록만 늘어놓았다. 앞서 말했듯이 「본기」와 「열전」의 구별도 없고, 「지」도 없으며, 일본열도에서 일어난 일과 대륙과 한반도에서 일어난 일을 뒤섞어 기록해서 후세 역사가들에게 혼란만 안겨준다.

이런 까닭에 『일본서기』는 왜5왕에 대해 기록할 수 없었다. 『일본서기』의 입장에서는 서기전 7세기부터 진무를 시조로 하는 야마토왜가 대대로 내려오는 만세일계의 정통성을 가져야 하는데 왜5왕을 서술하면 이러한 구상이 성립하지 않기 때문이다. 결국 『일본서기』는 야마토왜를 황제국으로, 백제를 제후국으로 설정하고 서술한 것이기 때문에 왜왕 제도를 인정하면 이 모든 구상이 근본에서부터 흔들리기에 왜5왕 관련 기술을 완전히 빼버렸다고 판단된다.

2. 왜왕 제도의 개념

『송서』에 나오는 왜5왕은 『일본서기』의 일왕들과는 별개의 존재다.[15] 왜5왕은 일본열도 안의 산하 6국을 다스리던 왕을 뜻한다. 『일본서기』의 일왕은 왜왕이 다스리는 산하 6국 가운데 한 제후국의 책임자일 뿐이다. 관련 기록이 『송서』에 나온다. 왜왕 제도란 백제가 일본열도를 통할하는 통치자를 두어 다스리게 했던 제도이다. 왜왕

---

15) '천황'이라는 말은 상국 백제가 멸망한 후 제후국(담로)이 하나였던 야마토왜왕이 독자 생존을 도모하면서 『일본서기』에서 소급해 사용한 호칭이다. 왜국(倭国)을 일본국(日本国)으로 개칭한 670년 이후부터 사용했다. 이 글에서는 일왕이라는 호칭을 주로 사용한다.

은 일본열도를 다스리는 일종의 총독 혹은 최고지도자일 뿐만 아니라, 본국 백제의 왕으로 등극하려면 반드시 거쳐야 하는 사전 필수 훈련과정이기도 했다. 이에 『일본서기』는 일본열도의 통치기구인 왜왕 제도를 인정할 여지가 없어 누락시킨 것이다. '만세일계의 천황' 체계 성립에 방해가 되는 왜왕 제도를 명문화할 수는 없는 노릇이기 때문이다.

왜5왕을 『일본서기』의 일왕들로 비정하는 작업은 무로마치 시대(室町時代: 1336~1573)부터 시작되었다. 선승(禪僧)이었던 즈이케이 슈호(瑞渓周鳳)[16]는 『선린국보기(善鄰國寶記)』(1466)[17]에서 왜왕 찬을 19대 인교(允恭)에 비정했다. 에도 시대(江戸時代: 1603~1868) 때 국학자 마쓰시타 겐린(松下見林)은 일왕 찬을 17대 리추(履中)에, 진을 18대 한제이(反正)에, 제를 19대 인교에, 흥을 20대 안코(安康)에, 무를

16) 즈이케이 슈호(瑞渓周鳳, 1392~1473): 일본 무로마치 시대(室町時代) 때 임제종 승려. 호는 가운젠닌(臥雲山人). 오늘날 오사카시 남부에 해당하는 이즈미노쿠니(和泉国) 사카이(堺) 출신. 무로마치 막부의 6대 쇼군 아시카가 요시노리(足利義教)와 8대 쇼군 요시마사(義政)의 신임을 얻어 내정과 외교에 참여했고 중국 명(明)나라에 보내는 국서를 기초하기도 했다. 저서로는 『선린국보기(善隣国宝記)』, 『와운일건록(臥雲日件録)』 등을 남겼다.

17) 『선린국보기(善鄰國寶記)』: 1466년 일본 무로마치 시대 때 편찬된 '일본 최초의 외교사서'로 평가받는다. 일본이 조선에 보낸 「답조선서(答朝鮮書)」(1392)부터 「견조선서(遣朝鮮書)」(1486)까지 약 100여 년간 총 42건의 외교문서가 실려 있으며, 일본의 자국관, 각종 외교 지식과 예제(禮制) 등 당시 일본에서 실질적으로 외교 업무 담당자에게 필요한 가치관과 지식이 담겨 있다. 일본과 조선의 외교는 명의 개입 없이 이루어졌다고 하면서 명나라 중심으로 구축한 조공-책봉 체제에 일본이 정주하지 않았음을 주장했다. 이 책의 출간과 비슷한 시기에 조선의 『해동제국기(海東諸國記)』(1471), 명나라의 『황명외이조공고(皇明外夷朝貢考)』가 출간되는데 한·중·일이 거의 동시적으로 자국의 외교 관련 서적을 펴냈다는 점에서 15세기 동아시아 외교 흐름을 파악하는데 중요한 자료가 된다. 김남이, 「일본 '최초의 외교사서' 善隣國寶記 試考 — 15세기 '海東諸國'의 心象地理에 대한 소묘 —」, 『동방한문학』 제92호, 동방한문학회, 2022.

21대 유랴쿠(雄略)에 비정했다. 또한 아라이 하쿠세키(新井白石)[18]도 진을 한제이에, 제를 인교에, 흥을 안코에 비정했다.[19]

일본이 서구열강에 개항하기 전까지, 다시 말해 일왕이 정치적

그림 3_ 왜왕 찬을 일왕 인교에 최초로 비정한 스이케이 슈호 화상(瑞渓周鳳画像)[20]

그림 4_ 선린국보기(善鄰國寶記)[21]

18) 아라이 하쿠세키(新井白石, 1657～1725): 일본 에도 시대 중기 때 무사, 유학자. 주자학, 역사학, 지리학, 언어학, 문학 등에 뛰어났으며 시인으로서 다수의 한시를 남겼다. 조선통신사 측 기록에는 원여(源與)라는 이름으로 등장한다. 도쿠가와 막부의 6대 쇼군 도쿠가와 이에노부(德川家宣)를 보좌하여 막정에 참여했고, 조선통신사의 대우 간소화, 화폐 개주(貨幣改鋳)에 힘을 쏟았다. 저서에 『번한보(藩翰譜)』, 『독사여론(読史余論)』, 『서양기문(西洋紀聞)』, 『고사통(古史通)』과 자서전 『꺾어 지핀 장작의 기억(折たく柴の記)』 등이 있다.

19) 河内春人,『倭の五王－王位継承と五世紀の東アジア』, 中央公論社(中公新書), 2018, pp.165～171.

20) 〈그림 3〉 왜왕 찬을 일왕 인교에 최초로 비정한 스이케이 슈호 화상(출瑞渓周鳳画像) 사진 출처: 사카이시(堺市) 중앙도서관(https://adeac.jp/sakai-lib/catalog/mp000009-100070).

21) 〈그림 4〉 선린국보기(善鄰國寶記) 사진 출처: 인문학 오픈데이터 공동이용센터

지배자가 아니라 일종의 국가의 제사장이었던 상황에서는 왜5왕의 비정 문제가 큰 관심사가 아니었다. 메이지기(明治期) 이후 일왕이 정치적 지배권을 행사하게 되면서 이 문제가 중요해졌다. 독일 사학자 랑케(Leopold von Ranke)[22]의 제자 리스(Ludwig Riess)[23]가 유럽에서 일본으로 건너와 도쿄대에 사학과를 개설하고 실증사학을 내세우면서 왜5왕이 왜 『일본서기』에서 누락되었는지를 설명할 필요가 생겼다. 그러면서 왜5왕이 중국 왕조로부터 책봉받은 작위를 조선 침략의 근거로 활용하려는 움직임이 시작된다. 이는 『일본서기』에 근거하여 가야를 야마토왜의 식민지인 임나라고 주장하는 '임나일본부설'과 함께 조선 침략의 이론적 논고로 이용되었다. 그 결과 19세기 말 중국 사서에 나타나는 왜5왕을 『일본서기』의 일왕과 연결 지어 확정하는 풍토가 생겨났다. 왜5왕이 『일본서기』와 『고사기』 속 어느 왕에 해당하는지를 놓고 수많은 학설이 난무했다. 그 비정법은 크게

(Center for Open Data in the Humanities)(https://images.app.goo.gl/TUCZVrcsxottUwxb7).

22) 레오폴트 폰 랑케(Leopold von Ranke, 1795~1886): 독일 역사가. 튀빙겐(Tübingen) 출생. 엄밀한 사료 비판에 기초한 근대 실증사학을 확립하고 '랑케 학파'를 중심으로 19세기 후반의 유명 역사가를 다수 배출했다. "있는 그대로의 과거(Wie es eigentlich gewesen)"라고 하여 사료 속에 담긴 순수한 사실 발견을 주창했으나 그의 주장은 제국주의 열강의 객관적 타당성을 내세운 지배 논리 정당화에 이용되었다고 평가되기도 한다.

23) 루드비히 리스(Ludwig Riess, 1861~1928): 독일 유태계 역사학자. 현재의 폴란드 지역인 도이치크로네(Deutsch Krone) 출생. 베를린대학 레오폴트 폰 랑케 아래서 엄밀한 사료 비판과 과학적 역사학 방법을 익혔고, 1887년 26세 때 일본 도쿄제국대학(東京帝国大学) 사학과 강사로 초빙되어 랑케의 실증주의 사학을 일본에 도입했다. 1889년 일본의 사학회 창설을 지도했고, 1902년까지 일본에 체류하면서 게이오기주쿠대학(慶應義塾大学), 육군대학교(陸軍大学校)에서 교편을 잡았다. 일본 여성 오쓰카 후쿠(大塚ふく)와 결혼하여 1남 4녀를 두었다. 독일로 돌아간 뒤에는 베를린대학에서 강사와 조교수로 있으면서 신문에 일본 관련 기사를 연재하는 등 독일 내 일본통으로 활약했다.

세 가지로 요약된다. 첫째, 이름을 가지고 비정하는 방법, 둘째, 계보 관계로 접근하는 방법, 셋째, 각 왕의 재위 연대로 비정하는 방법이다.[24]

현재 일본학계에서는 찬—닌토쿠, 진—한제이, 제—인교, 흥—안코에, 무—유랴쿠에 비정하는 것이 통설이다.[25]

다른 분야도 아닌 역사에서 『송서』「동이열전」 왜국조에 나오는 왜5왕을 『일본서기』와 『고사기』의 일왕들과 연결하려면 어떠한 근거로 그렇게 비정하는지 설명할 수 있는 합리적 기준이 필요하다. 하지만 그런 기준은 존재하지 않으므로 온갖 편법이 난무한다. 가장 일반적인 방법으로는 마지막 왜5왕, 즉 왜왕 무를 객관적 근거도 없이 21대 유랴쿠에 비정한 다음 거꾸로 계산해서 왜왕 흥은 안코에, 왜왕 제는 인교에, 왜왕 진은 한제이에, 왜왕 찬은 닌토쿠에 꿰어맞추는 식이다.

그러나 이러한 설명은 설득력이 없다. 우선 각 왕의 연대와도 전혀 맞지 않고 무엇보다도 어떤 이유에서 일왕이 버젓이 있는 자기 이름을 놔두고 굳이 백제계로 보이는 '외자(外字)' 이름을 썼느냐 하는 의문에 답하지 못한다. 게다가 왜왕이 「상표문」에 쓴 내용은 『일본서기』 속의 일왕이 처한 상황과 전혀 맞지 않는다. 예컨대 유랴쿠로 비정한 왜왕 무의 「상표문」에는 고구려에 대한 극도의 증오심이 엿보이는데 "엄상부형(奄喪父兄)", 즉 형과 아버지가 함께 죽었다는 문구가 나온다. 『일본서기』에서는 전혀 찾아볼 수 없는 내용이 도대체 왜 「상표문」에 등장하는지 명쾌한 설명이 없다. 게다가 왜왕 무

24) 양기석, 위의 책, p.90.

25) 白石太一郎, 吉村武彦, 위의 책, pp.66~71.

가 유랴쿠라면 훗날 501년 왜왕 무가 백제로 돌아가서 무령왕으로 등극한 사실과도 크게 어긋난다. 일본의 관변학자들이 왜왕 무를 유랴쿠에 비정하는 이유는 짐작건대 후술하는 바와 같이 왜왕 무와 무령왕이 동일인이라는 사실을 은폐하기 위해서이다.

더욱 근본적인 문제는 일왕계와 왜왕계를 일원화하여 비정하는 방식에 내포된 명백한 모순이다. 『송서』에서 보듯 413년부터 501년까지 왜왕은 찬, 진, 제, 흥, 무 다섯 명인데 일왕은 16대 닌토쿠부터 25대 부레쓰(武烈)까지 열 명이나 된다. 그러니 왜5왕 다섯 명은 비정에서 제외하는 방법밖에 없다. 이는 '만세일계의 천황'가가 지녀야 할 연속성에 치명적 흠결이기 때문이다. 그래서 고안된 것이 연대도 맞지 않지만 무조건 왜왕 무를 유랴쿠에 비정한 다음 거꾸로 맞추어 나가는 방식이다. 그렇게 꿰맞추다 보면 유랴쿠 이후 네 명의 일왕은 살릴 수 있다. 하지만 이 네 명을 제외한 나머지 여섯 명 중 한 명은 제외해야 하는데, 최초의 왜왕인 찬을 일왕 리추와 닌토쿠 중 누구로 비정하느냐 하는 문제가 생긴다. 닌토쿠로 비정하면 중간에 낀 리추는 허공에 뜨고 만다. 결국 일왕계와 왜왕계를 일원화하여 비정하는 이러한 시도는 논리적 파탄을 면할 길이 없다.

이런 까닭에 필자는 왜5왕을 비롯한 왜왕계를 『일본서기』나 『고사기』에 기록된 일왕의 가계와는 별도로 이원화하여 다루고자 한다.

제2절

왜왕 제도의 성격

1. 왜5왕에 대한 인식의 혼돈

왜왕의 성격 연구는 많은 일본 학자들이 관심을 가져온 주제이다. 그러나 앞에서 본 바와 같이 대부분의 일본 학자는 물론 한국의 학자들도 왜5왕의 실체를 일본 일왕계와 연결하거나 대체하는 데만 집중하고 있다. 그러나 아래 도표에서 보듯 왜왕계는 일왕계와 재위 연대나 생몰 시기(나이)에서 동일성을 발견하기 어렵다.

예컨대 왜왕 찬으로 비정되는 닌토쿠[26]의 경우를 보자. 『일본서기』에 닌토쿠는 399년에 퇴위했다고 나오지만, 『송서』는 왜왕 찬이 438년에 퇴위했다고 쓰여 있어서 39년의 차이가 난다. 왜왕 무로 비

26) 닌토쿠(仁德, 257년?~399년 2월 7일?): 16대 일왕(재위: 313년 2월 14일?~399년 2월 7일?). 이름은 오호사자키노미코토(大雀命大鷦鷯尊). 『일본서기』에는 오호사자키노스메라미코토(大鷦鷯天皇), 세이테이(聖帝)로 나와 있고 고대 시가집 『만요슈(万葉集)』에는 나니와(難波)로 나와 있다. 오진(應神)의 네 번째 아들이며 리추, 한제이, 인교의 아버지이다.

정되는 유랴쿠[27]의 경우도 20년 이상 차이가 난다. 재위 연대로만 따졌을 때 왜왕 흥(461~477)과 유랴쿠의 경우(456~479)는 비슷하지만, 이 또한 즉위는 5년, 퇴위는 2년의 차이가 생긴다.

이 문제는 단순하지 않다. 왕조 국가에서 국왕은 단 하루도 자리를 비울 수 없다. 사마천이 『사기』에서 설명했듯 임금은 벼리[綱]로서 임금을 중심으로 천하가 돌아가기 때문이다. 따라서 왜왕 흥과 유랴쿠의 재위 및 퇴위연대가 각각 5년, 2년의 차이가 난다는 점만으로도 같은 임금으로 비정할 수 없다. 다른 왕 역시 마찬가지다. 게다가 천황계에 대한 설명도 중국 사서의 기록들과 큰 차이를 보인다. 『송서』는 왜왕 찬·진을 형제간으로 보면서도 왜왕 제·흥·무와는 다른 혈통으로 여기는데 제·흥은 부자 관계, 흥·무는 형제 관계로 설정되어 있다. 또 『양서』에는 '진(珍)'이 '미(彌)'로 표기되어 있는데 이는 『양서』의 편저자들이 글자를 오독한 결과로 보인다. 그리고 '제(濟)'를 '진(珍)' 또는 '미(彌)'의 아들로 보고, '흥'과 '무'는 『송서』와 마찬가지로 '제'의 아들로 보았다. 즉, 제·흥·무를 진(미)의 자손으

27) 유랴쿠(雄略, 418년 10월~479년 9월 8일): 21대 일왕(재위: 456년 12월 25일~479년 9월 8일). 오하쓰세와카타케루노미코토(大泊瀨幼武尊)라고도 한다. 『고사기』에서는 大長谷若建命 또는 大長谷王로 표기하며, 하나하다아시키스메라미코토(大悪天皇), 오무오무시쿠마시마스스메라미코토(有德天皇)라고도 불렸다. 인교의 다섯 번째 왕자. 왜왕 무의 「상표문」에는 주변 여러 국을 공략해서 세력을 확장한 내용이 보이는데 구마모토현(熊本県) 에타후나야마 고분(江田船山古墳)에서 출토된 은상감 철검의 명문과 사이타마현(埼玉県) 이나리야마 고분(稲荷山古墳)에서 출토된 금착명(金錯銘) 철검 명문에 '獲加多支鹵大王'이라는 글자가 '와카타케루노미코토(幼武尊)'의 음차로 해석되어 고고학적 실존이 증명되었다고 보는 견해도 있다. 그러나 유랴쿠의 재위 기간(456~479년)인 478년에 왜왕 무가 송에 보낸 「상표문」에는 아버지, 즉 인교의 상중임을 밝히고 있어서 456년에 즉위한 유랴쿠와 일치하지 않는다는 반론도 있는바 인교는 453년에 사망했고, 왜왕 무는 478년에 사망했기 때문이다.

표 1_ 왜5왕과 일왕의 재위 연도 비교

왜왕		비정	비정된 일왕(천황)	
왜왕명	재위기간		일왕명	재위기간
무(武)	477~501	⇒	유랴쿠(雄略)	456~479
흥(興)	461~477	⇒	안코(安康)	454~456
제(濟)	442~461	⇒	인교(允恭)	411~453
진(珍)	438~442	⇒	한제이(反正)	406~410
찬(贊)	413~438	⇒	리추(履中)	400~405

※ 이 표를 보면 왜왕 흥과 일왕 유랴쿠의 재위 기간이 가장 비슷한데 왜 굳이 왜왕 무를 유랴쿠에 비정했는가 하는 의문이 든다(해답 후술).

로 본 점에서 『송서』와 다르다.

일본학계의 통설은 왜5왕을 일왕의 별칭으로 동일시하여 왜왕 무를 유랴쿠에 비정한 다음 다른 일왕들을 역산하는 방법으로 나머지 네 명의 왕을 비정한다. 그렇게 '가계도'를 그려보면 〈표 1〉과 같다. 일본학계의 통설은 일단 『송서』에 나오는 계통도를 따르되 찬, 진과 제, 흥, 무를 별개로 보지 않고 진과 제를 형제지간으로 연결한다. 그렇게 연결하지 않으면 만세일계라는 '천황'의 가계도와 부합하지 않기 때문이다. 우선 왜왕 무를 유랴쿠로 비정한 다음 일왕가 계보에 따라 거슬러 올라가서 유랴쿠의 형인 안코[28]를 왜왕 흥에 비정하고, 그 두 사람의 아버지인 인교[29]를 왜왕 제에 비정하며, 인교의

28) 안코(安康, 401년?~456년 9월 24일): 20대 일왕(재위: 454년 1월 28일~456년 9월 24일). 이름은 아나호(穴穗). 아나호 왕자, 아나호 천황으로도 불린다. 중국의 『송서』·『양서』에 기록되어 있는 왜5왕 중 왜왕 흥으로 비정하기도 하지만 여기에는 문제가 있다고 보아 필자는 이 설을 인정하지 않는다. 인교의 두 번째 왕자이다. 어머니는 오시사카노오나카쓰히메이다. 유랴쿠의 친형이다.

29) 인교(允恭, 376년?~453년 2월 8일): 19대 일왕(재위: 412년 12월~453년 1월 14일). 일본식 시호는 오아사즈마와쿠고노스쿠네노미코토(雄朝津間稚子宿禰尊, 男浅津間若子宿禰王). 중국의 『송서』와 『양서』에 기록되어 있는 왜5왕 가운데 '제'로 비정된다.

형들인 한제이[30]와 리추[31]를 각각 왜왕 진과 찬에 비정하는 방식이다. 이것이 일본학계의 통설이기는 하지만 객관적이거나 합리적인 기준은 없다. 『일본서기』는 "100명이 연구하면 100개 학설이 나온다"라는 우스갯소리가 있을 정도로 내용이 중구난방이다. 기년부터 작정하고 조작한 사서이기 때문이다. 그래서 이러한 통설에 대한 이설도 존재한다. 일본학계의 통설이 대부분 왜왕 찬을 리추에 비정하는 의견에 반대하여 닌토쿠 또는 오진(應神)에 비정하는 의견도 있다.

주목할 만한 의견으로 마에다 하루토(前田晴人)의 학설이 있다. 그는 왜왕 찬을 '호무쓰와케왕'이라고 주장한다. 호무쓰와케왕은 일본 역사학계에서 히미코 이후 150년간 소위 7여왕 시대의 공백을 깨뜨린 허구의 인물로 여겨진다. 마에다 하루토의 설명에 따르면 『일본서기』나 『고사기』가 이 사실을 숨긴 이유는 "진구 천황에서부터 만세일계로 내세운 천황 가계의 정통성을 유지하기 위해서"라고 한다. 여기까지는 필자도 수긍한다. 그러나 왜왕 찬이 438년경에 죽은 후 동생 왜왕 진이 등극한 사실을 근거로 왜왕 진을 한제이로 비정함으로써 그다음부터는 또다시 일본학계의 통설로 회귀하고 만다는 비판을 받을 수밖에 없다.[32]

30) 한제이(反正, 336?~410?): 18대 일왕. 시호는 다지히미즈하와케노미코토(多遲比瑞歯別尊). 통설은 중국 기록에 나오는 왜5왕 가운데 '진'이라고 주장하지만, 필자는 이러한 통설에 동의하지 않는다.

31) 리추(履中, 336년? ~ 405년 4월 29일): 17대 일왕(재위: 400년 3월 12일~405년 4월 29일). 이름은 오에노이자호와케노미코토(大兄去来穂別尊 또는 大江之伊邪本和気命).

32) 前田晴人, 『倭の五王と二つの王家』, 同成社, 2009.

왜5왕의 계보

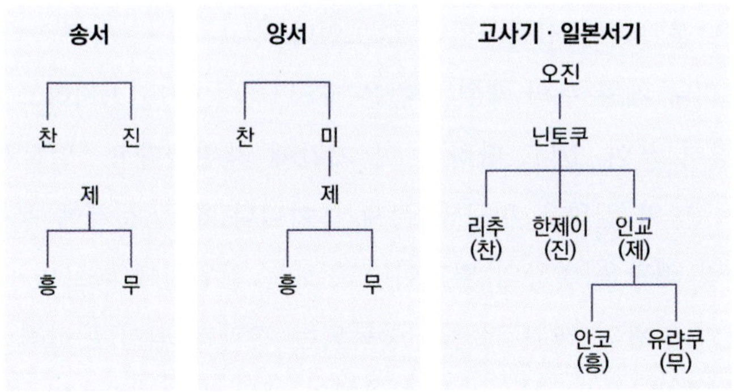

그림 5_ 중국 문헌과 『일본서기』 · 『고사기』에 의한 왜5왕 계보도

참고로 이시와타리 신이치로(石渡信一郎) 교수는 왜왕 무를 유랴쿠에 비정하지 않는다. 그는 왜왕 무(武)를 일본에서 현 일왕가의 실질적 비조로 인정하는 『일본서기』 속 15대 오진으로 본다.[33] 그러나 왜왕 찬은 이 글의 다른 장에서 살펴볼 광개토대왕군의 일본열도 상륙 이후인 400년이 지나서야 등장하는 인물이지만, 오진은 그보다 앞선 백제계 인물이라는 점에서 타당성이 없다고 본다.[34]

생각건대 통설이 왜왕 무를 우선 유랴쿠에 비정하는 이유는 앞에서도 설명한 대로 왜5왕 시대에 재위한 일왕의 수가 10명이다 보니 왜왕 수보다 많은 5명의 일왕을 비정 과정에서 제외해야 하는 상

33) 이시와타리 신이치로, 『백제에서 건너간 일본 천황』, 지식여행, 2002. pp.274~302.

34) 『일본서기』의 서력대조표(西曆對照表)에 의하면 15대 오진의 재위 기간은 서력으로 270년부터 310년까지이다. 그러나 이를 2주갑(周甲), 즉 120년을 끌어올려 390년에서 430년까지로 보기도 하는데 이런 주갑제(周甲制)는 학문적으로 성립되지 않는 '아니면 말고' 식 기년 계산에 불과하다.

황을 피하기 위해서이다. 그러려면 일단 유랴쿠와 게이타이 사이에 존재했던 4명의 일왕을 구제해야 하므로 왜왕 무를 유랴쿠에 비정하는 것은 불가피한 선택이었다고 보인다.

그러나 왜왕 무의 재위 기간은 478년에서 501년까지라고 『송서』에 분명히 쓰여 있다. 따라서 이 기간에 재위했다고 『일본서기』에 기록된 4명의 일왕은 허구의 존재가 아니냐 하는 문제에 봉착한다. 왜냐하면 왜왕을 일왕의 별칭이라고 보는 일원설에 따르면 왜왕 무가 4명의 일왕의 재위 기간과 중복되는 결과가 되어 논리적 모순에 빠지고 만다. 이 문제는 결국 일왕계와 왜왕계를 분리하여 이원화하는 논리적 구조가 순리임을 말해준다.

그래서 등장한 것이 일왕계와 왜왕계를 별개로 보는 별개설 또는 이원설인데 필자가 알기로 별개설을 주장한 최초의 학자는 한국의 문정창 선생이다. 문정창에 따르면 왜는 오진 왕조의 왜(야마토왜)와 부여씨 왜(대왜왜)로 구분할 수 있다. 전자는 백제 고이왕(재위: 234~286) 때 발해만 근처 부여에서 피난하여 내려온 부여 왕자 의라(依羅)가 고이왕의 도움을 받아 일본열도에 정착해서 오사카 지방에 세운 부족국가다. 후자인 부여씨 왜는 고이왕이 대마도를 거쳐 규슈에 진출해서 규슈 지역에 할거하는 여러 소부족 국가를 정벌하고, 아리아케해(有明海) 부근 구마모토(熊本)에 본거를 두어 일본열도를 지배했던 총독 역할의 백제로 보아야 한다.[35]

문정창의 학설은 부여씨 왜와 야마토왜를 구분했다는 점에서 주목할 만하다. 그러나 부여씨 왜가 중국 대륙으로 진출한 사실에 주안점을 두어 강조하느라 나중에 왜5왕의 성격 규명에까지 이르지

---

35) 문정창, 『백제사』, 인간사, 1988, pp.169~170.

못한 점은 아쉬움으로 남는다.

다시 본론으로 돌아가서 이러한 일왕계와 왜왕계의 이원적 구조를 인정한다면 문제는 둘 중 어느 쪽이 상위에 서느냐 하는 문제가 생긴다.

이처럼 일왕계와 왜왕계의 이중적 구조를 인정한다면 야마토왜로 대표되는 일왕계보다 백제의 고이왕이 직접 구축한 대왜왜를 대표하는 왜왕이 우위에 서는 것은 상식의 문제이지만 이문제에 대한 명백한 해답의 실마리가 있다.

바로 왜왕의 지위가 왜를 포함한 '6국제군사'라는 관호이다. 바꿔 말하면 왜왕은 단순히 왜의 왕이라는 말이 아니라, 다른 5개 부족국가의 수장을 휘하에 거느리고 지휘 통할했던 일본열도 최고의 권력기관이었다는 점이 이 6국제군사라는 관호를 통해 입증된다. 『송서』에 따르면 왜5왕은 송 황제에게 보낸 「상표문」에서 중국의 관호를 제수해 달라고 요청했는데 그들은 공통적으로 6국 또는 7국의 제군사(諸軍事)를 제시하고 있다.[36] 과거에 학자들은 그 6국 또는 7국의 명단 속에 '왜'가 다시 들어가 있는 점과 그 명단 속의 백제와 신라가 한반도의 백제와 신라를 지칭하는지에 대해 의문을 가져 왔다.

---

36) 『宋書』卷九十七, 「列傳」第五十七, 夷蠻 倭國, "順帝昇明二年, 遣使上表曰: 「封國偏遠, 作藩于外, 自昔祖禰, 躬擐甲冑, 跋涉山川, 不遑寧處. 東征毛人五十五國, 西服衆夷六十六國, 渡平海北九十五國, 王道融泰, 廓土遐畿, 累葉朝宗, 不愆于歲. 臣雖下愚, 忝胤先緒, 驅率所統, 歸崇天極, 道逕百濟, 裝治船舫, 而句驪無道, 圖欲見吞, 掠抄邊隸, 虔劉不已, 每致稽滯, 以失良風. 雖曰進路, 或通或不. 臣亡考濟實忿寇讎, 壅塞天路, 控弦百萬, 義聲感激, 方欲大擧, 奄喪父兄, 使垂成之功, 不獲一簣. 居在諒闇, 不動兵甲, 是以偃息未捷. 至今欲練甲治兵, 申父兄之志, 義士虎賁, 文武效功, 白刃交前, 亦所不顧. 若以帝德覆載, 摧此强敵, 克靖方難, 無替前功. 竊自假開府儀同三司, 其餘咸各假授, 以勸忠節.」 詔除武使持節·都督倭 新羅 任那 加羅 秦韓 慕韓六國諸軍事 · 安東大將軍 · 倭王"

그러나 전자의 의문에 관해서는 왜왕과 일왕과의 관계를 이원적으로 보고 야마토왜의 일왕을 왜왕에 속한 하급 기관으로 이해하고, 후자의 문제에 관해서는 북한 역사학자 김석형이 주장한 '분국설'[37]에 의해서 그러한 의문은 말끔히 해소된다고 할 것이다.

이런 연유로 필자는 종래의 통설과 결별하고 별개설과 분국설

---

37) 분국설(分國說): 고대 한일관계에서 『일본서기』에 나오는 고구려, 신라, 백제, 가야는 『삼국사기』 속 한반도의 4국이 아니라, 일본열도에 한반도 이주민이 건설한 분국(分國)으로서의 부족국가를 지칭하는 것으로 보아야 한다는 이론이다. 이는 1963년 북한 역사학자 김석형이 「삼한, 3국의 일본열도 내 분국에 대하여」라는 논문에서 정립한 학설로서, 이 논문은 재일사학자 이진희의 노력으로 이듬해 일본 학술지 『역사평론(歷史評論)』(金錫亨 ほか, 「三韓,三国の日本列島内の分国について」, 『歴史評論』, 1964)에 번역 게재되어 일본 역사학계에 큰 충격을 주었다. 이 학설로 인해 스에마쓰 야스카즈로 대표되는 일본 황국사관 기반의 '임나일본부설'은 파탄을 면치 못하게 되었다. 왜냐하면 임나일본부설은 임나=가야라는 전제 아래 3세기 후반부터 한반도 남부에 진출한 야마토 세력이 369년 진구 왕후의 3한 정벌을 계기로 임나일본부라는 통치기구를 설립하여 542년 가야가 신라 진흥왕에 망할 때까지 한반도 남부를 지배했다는 설이기 때문이다. 그 후로 '임나일본부설'은 점차 한일 관계에서 사라지는 듯했는데 기이하게도 한국에서 고려대 김현구 교수를 비롯한 강단사학자들이 슬금슬금 이 '임나일본부설을 살려내기 시작했다.
김현구는 김석형의 분국설이 관련 자료를 일반적으로 한국 측에 유리하게 해석했기 때문에 신뢰할 수 없다고 말하면서 자신은 아무런 근거도 없이 『일본서기』에 나오는 비사벌, 남가야, 탁국, 임나 등을 남한의 경남에서 근거를 찾아 비정하는데 침미다례가 경상도의 강진이라고까지 주장했다. 이는 아무런 사료적 근거 없이 그저 스에마쓰가 비정한 것을 그대로 따랐던 것뿐이다.
상식적으로 일본서기에 나오는 지명들을 왜 규슈 등 일본열도에서 찾지 않고 그와 지리적으로 멀리 떨어진 한반도에서 찾는 것인지가 의문이 들 수밖에 없는 데다가, 일본의 무수한 한국지명을 딴 이름들이 그토록 많은데도 그에 대한 언급이 전혀 없다는 점에서 논리적 타당성이 부족하다고 해도 지나치지 않다.
왜5왕이 송에 보낸 「상표문」 속의 6국 또는 7국으로 나타나는 왜, 신라, (백제), 임나, 가야, 진한, 마한 6국(7국)제군사 왜5왕이란 문구도 이 분국설에 기초할 때 설명이 가능한 것이다. 김석형, 「삼한 삼국의 일본 렬도 내 분국들에 대하여, 『력사과학』 63-1, 1963; 김석형, 『초기조일관계연구』, 사회과학원출판사, 1966.

의 입장에서 왜5왕의 실체를 분석하고자 했다.

2. 『일본서기』가 전하는 일왕의 실상

우선 『송서』의 왜왕과 『일본서기』의 일왕을 다른 체계로 보아서 일왕이 다스리는 야마토왜는 대왜왜의 왜왕이 다스리는 산하 6국 중 하나로 간주한다 해도 한 가지 문제는 짚고 넘어가야 한다. 즉, 일본열도 전체를 다스리는 왜왕의 활동상을 『일본서기』에서 찾아내 분석하는 작업이다.

『일본서기』는 『송서』상의 왜왕을 직접 언급하지 않는다. 그러나 왜왕이 백제 임금의 지휘를 받아 일본열도를 통치하는 한 그들의 통치 행석이나 백제와의 교류 등은 '천황의 치적'으로 『일본서기』에 기록된다. 그렇더라도 사실상 왜왕의 치적으로 보아야 한다.

관련 사례를 『일본서기』에서 찾아보자. 『일본서기』에는 백제에서 왜국에 수많은 기술을 전수한 기록이 나온다. 오진 14년(403)에 의복 제작 기술이 들어왔고[38], 오진 16년(405)에는 '문자'와 '묵(墨)'이 전달[39]되었다. 그리고 오진 31년(420)[40]에 '목공과 조선 기술'이

---

38) 『日本書紀』 卷第十, '應神天皇', "十四年 春二月, 百濟王貢縫衣工女. 曰眞毛津. 是今來目衣縫之始祖也(14년 봄 2월에 백제왕이 봉의공녀(縫衣工女)를 바쳤는데 이름이 진모진(眞毛津: 마케쓰)이었다. 지금 내목의봉(來目衣縫: 쿠메노키누누이)의 시조이다)."

39) 『日本書紀』 卷第十, '應神天皇', "十六年 春二月, 王仁來之. 則太子菟道稚郎子師之. 習諸典籍於王仁. 莫不通達. 所謂王仁者, 是書首等之始祖也(16년 봄 2월에 왕인이 왔다. 태자 토도치랑자(菟道稚郎子)는 왕인을 스승으로 삼았다. 여러 전적을 배우니 통달하지 못하는 것이 없었다. 왕인은 서수(書首: 후미노오비토)의 시조이다)."

40) 『日本書紀』 卷第十, '應神天皇', "卅一年 秋八月, 詔群卿曰, 官船名枯野者, 伊豆

도입되었다고 쓰여 있다.[41] 이는 모두 오진 시대에 일어난 일로『일본서기』에 기록되어 있다. 그러나 실제는 광개토대왕군의 일본열도 상륙 후 왜왕 찬 시대의 일들이다. 그리고 464년 유랴쿠 8년조에는 신라가 고구려 주둔군 100명을 모두 죽였는데 이에 노한 고구려 장수왕(長壽王)이 군대를 파견한다. 그러나 유랴쿠가 보낸 장수 덕분에 고구려군을 물리쳤다는 대목도 있다.[42] 이러한『일본서기』의 기록들

國所貢之船也. 是朽之不堪用. 然久爲官用, 功不可忘. 何其船名勿絕, 而得傳後葉焉. 群卿便被詔, 以令有司, 取其船材, 爲薪而燒鹽. 於是, 得五百籠鹽. 則施之周賜諸國. 因令造船. 是以, 諸國一時貢上五百船. 悉集於武庫水門. 當是時, 新羅調使, 共宿武庫. 爰於新羅停忽失火. 卽引之及于聚船. 而多船見焚. 由是, 責新羅人. 新羅王聞之, 讐然大驚, 乃貢能匠者. 是猪名部等之始祖也. 初枯野船, 爲鹽薪燒之日, 有餘燼. 則奇其不燒而獻之. 天皇異以令作琴. 其音鏗鏘而遠聆. 是時, 天皇歌之曰, 訶羅怒烏, 之褒珥椰枳. 之餓阿摩離, 虛等珥菟句離, 訶枳譬句椰, 由羅能斗能, 斗那訶能異句離珥, 敷例多菟, 那豆能紀能, 佐椰佐椰(31년 가을 8월에 여러 신하들에게 '관선(官船) 가운데 고야(枯野)라고 하는 것은 이두국(伊豆國)에서 바친 배인데, 이것이 썩어서 사용할 수 없게 되었다. 그러나 오랫동안 관용으로 쓰인 공로를 잊을 수가 없으니 어떻게 하면 그 배의 이름이 끊이지 않고 후세에 전해질 수 있겠는가?'라고 물었다. 여러 신하들이 명을 받고 담당 관리에게 명령하여 그 배의 목재를 땔감으로 하여 소금을 굽도록 명하였다. 그리고 5백 광주리의 소금을 얻어 여러 나라에 두루 나누어 주고는 배를 만들도록 하였다. 이에 여러 나라에서 한꺼번에 5백 척의 배를 만들어 바쳤다. 그것을 모두 무고수문(武庫水門)에 모아 놓았다. 마침 이때 신라의 조공 사신이 무고에 머무르고 있었는데, 신라정(新羅停)에서 홀연히 불이 나서 모아 놓은 배에까지 번져 많은 배가 불에 탔다. 이로 말미암아 신라인을 책망하였다. 신라왕이 그것을 듣고 크게 놀라 뛰어난 장인을 바쳤으니, 이들이 저명부(猪名部: 이나베) 등의 시조이다. 처음 고야선(枯野船: 카라노노후네)을 소금 굽는 땔나무로 태운 날, 타다가 남은 재가 있었다. 이에 타지 않는 것을 이상히 여겨서 헌상하였다. 천황은 이를 이상히 여기고 금(琴: 코토)을 만들게 하였는데, 그 소리가 맑아서 멀리까지도 들렸다. 이에 천황이 노래하였다)."

41) 최재석, 위의 책, pp.118~119.

42)『日本書紀』卷第十四, '雄略天皇', "自天皇卽位, 至于是歲, 新羅國背誕, 苞苴不入, 於今八年. 而大懼中國之心, 脩好於高麗. 由是, 高麗王, 遣精兵一百人守新羅. 有頃, 高麗軍士一人, 取假歸國. 時以新羅人爲典馬[典馬, 此云于麻柯比.]. 而顧謂之曰, 汝國爲吾國所破非久矣[一本云, 汝國果成吾土非久矣.]. 其典馬聞之, 陽患其腹, 退而在後. 遂逃入國, 說其所語. 於是, 新羅王乃知高麗僞守, 遣使馳告國人曰,

은 모두 왜5왕 시대에 이루어진 왜왕들의 치적으로 보는 것이 타당하다.

이 또한 434년 눌지왕(訥祇王)과 비유왕(毗有王)의 나제동맹(羅濟同盟) 효과라고 할 수 있겠지만, 중요한 것은 일본열도의 군대 파견은 유랴쿠의 결정이 아니라 바로 왜왕 흥의 결정이었다는 점이고, 그렇게 보아야 옳다. 『일본서기』 기록에 따르면 신라가 이 사건으로 일왕가의 은혜에 감읍한 듯 보인다. 하지만 그것은 나제동맹의 결과일 뿐, 특별히 내세울 것 없는 과장된 표현이다.

人殺家內所養鷄之雄者. 國人知意, 盡殺國內所有高麗人. 惟有遺高麗一人, 乘間得脫, 逃入其國, 皆具爲說之. 高麗王卽發軍兵, 屯聚筑足流城[或本云, 都久斯岐城.]. 遂歌儛興樂…由是, 任那王勸膳臣斑鳩[斑鳩, 此云伊柯屢俄.]吉備臣小梨 難波吉士赤目子, 往救新羅. 膳臣等, 未至營止. 高麗諸將, 未與膳臣等相戰皆怖. 膳臣等乃自力勞軍. 令軍中, 促爲攻具, 急進攻之. 與高麗相守十餘日. 乃夜鑿險, 爲地道, 悉過輜重, 設奇兵. 會明, 高麗謂膳臣等爲遁也. 悉軍來追. 乃縱奇兵, 步騎夾攻, 大破之. 二國之怨, 自此而生[言二國者, 高麗新羅也.]. 膳臣等謂新羅日, 汝以至弱, 當至强. 官軍不救, 必爲所乘. 將成人地, 殆於此役. 自今以後, 豈背天朝也(천황이 즉위하고 이 해에 이르기까지 신라국(新羅國)이 속이고 배반하여 포저(苞苴)를 바치지 않은 지 지금에 이르러 8년째였다. 그러나 중국의 의도를 매우 두려워해서 고구려와 화의를 닦았다. 이로 인해 고구려 왕이 정예 병사 1백 인을 보내어 신라를 지키게 하였다. 얼마 되지 않아 고구려 군사 한 사람이 잠시 나라로 돌아갔는데, 이때 신라인을 전마(典馬)로 삼았다[전마는 우마카히(于麻柯比)라고 읽는다]. 그가 돌아보며 '너희 나라는 우리나라에 의해 망할 날이 멀지 않았다[어떤 책에서는 '너희 나라가 마침내 우리의 땅이 될 날이 멀지 않았다'라고 하였다]'라고 말하였다. 전마는 이를 듣고 거짓으로 배가 아프다고 하고 물러나시 뒤에 있었다. 그리고 자기 나라로 달아나 들은 바를 말하였다. 이에 신라왕

이처럼 왜왕 제도가 존속해 있던 4세기 중반에서부터 6세기 중엽까지를 전후한 200여 년간의 한일교류 사례가 비록 『일본서기』에는 '천황의 치적'으로 쓰여 있으나 그 기록들은 대부분 백제의 후왕(侯王)인 왜왕의 치적으로 보아야 한다. 이는 『일본서기』를 해석하는 새로운 방법론의 제시라고 할 수 있다.[43]

이 고구려가 거짓으로 지켜주는 줄 알고 사신을 보내 급히 나라 사람들에게 '사람들은 집안에서 기르는 수탉을 죽여라'고 명하였다. 나라 사람들이 곧 그 뜻을 알고 나라 안에 있는 고구려인을 모두 죽였는데, 다만 고구려인 한 사람이 틈을 타서 벗어나 도망쳐 자기 나라로 들어갔다. 모든 것을 자세히 이야기하니, 고구려왕은 곧 군사를 일으켜 축족류성(筑足流城)에 모여서[어떤 책에서는 도구사기성(都久斯岐城)이라고 하였다] 드디어 노래와 춤으로 즐거움을 돋우었다…이로 인해 임나왕이 선신반구(膳臣斑鳩: 가시하데노오미이카루가)[반구{斑鳩}는 이카루가(伊柯屢俄)라고 읽는다], 길비신소리(吉備臣小梨: 기비노오나시), 난파길사적목자(難波吉士赤目子: 나니와노키시아카메코)에게 신라를 구원하도록 권하였다. 선신(膳臣: 가시와데우지) 등은 군영을 설치하고 머무르는 데에는 이르지 않았으나, 고구려의 여러 장수들은 선신 등과 싸우기도 전에 모두 두려워하였다. 선신 등은 직접 힘써 군대를 위로하고 나서 군사들에게 빨리 공격할 준비를 시켜 급히 진격하였다. 그리고 고구려군과 대치한 지 10여 일이 지나자, 밤에 험한 곳을 파서 땅굴을 만들어 군대의 무기와 식량을 모두 운반하고 복병을 배치하였다. 새벽에 고구려는 선신 등이 달아났다고 생각하여 병력을 모두 이끌고 추격해 왔다. 그러자 매복병을 풀고, 보병과 기병이 협공하여 크게 깨뜨렸다. 두 나라의 원한은 이로부터 생겼다[두 나라는 고구려와 신라를 말한다]. 선신 등이 신라에게 '너희는 지극히 약한데도 지극히 강한 나라와 대적하였다. 관군(官軍: 왜의 군사력)이 구하지 않았으면 반드시 큰 피해를 입었을 것이다. 이번 싸움에서 하마터면 나라를 빼앗길 뻔하였다. 지금부터는 어찌 천조(天朝: 야마토왜)를 배반하겠는가!'라고 말하였다)."

43) 최재석 교수는 『백제의 야마토왜와 일본화 과정』(만권당, 2023)에서 무령왕 등이 열도 왜를 통치한 여러 사례를 제시했다. 그중 장군과 관료들을 교대로 파견하여 열도를 통치한 사례가 나오는데 탁견이라고 할 수 있다.

제3절

왜왕 제도의 발전

1. 왜왕 무의 「상표문」 내용으로 본 4세기 일본열도 상황

왜왕 제도의 시작을 알려면 왜왕 무가 송 순제에게 보낸 「상표문」 내용에 주목할 필요가 있다. 왜왕 무는 「상표문」에 자신의 선조들이 온갖 어려움을 겪으며 전장을 누벼서 동정(東征) 55국, 서복(西服) 66국, 도평해북(渡平海北) 95국을 정복하여 일본열도를 평정했다고 기록하였다. 중요한 대목이므로 원문과 함께 살펴보자.

> 封國偏遠，作藩于外，自昔祖禰，躬擐甲冑，跋涉山川，不遑寧處. 東征毛人五十五國，西服衆夷六十六國，渡平海北九十五國，王道融泰，廓土遐畿，累葉朝宗，不愆于歲.
>
> 봉해진 나라는 먼 곳에 치우쳐 있으며, 바깥에 번국을 이루고 있는데, 과거의 조상부터 스스로 갑옷과 투구를 걸치고 산천을 누벼서 편안히 거처할 겨를이 없었습니다. 동으로는 모인(毛人) 55국을 정벌하였고, 서로는 중이(衆夷) 66국을 복종시켰으며, 바

다 건너 해북(海北) 95국을 평정하니 왕도는 크게 창성했으며 땅을 넓히고 왕기를 아득히 크게 하였고 여러 대의 조종(朝宗)에 걸쳐서 해마다 어긋나는 일이 없었습니다.[44]

---

44) 『宋書』卷九十七, 「列傳」第五十七, 夷蠻, "順帝昇明二年, 遣使上表曰: 「封國偏遠, 作藩于外, 自昔祖禰, 躬擐甲冑, 跋涉山川, 不遑寧處. 東征毛人五十五國, 西服衆夷六十六國, 渡平海北九十五國, 王道融泰, 廓土遐畿, 累葉朝宗, 不愆于歲. 臣雖下愚, 忝胤先緒, 驅率所統, 歸崇天極, 道逕百濟, 裝治船舫, 而句驪無道, 圖欲見呑, 掠抄邊隸, 虔劉不已, 每致稽滯, 以失良風. 雖日進路, 或通或不. 臣亡考濟實忿寇讎, 壅塞天路, 控弦百萬, 義聲感激, 方欲大擧, 奄喪父兄, 使垂成之功, 不獲一簣. 居在諒闇, 不動兵甲, 是以偃息未捷. 至今欲練甲治兵, 申父兄之志, 義士虎賁, 文武效功, 白刃交前, 亦所不顧. 若以帝德覆載, 摧此强敵, 克靖方難, 無替前功. 竊自假開府儀同三司, 其餘咸各假授, 以勸忠節.」 詔除武使持節·都督倭 新羅 任那 加羅 秦韓 慕韓六國諸軍事·安東大將軍·倭王(순제 승명 2년(478)에 사신을 보내 표를 올리기를, '봉해진 나라가 먼 곳에 치우쳐 있으며, 바깥에 번국을 이루고 있는데, 과거의 조상으로부터 스스로 갑옷과 투구를 걸치고 산천을 누비느라 편안히 거처할 겨를이 없었습니다. 동으로는 모인(毛人) 55국을 정벌하였고, 서로는 중이(衆夷) 66국을 복종시켰으며, 바다 건너 해북(海北) 95국을 평정하니, 왕도는 화락하고 편안하며, 땅을 넓히고 왕기를 아득히 크게 하였으며, 여러 대에 걸쳐 조종(朝宗)하여, 해마다 어긋나는 일이 없었습니다. 신이 비록 아주 어리석으나 조상의 뒤를 이어 다스리는 곳을 이끌고 중국의 조정을 존중하고자 하였습니다. 가는 길이 백제를 거쳐야 하므로 큰 배를 준비하였는데, 구려(句驪)가 무도하여 (우리를) 집어삼키려 하고, 변방의 속한 곳을 노략질하며 살육을 그치지 않으니, 매번 지체되어 좋은 바람을 놓치게 됩니다. 비록 길을 나서지만 혹은 통하고 혹은 통하지 못합니다. 신의 돌아가신 아버지 제(濟)가 실로 원수가 천로(天路)를 막는 것에 분노하니, 활을 쏘는 병사 100만이 의로운 소리에 감격하여 바야흐로 크게 일어나고자 하였으나, 갑자기 아버지와 형을 잃으니, 수성(垂成)의 공을 이루고자 하였으나 마지막 한 삼태기를 얻지 못하였습니다. 상중에 있어 병사를 움직이지 못하고 쉬고 있었으므로 이기지 못하였습니다. 지금에 이르러 갑옷과 무기를 잘 갖추어 부형의 뜻을 펼치고자 하니, 의롭고 용맹스러운 병사들이 문무로 공을 이루어, 번쩍이는 칼날이 눈앞에 닥쳐도 또한 눈을 딴 곳으로 돌리지 않습니다. 만약 황제의 세상을 뒤덮는 덕으로써 이 강적을 무찔러 온갖 어려움을 극복한다면, 이전의 공을 바꾸는 일은 없을 것입니다. 삼가 스스로 개부의동삼사(開府儀同三司)를 가수(假授)하고, 다른 사람에게도 모두 각각 [적당한 관작을] 가수하여, 충절을 권유하였습니다."라고 하였다. 조하여 무를 사지절, 도독왜 · 신라 · 임나 · 가라 · 진한 · 모한육국제군사, 안동대장군, 왜왕에 제수하였다)."

학자에 따라서는 이 내용을 왜왕 무가 자신의 위상을 과시하기 위하여 선조들의 전과를 부풀린 것으로 보는 경우도 많다. 하지만 왜왕이 국서를 통해 전달하는 내용이므로 그리 가볍게 치부해서는 안 될 기록이다.

또한 일본학계에서는 "동으로는 모인(毛人) 55국을 정벌하였고(東征毛人五十五國)"라는 문구를 일본열도의 간토(關東) 지방에, "서로는 중이(衆夷) 66국을 복종시켰으며(西服衆夷六十六國)"라는 문구를 규슈(九州) 지역에, "바다 건너 해북(海北) 95국을 복종시켰으니(渡平海北九十五國)"라는 문구를 한반도 내부로 연결 짓는 의견이 통설의 지위를 차지하고 있다. 그러나 이 당시 고대 일본열도에 소규모 부족국가들이 난립했던 사정은 중국 사서에서도 확인할 수 있다.[45] 일본열도에는 3～4세기까지 두각을 나타낼 만한 통일 세력이 없었고, 부락 단위의 소규모 부족국가가 난립해 있었다고 보인다. 소국들의 난립 상황에서 왜왕 무의 선조가 소국들을 하나하나 정벌하여 4세기 어느 시기에 분국 형태의 규모 있는 단위로 통치 체계를 정비했다고 해석할 수 있다.[46] 그 선조들은 백제계 왕실로 보아야 할 것이다.

앞에서도 언급했듯이 왜는 야마타이국(邪馬台国)의 히미코가 266년 위 나라에 조공[47]한 이래 중국 사서에서 완전히 사라진 이후 413년

45) 『後漢書』 卷八十五 「東夷列傳」 第七十五 倭에서 "倭在韓東南大海中, 依山島爲居, 凡百餘國. 自武帝滅朝鮮, 使驛通於漢者三十許國, 國皆稱王, 世世傳統."라 하며, 『三國志』 卷三十 『魏書』 三十 「烏丸鮮卑東夷傳」 第三十 倭에서 "舊百餘國, 漢時有朝見者, 今使譯所通三十國."라고 하여 백여 개 나라가 있었고 그중 30여 개 나라가 중국과 교통했던 사실을 알 수 있다.

46) 문정창, 『백제사』, 인간사, 1988, p.120.

47) 『梁書』 卷54, 列傳 第48, 諸夷, "漢 靈帝光和中, 倭國亂, 相攻伐歷年, 乃共立一女子卑彌呼爲王. 彌呼無夫婿, 挾鬼道, 能惑衆, 故國人立之. 有男弟佐治國. 自爲王, 少有見者, 以婢千人自侍, 唯使一男子出入傳教令. 所處宮室, 常有兵守衛. 至

왜왕 찬이 동진에 사신을 보낸 기록에서 다시 등장한다. 따라서 『일본서기』의 편저자들 입장에서는 이 150년간의 공백을 어떻게 메우느냐가 고민이었을 것이다. 이 150년간은 가야와 백제의 이주민들이 소규모 부락 국가를 건설하면서 서로 다투던 시기였기에 있는 그대로 기록한다면 '만세일계의 천황'이 지배하는 일본의 역사 체계가 기초부터 무너지기 때문이다.

그래서 생각해낸 대안이 진구(神功) 왕후라는 가공의 인물을 등장시켜서 그가 150년간의 공백기 동안 왜의 온갖 대내외 활동을 독점했다고 기록하는 것이었다. 이 '진구기(神功紀)'의 기록은 근세 황국사관을 신봉하는 일본 관변학자들이 일왕가 연대의 2주갑 인상

魏景初三年, 公孫淵誅後, 卑彌呼始遣使朝貢, 魏以爲親魏王, 假金印紫綬. 正始中, 卑彌呼死, 更立男王, 國中不服, 更相誅殺, 復立卑彌呼宗女臺與爲王. 其後復立男王, 並受中國爵命. 晉 安帝時, 有倭王贊. 贊死, 立弟彌. 彌死, 立子濟. 濟死, 立子興. 興死, 立弟武. 齊建元中, 除武持節·督倭 新羅 任那 伽羅 秦韓 慕韓六國諸軍事·鎭東大將軍. 高祖卽位, 進武號征東大將軍(한의 영제(靈帝)광화 연간(光和:178~183)에 왜국에 난이 일어나 서로 공격한지 여러 해가 지나서 이에 한 여자 히미코(卑彌呼)를 함께 세워 왕으로 삼았다. 히미코는 남편[夫壻]이 없었으며, 귀도(鬼道)로써 능히 무리들을 미혹할 수 있었으므로, 나라 사람들이 (왕으로) 세운 것이다. 남동생이 있어서 나라 다스리는 것을 도왔다. 왕이 되고 나서 (그녀를) 본 자가 적었는데 여종 천 명에게 자신을 시중들게 하고는 다만 한 남자에게 출입하며 명령을 전달하도록 하였다. 거처하는 궁실은 항상 병사를 두어 지켰다. 위나라 경초(景初) 3년(239)에 공손연(公孫淵)이 주살된 후 히미코가 비로소 사신을 보내어 조공하자 위는 친왜왕(親倭王)으로 삼고, 금인자수(金印紫綬)를 내렸다. (위 소제) 정시 연간(正始: 240~249)에 히미코가 죽고, 다시 남자 왕을 세웠지만 나라 안이 따르지 않아서 다시 서로 죽였으므로 히미코의 일족[宗女]인 도요(臺與)를 세워 왕으로 삼았다. 그 후 다시 남자 왕을 세웠는데 모두 중국의 작명을 받았다. 진(晉) 안제(安帝) 때, 왜왕 찬(贊)이 있었다. 찬이 죽고, 아우 미(彌)를 세웠다. 미가 죽자, 아들 제(濟)를 세웠다. 제가 죽자, 아들 홍(興)을 세웠다. 홍이 죽자, 아우 무(武)를 세웠다. 제(齊) 건원(建元)연간에, 무에게 지절(持節), 독(督) 왜 · 신라 · 임나 · 가라 · 진한 · 모한 · 육국제군사(倭新羅任那伽羅秦韓慕韓六國諸軍事), 진동대장군(鎭東大將軍)을 제수하였다. 고조(高祖)가 즉위하자, 무의 호를 정동대장군(征東大將軍)으로 올렸다)."

설[48]에 기반한 삼한정벌론과 '임나일본부설'을 두 축으로 하여 4세기 '한반도 경영론'[49]으로 둔갑시켰다. 그렇더라도 저 150년의 공백 기간에 무슨 일이 있었는지는 『일본서기』의 기록을 한국과 중국의 사서 기록과 비교해 봄으로써 짐작해 볼 수 있다.

그런 의미에서 백제 8대 고이왕(古爾王, 재위: 234~286)의 활동이 관심의 대상이 된다. 또한 진구기 마지막 부분에 진구 왕후의 역사와는 전혀 무관한 아래와 같은 8개년의 기사도 시선을 끈다.

> ① 卅九年. 是年也, 大歲己未 [魏志云, 明帝景初三年六月, 倭女王遣大夫難斗米等, 詣郡, 求詣天　子朝獻. 太守鄧夏遣使將送詣京都也]
>
> (진구) 39년 이 해 간지는 기미(己未)이다. [위지(魏志)에서는 명제(明帝) 경초(景初) 3년 6월에 왜 여왕이 대부(大夫) 난두미(難斗米) 등을 보내 군(郡)에 이르러 천자에게 가서 조헌할 것을 청하자, 대방군 태수 등하(鄧夏)가 관리를 보내 데리고 가게 하여 경도(京都)에 이르게 하였다고 한다.]

48) 2주갑 인상설: 60년을 주기로 순환하는 주갑제(周甲制)에 의해 2주갑, 즉 120년을 끌어올려 해석하는 논리이다. 학문적으로 성립할 수 없는 2주갑 인상설이 일본은 물론 한국학계에서도 그대로 통용되는 현실은 한국 역사학계의 친일 경도라는 말로밖에는 설명할 길이 없다.

49) '한반도 경영론'에 대한 비판 논리는 조희승 지음, 이덕일 주해, 『북한 학자 조희승의 임나일본부 해부』, 도서출판 말, 2019, pp.44~132 참조. 김현구는 한반도경영론을 '왜의 한반도 남부경영론'으로 부르며 긍정하고 있다. 김현구, 『'임나일본부설'은 허구인가』, 창비, 2010.

② 卌年[魏志云, 正始元年, 遣建忠校尉梯携等, 奉詔書印綬, 詣倭國也]

40년[위지에는 정시 원년에 건충교위제휴(建忠校尉梯携) 등을 보내 조서와 인수를 받들고 왜국에 가게 하였다고 한다.]

③ 卌三年[魏志云, 正始四年, 倭王復遣使大夫伊聲者 掖耶約等八人上獻]

43년[위지에는 정시 4년에 왜왕이 다시 사신 대부 이성자(伊聲者)와 액야약(掖耶約)등 8인을 보내어 헌상하였다고 한다.]

④ 五十五年, 百濟肖古王薨

55년에 백제 초고왕이 죽었다[薨].

⑤ 五十六年, 百濟王子貴須立爲王

56년에 백제 왕자 귀수가 왕위에 올랐다.

⑥ 六十四年, 百濟國貴須王薨. 王子枕流王立爲王

64년에 백제국 귀수왕이 죽었다[薨]. 왕자 침류왕이 왕위에 올랐다.

⑦ 六十五年, 百濟枕流王薨. 王子阿花年少. 叔父辰斯奪立爲王

65년에 백제 침류왕이 죽었다[薨]. 왕자 아화(阿花)는 나이가 어렸다. 숙부 진사(辰斯)가 찬탈하여 왕이 되었다.

⑧ 六十六年[是年, 晉武帝泰初二年. 晉起居注云, 武帝泰初二年十月, 倭女王遣重譯貢獻]
66년[이 해는 진(晉) 무제(武帝) 태초(泰初) 2년이다. 『진기거주(晉起居注)』에서는 무제 태초 2년 10월에 왜의 여왕(女王)이 통역을 거듭해서 공헌하게 하였다.]

문정창은 이 8개년의 기록이 원래 기록과 다른 내용이라고 보았다. 원래 기록이 삭제되고 다른 내용으로 대체되었다고 주장했는데 삭제된 기록에는 일본의 체면을 크게 손상하는 내용이 들어 있었기 때문이라고 하였다.[50)]

그렇다면 고이왕 이전에는 대마도를 누가 차지하고 있었을까? 문정창은 백제 8대 고이왕의 대마도 정벌 기록이 삭제되었다고 보았는데 타당성 있는 주장이다. 고이왕은 대륙백제를 건설한 정복 군주였다. 따라서 히미코(卑弥呼)가 세상을 떠난 뒤 무주공산이 된 대마도를 점령할 수 있는 절호의 기회를 놓칠 리 없으며, 이러한 내용이 위에 제시한 『일본서기』의 여덟 해의 기록에서 삭제된 부분이라고 추측된다.

백제의 일본열도 진출은 고이왕 때 대마도 정복에서 시작되어 4세기 근초고왕으로 이어졌을 것이다. 이러한 전제 아래 다음 이야기로 들어가 보자.

50) 문정창, 위의 책, p.120.

2. 고이왕의 대마도 정벌

이처럼 고이왕 때 대마도 정벌이 이루어졌다고 주장하려면 고이왕이 정벌하기 전에는 누가 대마도를 점령하였느냐는 문제에 답해야 한다.

대마도는 한반도 남쪽에서 불과 50㎞ 정도밖에 떨어져 있지 않다. 맑은 날에는 부산이나 거제도에서 맨눈으로도 볼 수 있을 만큼 가까워 이전부터 한반도와 일본열도를 오가는 교통의 요지였다. 그런 만큼 무주공산으로 버려졌을 리 만무하다. 이와 관련하여 『일본서기』 진구 원년(주아이(仲哀) 9, 서기 200)에 매우 중요한 기사가 보인다(진구 왕후의 소위 삼한정복 기록을 보자).

秋九月乙亥朔己卯. 詔群臣以議討熊襲. 時有神託皇后而誨曰. 天皇何憂熊襲之不服. 是膂完之空國也. 豈足擧兵伐乎. 愈茲國而有寶國. 譬如處女之睩. 有向津國[睩. 此云麻用弭枳.]. 眼炎之金銀彩色多在其國. 是謂栲衾新羅國焉. 若能祭吾者. 則曾不血刃. 其國必自服矣. 復熊襲爲服. 其祭之. 以天皇之御船及穴門直踐立所獻之水田名大田. 是等物爲幣也. 天皇聞神言. 有疑之情. 便登高岳遙望之. 大海曠遠而不見國. 於是. 天皇對神曰. 朕周望之. 有海無國. 豈於大虛有國乎. 誰神徒誘朕. 復我皇祖諸天皇等盡祭神祇. 豈有遺神耶. 時神亦託皇后曰. 如天津水影押伏而我所見國. 何謂無國. 以誹謗我言. 其汝王之. 如此言而遂不信者. 汝不得其國唯今皇后始之有胎. 其子有獲焉. 然天皇猶不信. 以强擊熊襲. 不得勝而還之

가을 9월 을해삭 기묘(5일)에 군신(群臣)에게 웅습(熊襲, 구마소.

현재 규슈 남부)을 토벌하는 것을 의논하도록 명하였다. 이때 신(神)이 황후에게 지펴서 "천황은 어찌 웅습이 복종하지 않는 것을 근심하는가. 그곳은 힘없고 쓸모없는 나라이니 어찌 군대를 일으켜 칠만 하겠는가. 이 나라보다 더욱 보물이 많은 나라가 있으니 비유하면 처녀의 눈썹(睩)과 같고, 진(津)의 건너편에 있는 나라이다[睩은 마요비키(麻用弭枳)라고 읽는다]. 눈부신 금과 은, 비단이 그 나라에 많이 있다. 그 나라를 저금신라국(栲衾新羅國, 다쿠후스마시라기노쿠니)이라고 한다. 만약 나에게 제사를 잘 지낸다면 칼에 피를 묻히지 않고도 그 나라가 반드시 스스로 항복해 올 것이며, 또 웅습도 복종하게 될 것이다. 제사를 지낼 때는 천황의 배주와 혈문직천립(穴門直踐立: 아나토노아타히호무타치)이 바친 수전(水田), 이름하여 대전(大田: 오호타)의 물건을 바쳐라."라고 말하였다. 천황이 신의 말을 듣고 의심하는 마음이 있어 문득 높은 산에 올라 멀리 대해(大海)를 바라보았으나 넓고 멀기만 할 뿐 그 나라는 보이지 않았다. 이에 천황이 신에게 "제가 두루 살펴보았으나 바다만 있고 나라는 없었습니다. 어찌 텅 빈 곳에 나라가 있겠습니까? 어떤 신이기에 헛되이 저를 유혹하는 것입니까? 또한 우리 황실의 여러 천황들이 하늘과 땅의 모든 신들에게 제사를 드렸는데, 어찌 제사를 올리지 않은 신이 있겠습니까?"라고 말하였다. 이때 신이 다시 황후에게 지펴서 "마치 물에 비친 그림자를 엎드려 보듯이 내가 본 나라인데 어찌 없다고 하며 내 말을 비방하느냐. 그대 왕이여. 이렇게 말하고 끝끼지 믿지 않으니 너는 그 나라를 얻지 못할 것이다. 오직 지금 황후가 비로소 태기가 있으니 그 아들(그 나라를) 얻게 될 것이다."라고 말하였다. 그러나 천황은 여전히 믿지 않고 웅습을 무리하게 공격했다가 이기지 못하고 돌아왔다.[51]

冬十月己亥朔辛丑, 從和珥津發之. 時飛廉起風, 陽侯擧浪, 海中大魚, 悉浮扶船. 則大風順吹, 帆舶隨波. 不勞艫楫, 便到新羅. 時隨船潮浪, 遠逮國中. 卽知, 天神地祇悉助歟. 新羅王, 於是, 戰戰慄慄厝身無所. 則集諸人曰, 新羅之建國以來, 未嘗聞海水凌國. 若天運盡之, 國爲海乎. 是言未訖之間, 船師滿海, 旌旗耀日, 鼓吹起聲, 山川悉振. 新羅王遙望以爲, 非常之兵, 將滅己國. 讋焉失志. 乃今醒之曰, 吾聞, 東有神國. 謂日本. 亦有聖王. 謂天皇. 必其國之神兵也. 豈可擧兵以距乎, 卽素旆而自服. 素組以面縛. 封圖籍, 降於王船之前. 因以, 叩頭之曰, 從今以後, 長與乾坤, 伏爲飼部. 其不乾船柂, 而春秋獻馬梳及馬鞭. 復不煩海遠, 以每年貢男女之調. 則重誓之曰, 非東日更出西, 且除阿利那禮河返以之逆流, 及河石昇爲星辰, 而殊闕春秋之朝, 怠廢梳鞭之貢, 天神地祇, 共討焉. 時或曰, 欲誅新羅王. 於是, 皇后曰, 初承神教, 將授金銀之國. 又號令三軍曰, 勿殺自服. 今旣獲財國. 亦人自降服. 殺之不祥, 乃解其縛爲飼部. 遂入其國中, 封重寶府庫, 收圖籍文書. 卽以皇后所杖矛, 樹於新羅王門, 爲後葉之印. 故其矛今猶樹于新羅王之門也. 爰新羅王波沙寐錦, 卽以微叱己知波珍干岐爲質, 仍齎金銀彩色及綾·羅·縑絹, 載于八十艘船, 令從官軍. 是以, 新羅王, 常以八十船之調貢于日本國, 其是之緣也. 於是, 高麗·百濟二國王, 聞新羅收圖籍, 降於日本國, 密令伺其軍勢. 則知不可勝, 自來于營外, 叩頭而款曰,

51) 『日本書紀』 卷第八, '仲哀天皇' 八年.

從今以後, 永稱西蕃, 不絕朝貢. 故因以, 定內官家屯倉. 是所謂之三韓也. 皇后從新羅還之.

겨울 10월 기해삭 신축(3일)에 화이진(和珥津 ; 와니노쓰)에서 출발했다. 이때 풍신(風神)이 바람을 일으키고, 해신(海神)은 파도를 치게 하였다. 그리고 바닷속의 큰 고기들이 모두 떠올라 배를 떠받쳤다. 순풍이 불어 범선이 파도를 타니 노를 젓는 수고로움 없이도 곧 신라에 이르렀다. 그때 배를 따라온 파도가 멀리 나라 안에까지 미쳤다. 이 일로 인해서 천신지기(天神地祇)가 모두 도와준 것을 알았다. 신라 왕은 전전긍긍하며 어찌할 바를 몰랐다. 여러 사람을 불러 모아 "신라의 건국 이래 바닷물이 나라 안까지 들어온 일은 아직 없었다. 천운이 다해 나라가 바다가 되는 것이 아닌가?"라고 말했다. 그 말이 채 끝나기도 전에 수군이 바다를 메우고, 깃발들이 햇빛에 빛나고, 북과 피리 소리가 산천에 울렸다. 이 광경을 멀리서 바라보던 신라왕은 뜻밖의 군사들이 나타나 장차 신라를 멸망시키려 하는 것이라 여기고 두려워서 전의를 상실했다. 마침내 정신을 차리고 "내가 들으니 동쪽에 신국(神國)이 있는데, 일본(日本)이라고 한다. 또한 성왕(聖王)이 있는데 천황(天皇)이라고 한다. 반드시 그 나라의 신병(神兵)일 것이다. 어찌 군사를 내어 방어할 수 있겠는가."라고 말하고 백기를 들어 항복하였다. 흰 줄을 목에 드리우고 두 손을 뒤로 묶고, 도적(圖籍)을 바치고 왕선(王船) 앞에서 항복하였다. 그리고 머리를 조아리고 "지금 이후부터 길이 천지와 함께 복종하여 사부(飼部: 미마카이, 말 사육자, 비천한 자라는 뜻)가 되겠습니다. 배의 키가 마를 사이 없이 춘추로 말빗과 말채찍을 바치겠습니다. 또한 바다를 사이에 두고 멀리 떨어져 있다는 것을 꺼리지 않고 해마다 남녀의 조(調)를 바치겠습니다."라고 말하였다. 그리고 거듭 맹세하여 "동쪽에서 떠오른 해가 서쪽에서 떠오르는 일이 없는 한, 또 아리나례하(阿利那禮河, 알천(閼川), 압록강, 아리수 등으로 보는 다수 의견이 있다)가 역류하고 강의 돌이 하늘에 올라가 별이 되는 일이 없는 한, 춘추로 조공을 거르거나 태만하여 말빗과 말채찍을 바치지 않는다면 천신지기여, 벌을 주십시오."라고 말하였다. 그때 어떤 사람이 "신라왕을 죽이십시오."라고 말하였다. 이에 황후가 "처음에 신의 가르침에 따라 장차 금은의 나라를 얻으려고 하였다. 또 3군에 호령하여 '스스로 항복하여 오는 자는 죽이지 말라.'고 말한 바 있다. 지금 이미 재국(財國)을 얻었다. 또한 사람들이 스스로 항복하였다. 죽이는 것은 상서롭지 못하다."라고 말하고, 결박을 풀어 사부의 일을 맡겼다. 드디어 그 나라 안에 들어가 중보(重寶)의 곳간을 봉인하고 도적문서(圖籍文書)를 거두었다. 그리고 황후가 가지고 있던 창을 신라왕문에 세우고, 후세에 표시로 삼았다. 그 창은 지금도 신라의 왕문 앞에 세워져 있다. 신라왕 파사매금(波沙寐錦)은 즉시 미질기지파진간기(微叱己知波珍干岐)를 인질로 삼아 금은채색(金銀彩色) 및 능라겸견(綾羅縑絹)을 80척의 배에 실어 관군을 따라가게 하였다. 이로써 신라왕은 항상 배 80척의 조공선을 일본국에 바치게 되었는데 이것이 그 연유이다. 이에 고구려(高麗)와 백제 두 나라 왕은 신라가 도적(圖籍)을 거두어 일본국에 항복하였다는 것을 듣고 몰래 그 군세를 엿보게 하였다. 그리고 도저히 이길 수 없다는 것을 알고는 스스로 영외로 나와서 머리를 조아리며 "지금 이후부터는 길이 서번(西蕃)이라 일컫고 조공을 그치지 않겠습니다."라고 말하였다. 이로써 내관가(內官家)로 정하였다. 이곳이 바로 삼한(三韓)이라 일컫는다(是所謂之三韓也). 황후가 신라에서 돌아왔다.[52]

이 삼한정벌 기록은 진구 원년을 2주갑 인상설에 근거해서 보더라도 내용이 몹시 황당하다. 일본학계에서도 대부분은 진구 49년(369)조와는 다르게 이 진구 원년조는 허구로 간주하여 별로 거론하지 않는다. 그러나 이 기록은 물론 진구 왕후의 기록으로서는 허구이지만, 당시 야마타이국의 여왕 히미코의 기록으로 본다면 다시 음미할 필요가 있다. 왜냐하면 연대상 서기 200년은 히미코가 살아있을 때이고, 그녀는 규슈지방의 맹주인 야마타이국(邪馬台国)의 수장이면서 멀리 위나라에까지 사신을 보낸 기록이 남아 있다. 따라서 바다 건너까지 세력을 확장하고자 하는 욕심이 있었으리라 짐작된다.

히미코는 비록 『일본서기』에서는 실명으로 나오지 않지만, 중국 사서들과(『삼국지』「위지동이전」왜인조, 『후한서』「동이열전」왜국조) 『삼국사기』「신라본기」아달라조 등이 분명하게 전하는 기록으로 보아 실존 인물일 가능성이 크다. 그런데도 『일본서기』에 히미코에 대한 기록이 없는 이유는 '만세일계의 천황' 역사 확립이라는 맥락 안에 히미코의 존재를 끼워 넣을 여지가 없었기 때문이다. 그러나 『일본서기』의 편저자들은 야마타이와 야마토를 연결해야 했다. 그 노력의 일환으로 이렇게든 히미코의 활동을 일본 역사에서 부각하기 위해 진구 왕후라는 가공인물을 등장시켰다. 진구 왕후와 히미코를 동일

52) 『日本書紀』 卷第九, '神功皇后 仲哀天皇' 九年.

인물로 보이게끔 애를 썼지만, 결과적으로는 여러 가지 기록상의 모순과 허점이 불거졌다. 야마타이국이 위나라에 조공한 기록은 266년으로 나오는데 진구 원년을 200년으로 설정하다 보니 일본의 관변학자들이 내세운 2주갑 인상설에 따라 진구 왕후는 진구 69년(389)까지 189년이라는 아주 오랜 기간 재위한 셈이 되고 말았다. 단순히 재위 연대만 따져봐도 진구기의 허구성이 백일하에 드러난다.

이렇듯 일본 고대사에서 중요한 의미를 갖는 히미코는 신라와도 관련이 있다. 『삼국사기』에는 아달라 이사금(阿達羅泥師今) 20년(173)에 히미코가 신라에 사신을 보냈다는 기록이 보인다.[53] 이와 더불어 히미코가 존재했던 때와 동시대 이야기인 『삼국유사』 속 '연오랑·세오녀 설화'를 관련지어 보면 히미코의 정체를 짐작할 수 있다. 히미코에게 신라라는 곳은 낯선 미지의 나라가 아니었다. 따라서 진구 원년기에 신이 계시하여 공격대상국으로 지목된 '저금신라국(栲衾新羅國)'은 신라가 아닌, 신라의 제후국 중 하나라고 짐작되며, 그것은 바로 대마도를 가리키는 말이라고 생각된다. 그 밖에도 히미코의 군대가 쳐들어올 때 파도가 나라 안까지 덮쳤다는 표현은 신라 본국의 넓은 땅덩어리를 생각하면 전혀 어울리지 않는다. 대마도처럼 좁고 긴 섬나라에 대한 표현이라고 보아야 옳다.

그런 점에서 여왕 히미코의 제1호 정복 대상은 대마도였을 가능성이 크다. 당시 대마도는 고구려, 신라, 백제 삼국이 모두 탐내는 지역이었기에 어느 나라도 완전히 정복하지 못한 채 북쪽은 신라의 좌호가라(左護加羅), 중간은 고구려의 인위가라(仁位加羅), 남쪽은 백

53) 『三國史記』 卷第二, 「新羅本紀」 第2, 阿達羅 尼師今, "二十年, 夏五月, 倭女王卑彌乎, 遣使來聘(20년 여름 5월, 왜 여왕 히미코가 사신을 보내와 예방하였다)."

제의 계지가라(鷄知加羅)로 3분할하여 통치하는 형세였다.[54]

『일본서기』 진구 원년기 마지막 부분에 "시소위지삼한야(是所謂之三韓也)"라는 문구가 보이는데 여기서 '삼한'은 한반도의 삼한이 아니라 대마도 안에 자리 잡고 있던 신라, 백제, 고구려를 말하며 각각 좌호가라, 인위가라, 계지가라를 가리키는 말로 보아야 한다.[55] 이러한 부족국가는 소국들이어서 히미코 군대가 쳐들어온다는 소식을 듣자 일대 혼란에 빠진다. 좌호가라의 수장인 '신라왕 파사매금(新羅王波沙寐錦)'이 즉시 항복했고, 이 소식을 엿들은 이웃 부족국가 고구려의 인위가라와 백제의 계지가라에서도 수장들이 조공을 바치겠다고 약속한 내용으로 이해할 수 있다.

그런 까닭에 진구 왕후가 한반도에 있던 신라에 쳐들어와서 신라왕의 항복을 받고, 그 소식을 들은 백제와 고구려왕도 조공을 약속했다는 듯이 이야기한 과거 일본 관변학자들의 허황한 주장은 더 이상 통용될 수 없다는 것이 논리적으로 증명된다.

한편 히미코가 고이왕 14년, 즉 247년에 죽었다는 위나라 사자 장정(張政)의 보고서가 있다.[56] 이에 대하여 진구기에는 히미코의 죽음을 22년 연장하여 히미코가 266년 동진에 조공도 바치고 269년까지 살기도 한 것처럼 꾸며서 진구 49년조(369) 신라정복 운운하는 기록이 남아 있다. 이 또한 역사 조작임은 뒤에서 좀 더 자세히 살펴보기로 한다.

아무튼 고이왕은 247년 히미코의 죽음을 계기로 대마도 정벌에

---

54) 계연수 편저, 안경전 역주, 「대백일사」 제5장 고구려국 본기 24절, 『환단고기』, 상생출판사, 2005년.

55) 문정창, 위의 책, p.120.

56) 문정창, 위의 책, p.121.

나섰고, 이때부터 백제의 열도 정복이 시작된 듯하다. 여기서 혼동해서는 안 될 점이 있다. 진구기 원년조와 49년조인데 각각의 내용을 분리해서 생각해야 한다. 다시 말해 진구 원년의 신라정벌기록은 위에서 설명했듯이 200년 히미코의 대마도 정벌에 관한 기록이고, 진구 49년조는 소위 '2주갑 인상설'에 따라 369년의 기사로 둔갑시킨 것이다. 이 논리대로라면 진구라는 인물의 재위 연대는 200년부터 369년까지가 되고, 이는 『일본서기』가 사서로서 갖는 가치에 결정적 흠결이 된다. 필자가 이 글에서 진구 49년조에 대하여 근초고왕의 일본열도 정벌 행적을 가져다가 마치 진구 황후가 369년에 신라를 치고, 가야 7국을 정복한 것처럼 엉터리로 꾸며냈다고 밝히는 이유도 여기에 있다. 한마디로 진구기의 삼한정벌설이나 이에 기초한 '임나일본부설'은 철저한 역사 조작이다.

히미코의 대마도 정벌 기록은 뒤에서 다룰 광개토대왕 비문의 경자년조 "임나가라 종발성(任那加羅 從拔城)"의 해석과 관련하여 매우 중요한 의미를 띤다. 대마도는 앞에서 언급한 "시소위지삼한야(是所謂之三韓也)"라는 문구의 의미처럼 2~3세기부터 한반도의 어느 국가에도 속하지 않고 삼한 삼국이 공동으로 경영하는 독특한 정치체제 아래에 있었음을 알 수 있다. 이에 대해서는 뒤에서 자세히 이야기하겠다.

길고 긴 역사적 흐름으로 보면 근초고왕 때 일본열도 진출이 활발했다 하더라도 그에 앞서 여러 왕의 전초(前哨) 활동이 있었을 터다. 고이왕은 바로 히미코가 정복했던 대마도를 정벌함으로써 일본열도 개척의 기수가 되었다. 여기서 고이왕 때인 3세기경 백제인의 일본열도 진출을 짐작게 하는 증거 가운데 하나가 도쿄 근처 사이타마현(埼玉県) 이나리야마 고분(稲荷山古墳)[57]에서 출토된 큰 칼의 명문이다. 명문에 따르면 471년에 무덤을 축조했다고 한다. 8대에 걸친 피장자의 조상 이름과 그들이 열도에서 지낸 벼슬이 명기되어 있다. 한 세대를 25년 정도로 잡으면 피장자의 8대 선조가 약 200년 전쯤 일본열도로 이주해 온 셈이고, 대략 260년에서 270년경 고이왕 때 일본열도에 진출했다고 짐작할 수 있다. 여기서 한 가지 짚고 넘어갈 점이 있는데 대마도가 가진 지정학적, 전략적 중요성이다. 대마도는 한반도 남단에서 불과 50㎞ 정도밖에 떨어져 있지 않다. 대마도를 지나면 이키섬(壱岐島)을 거쳐 일본열도의 규슈에 상륙할 수 있다. 대마도와 이키섬이 일본열도로 들어가는 징검다리 역할을 했다.[58] 서기전 2세기경부터 고조선과 부여 사람들을 필두로 한반도에서 일본열도로 옮겨가는 이주민의 필수 통로가 대마도였고, 대마도는 이후에도 계속 한반도와 일본열도를 잇는 교통과 교역의 중심이 되는 전략적 요충지로 자리매김해 왔다.

대마도는 아주 오래전부터 임나라는 이름으로도 불리며 6가야 연합과는 별개의 정치적, 문화적 체제를 유지해 왔다. 『일본서기』에서도 "이것이 이른바 삼한이다(是所謂之三韓也)."[59]라고 했는데, 대마도에는 본국의 이름을 따서 대륙과 한반도의 신라, 백제, 고구려 분

---

57) 이나리야마 고분(稲荷山古墳): 일본학계에서 5세기 후반에 축조된 전방후원분이라고 보고 있다. 분구의 길이는 120m인데, 1968년 115자(字)의 글자가 새겨진 칼이 나와서 세기의 발견이라고 불렸다. 이와 함께 거울과 무기, 마구(馬具) 등이 발견되었는데 모두 일괄해서 국보로 지정되었다.

58) 대마도와 이키섬, 규슈 북부 후쿠오카(福岡)에 모두 조선식 산성, 곧 백제식 산성이 있는데 이는 우연이 아니다.

59) 『日本書紀』 卷九, 仲哀天皇 九年, "…降於日本國, 密令伺其軍勢. 則知不可勝, 自來于營外, 叩頭而款曰, 從今以後, 永稱西蕃, 不絶朝貢. 故因以, 定內官家屯倉 是所謂之三韓也. 皇后從新羅還之."

국들이 존재했다. 현재도 대마도에는 '삼가라'라고 하여 '계지가라', '인위가라', '좌호가라'의 지명이 남아 있고, 학교 이름에도 쓰이고 있다.[60)]

이렇듯 대마도는 역사적으로 중요한 섬이기에 많은 역사 기록이 남아 있었는데 대일항전기 '조선사편수회(朝鮮史編修會)'[61)]의 주도로 6만 권에 달하는 사서가 대마도에서 수거되어 폐기되거나 은닉되었다. 그 사서들의 내용이나 행방이 알려진다면 고대 한일관계도 더욱 분명해질 것이다.

---

60) 이병선, 『대마도는 한국의 속도였다』, 도서출판 이회문화사, 2005, pp.288~289, 『환단고기』에도 삼가라(三加羅)에 대한 기록이 보이는데, 이 중에서 가라(加羅)는 한(韓:kara)과 함께 '성읍(城邑)'을 뜻하는 보통명사이다. 『환단고기』 속 다음 기사에서 삼가라를 삼한(三汗)으로도 기록하여 유의할 만하다. "이로부터 임나는 대마도를 전칭하게 되었다. 고대부터 규슈(仇州)와 대마도는 곧 삼한이 분치한 곳이니, 본래 왜인이 세거한 곳이 아니다. 곧, 삼가라로 나눠었으니, 이른바 가라는 도읍을 칭하는 것이다. 이로부터 삼한이 다투어 세월이 오래가도록 화해하지 아니하니, 좌호가라는 신라에 속하고, 인위가라는 고구려에 속하고, 계지가라는 백제에 속하게 된 것이다." 이 기사에서 '가라'는 '도읍'을 칭하는 말이라는 것과 삼한(三韓)과 삼한(三汗)의 표기상 차이에 유의해야 한다. 이 기사에 나오는 '사호(左護)', '인위(仁位)', '계치(鷄知)'는 현재 대마도에서 각각 '사고', '니이', '게치'라는 말로 쓰이는 지명이다. 다만 현재는 '가라'라는 말이 '좌호가라', '인위가라'에서처럼 직접 도읍을 뜻하는 말로는 쓰이지 않는다.

61) 조선사편수회(朝鮮史編修會): 1925년 일제가 식민 지배를 합리화하려는 목적으로 일본인 어용 역사가들과 이완용, 권중현 등 친일 부역자들을 동원해 왜곡된 조선 역사를 편술하기 위해 조선총독부 부설로 설치한 조선사 연구기관. 특히 이마니시 류(今西隆) 중심으로 조선상고사 말살에 주력하였고, 그 바탕 논리는 19세기 말 도쿄제국대학에 의해 시작된 것으로 진구 황후의 신라정복설, '임나일본부설'을 비롯하여 한국 역사를 만주에 종속시킨 만선사(萬鮮 史)이론, 한국경제를 일본 고대 촌락경제수준으로 폄훼한 이론을 내세웠고, 이는 20세기 초 조선 침략이 본격화하자 일선동조론, 정체성론, 타율성론으로 대표되는 식민사관의 토대가 되어 지금까지도 '뉴라이트 논란', '신친일파 논란'을 낳고 있다.

3. 근초고왕의 일본열도 정복 활동

고이왕과 책계왕(責稽王, 재위: 286~298)을 이은 13대 근초고왕은 백제의 전성기를 이끈 정복 군주였다. 그런데도 근초고왕의 일본열도 정벌 활동에 대해서는 『삼국사기』를 비롯한 사서에 별다른 기록이 없다. 『삼국사기』에는 등극 연도가 346년인데 재위 2년(347)에 하늘과 땅에 제사를 지냈고 진정(眞淨)을 조정좌평(朝廷佐平)으로 임명했다는[62] 기록 외에 19년 동안 공백 상태였다가 근초고왕 21년에 "21년(366) 봄 3월에 사신을 보내 신라를 예방(禮訪)하였다."라는 기록이 다시 나타난다.[63] 그리고 24년(369)에는 치양(雉壤)에서 고구려군을 크게 물리치고 5천여 명을 사로잡았는데 사로잡은 포로는 장수와 군사들에게 나누어 주었다는[64] 기록으로 이어진다.

고구려와의 전황을 우세로 이끈 정복 군주 근초고왕과 관련한 즉위 이후 기사라고는 하늘과 땅의 신에게 제사 지낸 일 외에 19년 동안 아무 기록 없이 비어있다. 이는 의도적 누락이 아닌지 의심해 볼 만한 대목이다. 근초고왕 재위 24년조를 비롯해서 재위 26년(371) 평양성을 공격하여 고구려 고국원왕(故國原王, 재위: 331~371)을 전사시켰는데도[65] 근초고왕에 대한 초기 20년간 아무런 기록이 없다면

---

62) 『三國史記』 卷二十四, 「百濟本紀」 二, 近肖古王 二年, "二年, 春正月, 祭天地神祇. 拜真淨爲朝廷佐平. 淨王后親戚, 性狠戾不仁, 臨事苛細. 恃勢自用, 國人疾之."

63) 『三國史記』 卷二十四, 「百濟本紀」 二, 近肖古王 二十一年, "二十一年, 春三月, 遣使聘新羅." 근초고왕 2년 바로 다음 기사가 근초고왕 21년이다. 20년의 기록이 「백제본기」에는 없다.

64) 『三國史記』 卷二十四, 「百濟本紀」 二, 近肖古王 二十四年, "二十四年, 秋九月, 高句麗王斯由帥步騎二萬, 來屯雉壤, 分兵侵奪民戶. 王遣太子以兵徑至雉壤, 急擊破之, 獲五千餘級, 其虜獲分賜將士."

거기에는 무언가를 숨기려는 의도가 들어 있다고 보는 게 순리일 터다.

한 가지 주목할 것은 『일본서기』 진구기 49년조에 나오는 신라 정벌 기사와 충돌하는 문제이다. 다시 말해서 진구 49년에 진구 왕후가 보낸 야마토왜군에게 근초고왕이 충성을 맹세한다는 게 가능했겠느냐는 문제이다. 진구 49년은 서기 249년인데 일본과 한국 학자들은 2주갑 인상설에 따라 369년의 일이라고 해석한다. 『삼국사기』에서 서기 369년은 근초고왕 24년으로, 고구려의 대규모 침공을 물리치고 승전하여 그것을 기념하기 위해 황색 깃발을 앞세워 대규모 열병식까지[66] 거행한 해로 기록되어 있다. 그런데도 『일본서기』는 진구 왕후에게 영원한 충성을 맹세했다고[67] 전한다. 두 기록 중 하나는 허위인데 연대를 120년이나 끌어올려 기록한 『일본서기』 쪽이 거짓임은 더 설명할 필요도 없을 것이다.

한국 강단사학자들의 논고를 보면 서론에서는 『일본서기』 진구기의 이 기록이 과장되었다고 비판하면서 본론과 결론에 가면 이를 사실로 인정하는 모순된 태도를 보인다. 이에 대해 한가람역사문화연구소 이덕일 소장은 이렇게 말한다.

---

65) 『三國史記』 卷二十四, 「百濟本紀」 二, 近肖古王 二十六年, "冬, 王與太子帥精兵三萬, 侵高句麗. 攻平壤城. 麗王斯由力戰拒之, 中流矢死. 王引軍退(〔26년(371)〕 겨울에 왕이 태자와 정예군사 30,000명을 이끌고 고구려를 쳤다. 평양성(平壤城)을 공격하니 고구려 왕 사유(斯由, 고국원왕)가 힘껏 싸우며 막다가 날아오는 화살에 맞아 죽었다. 왕이 군사를 이끌고 물러났다)."

66) 『三國史記』 卷二十四, 「百濟本紀」 二, 近肖古王 二十四年, "冬十一月, 大閱於漢水南, 旗幟皆用黃."

67) 『日本書紀』 卷第九, 神功紀, "唯千熊長彦與百濟王 至于百濟國 登辟支山盟之(오직 천웅장언(千熊長彦, 지구마 나가히코)과 백제왕은 백제국의 벽지산(辟支山)에 올라 맹세했다)." 이 문구의 뒷부분은 백제왕이 야마토왜에 영원한 충성을 맹세하면서 해마다 조공을 바치겠다고 다짐했다는 내용이다.

> 371년에 근초고왕이 고구려 평양성까지 진격해 고국원왕을 전사시켰다는 『삼국사기』「백제본기」 및 「고구려본기」 기사와 같은 해 야마토에서 온 사신에게 근초고왕 부자가 이마에 땅을 대고 영원한 충성을 맹세했다는 『일본서기』 기사 중 하나는 거짓이 분명하다. 무엇이 거짓일까? 『일본서기』가 거짓임이 분명하지만 다른 사료들과 교차검증해 보자.[68]

이덕일은 근초고왕이 고구려 평양성까지 진격해 고국원왕을 전사시켰다는 『삼국사기』「백제본기」 및 「고구려본기」 기사가 중국의 『위서(魏書)』에도 나온다고[69] 하면서, 『위서』「고구려 본기」에 "쇠[釗, 고국원왕]는 후에 백제에게 죽임을 당했다."[70]는 기록을 들고 있다. 따라서 야마토에서 온 사신에게 근초고왕 부자가 충성을 맹세했다고 하는 『일본서기』의 주아이 9년조, 즉 진구 원년조는 물론이거니와 진구 49년조 및 51년조도 모두 거짓이라고 하였으며, 심지어는 진구 왕후 자체가 조작된 인물이라는 주장까지 나온다고 하였다.[71] 필자 역시 『일본서기』 진구기에 기록된 근초고왕의 충성 맹세 기사와 『삼국사기』「백제본기」 근초고왕조의 정복 활동 기사는 병립이 불가한 양자택일의 관계이므로 진구기의 근초고왕 기록은 완전히 폐기되어야 하고, 그 대신 근초고왕의 일본열도 정복을 정면으로 다룰 필요가 있다고 본다.

---

68) 이덕일, 『동아시아 고대사의 쟁점: 한사군 한반도설과 임나=가야설 비판』, 만권당, 2019, p.259.

69) 이덕일, 위의 책, p.259.

70) 『魏書』 卷一百, 「列傳」 第八十八 高句麗, "釗後為百濟所殺".

71) 이덕일, 위의 책, p.259.

『삼국사기』는 이 점에 대해 앞서 본 바와 같이 해양 대국 백제의 일본 지배 사실이 부각되지 않을까 우려하여 침묵으로 일관했음을 유추하였는데 이는 역설적으로 근초고왕의 일본정복을 뒷받침하는 간접 증거가 된다. 다시 말하면 『삼국사기』의 편저자는 신라의 정통성을 부각시켜야 하는 입장에 있었다. 따라서 근초고왕의 일본 정복을 기록할 때 자칫 해양 강국 백제의 위상이 두드러지고, 신라의 정통성이 훼손되지는 않을까 하는 노파심에서 근초고왕 관련 기사를 모두 삭제했다고 해석할 수 있다. 그렇다면 구체적으로 근초고왕의 일본열도 정복 활동 내용을 어떻게 볼 것인가. 『일본서기』 진구기의 기록은 근초고왕의 일본열도 정복 활동을 가져다가 진구 왕후의 업적인 양 엉터리로 지어낸 역사 조작이라고 하면 이해가 빠를 것이다.

다시 『일본서기』로 돌아가서 소위 '임나일본부설'이 등장하는 배경을 알아보자. 『일본서기』의 편저자들은 히미코의 죽음 이후 무주공산이 된 혼란기의 일본열도 상황을 호도하는 한편, 실제 역사보다 천년이나 올려잡아서 '만세일계 천황제'의 연속성을 유지하기 위해 진구기를 창작하여 『일본서기』에 끼워 넣은 것으로 보인다. 히미코가 266년 중국에 사신을 보내어 금인(金印)과 동경(銅鏡) 등을 하사받은 기사를[72] 끝으로 150여 년간 사라졌던 왜의 역사적 공백을 메우기 위해 진구 왕후를 등장시킨 것이다. 그러나 『일본서기』 편저자

72) 『晉書』 卷九十七, 「列傳」 第六十七, 東夷 倭人, "宣帝之平公孫氏也, 其女王遣使至帶方朝見, 其後貢聘不絕. 及文帝作相, 又數至.泰始初, 遣使重譯入貢(선제(宣帝)가 공손씨(公孫氏)를 평정하자 여왕이 사신을 대방(帶方)에 파견하여 입조 알현하였다. 그 뒤 조공(朝貢)과 빙례(聘禮)가 끊이지 않았다. 문제(文帝)가 국상(國相)이었을 때에도 여러 번 조공을 보냈다. 태시 연간(泰始年間) 초에는 사자를 파견하여 중역(重譯)하며 들어와 조공을 하였다)."

들도 그 허구성을 인식했던 모양이다. 주아이 9년(200)에는 진구 왕후가 만삭의 몸으로 바다를 건너는데, 신들의 도움을 받아 신라를 비롯한 삼한을 정벌했으며[73], 재위 49(249)년에는 신라를 공격하고 가라 7국을 정복했다고 썼다.[74] 이는 3세기 중반 진구 왕후의 남편으로 등장하는 일왕 주아이(仲哀) 이후 규슈 지역의 역사 공백을 호도하기 위한 설정이다. 『일본서기』 편자들은 세토내해(瀨戶內海)를 중심으로 한 규슈 지역 소국들 사이의 다툼을 그 배경으로 삼았다.

그러나 19세기 대륙 진출의 구실을 찾던 일본의 관변학자들은 이러한 『일본서기』의 기사를 활용하여 고대사를 재구성함으로써 한반도 침략을 합리화할 수 있다고 보았다. 그러려면 연대를 조정해야 했다. 이때 주목한 것이 『일본서기』 진구 55년(255)조의 "초고왕이 죽었다[五十五年, 百濟肖古王薨]."라는 기사였다.[75] 그러나 255년은 지나치게 이른 시기였다. 아직 야마토왜가 열도를 통일했다고 우기기에는 모든 여건이 맞지 않을 때였으므로 설득력이 부족하다고 판단했을 것이다. 그래서 초고왕 앞에 '근(近)' 자를 하나 더 붙이고 120년을 더하니 『삼국사기』에서 말하는 근초고왕의 몰년 375년(129)과 정확하게 맞아떨어졌다. 그리하여 진구기의 연대를 2주갑 끌어올린 소위 '2주갑 인상설'이 탄생한 것이다.

역사서가 갖춰야 할 기본 중의 기본이 '기년(紀年)'인데 연대부터 '2주갑 인상'이라는 기발한 편법을 동원해서 진구 49년, 즉 249년의 연대를 369년으로 해석했다. 거기에 더하여 근초고왕의 일본열도 정

---

73) 『日本書紀』 卷第九, 仲哀天皇 九年.

74) 『日本書紀』 卷第九, 神功皇后 四九年.

75) 『日本書紀』 卷第九, 神功皇后 五十五年, "百濟肖古王薨."

벌을 임의로 가져다가 진구 왕후가 신라를 정벌하고, 그 결과 가라 7국[(비자발(比自㶱)·남가라(南加羅)·탁국(㖨國)·안라(安羅)·다라(多羅)·탁순(卓淳)·가라(加羅)]을 정벌했다고 꾸며냈다.[76] 이를 바탕으로 조선총독부 조선사편수회 간사이자 경성제대 교수였던 스에마쓰 야스카즈(末松保和) 등은 야마토왜가 4세기에 이미 열도를 통일하고 한반도에 진출한 듯이 허위 사실을 날조했다. 가야 7국의 위치를 한반도에 비정해서 왜가 369년 가야지역에 임나일본부를 설치하고, 나아가 충청도 및 전라도까지 지배하다가 562년 가야가 신라에 의해 무너질 때까지 지속했다는 이론을 조작해 구축했다.[77] 이것이 바로 '임나일본부설'의 탄생 배경이다.

무릇 동서고금 역사서에 1, 2년도 아니고 120년씩이나 연대를 오르내리는 경우가 있다는 소리는 들어 본 적도 없다. 그런데도 현재 『일본서기』 진구기를 배경으로 한 '임나일본부설'의 망령은 전라도를 고대부터 왜의 식민지라고 서술한 '『전라도천년사』 파동'에서[78] 보듯 지금도 여전히 한국과 일본학계의 머리 위를 맴돌고 있으니 참

---

76) 『日本書紀』 卷第九, 神功皇后 四十九年, "倶集于卓淳´ 擊新羅而破之´ 因以平定比自㶱 · 南加羅 · 㖨國 · 安羅 · 多羅 · 卓淳 · 加羅七國, 仍移兵西 ´ 至古奚津´ 屠南蠻忱彌多禮´ 以賜百濟(이에 모두 탁순에 집결하여 신라를 공격해 격파하고 이로 인해 비자발·남가라·탁국·안 라·다라·탁순·가라 7국을 평정했다. 이에 군사를 서쪽으로 돌려 고해진(古奚津)에 이르러 남만의 침미다례(忱彌多禮)를 도륙하고 백제에게 하사했다)."

77) 末松保和, 『任那興亡史』, 1949.

78) 『전라도천년사』 파동: 전라남도, 전라북도, 광주광역시가 전라도 정도(定都) 천년을 맞이하여 2018부터 2022년까지 4년 동안 24억을 투입해서 『전라도천년사』를 공동 편찬한 후 2023년에 제기된 논란으로서, 일본 제국주의 식민사학에 기초하여 전라도 일대 전역이 '가야=임나'라고 서술함으로써 시민단체들이 강력하게 항의하고 『전라도천년사』의 출판 및 보급을 저지하는 운동을 전개하였고, 현재 출판 및 보급은 일단 중단된 상태이다.

으로 개탄스러운 노릇이 아닐 수 없다.

그러나 실제 가야 7국은 한반도에 존재했던 국명이 아니라 규슈지방에 있던 소국들의 이름이고, 진구 왕후가 보냈다는 장군 아라타와케(荒田別)와 백제의 장군이 만나 동맹을 맺었다는 구사노무레(古沙山)도 오카야마현(岡山県) 북부에 있는 지명임이 밝혀졌다.[79]

진구기의 기록을 보자.

卌九年 春三月, 以荒田別·鹿我別爲將軍. 則與久氐等, 共勒兵而度之, 至卓淳國, 將襲新羅. 時或日, 兵衆少之, 不可破新羅. 更復, 奉上沙白蓋盧, 請增軍士. 卽命木羅斤資·沙沙奴跪[是二人, 不知其姓人也. 但木羅斤資者, 百濟將也.] 領精兵, 與沙白蓋盧共遣之. 俱集于卓淳, 擊新羅而破之. 因以, 平定比自炑·南加羅·喙國·安羅·多羅·卓淳·加羅, 七國. 仍移兵, 西廻至古奚津, 屠南蠻忱彌多禮, 以賜百濟. 於是, 其王肖古及王子貴須, 亦領軍來會. 時比利·辟中·布彌支·半古, 四邑, 自然降服. 是以, 百濟王父子及荒田別·木羅斤資等, 共會意流村[今云州流須祇.]. 相見欣感. 厚禮送遣之. 唯千熊長彥與百濟王, 至于百濟國, 登辟支山盟之. 復登古沙山, 共居磐石上. 時百濟王盟之日, 若敷草爲坐, 恐見火燒. 且取木爲坐, 恐爲水流. 故居磐石而盟者, 示長遠之不朽者也. 是以, 自今以後, 千秋萬歲, 無絕無窮. 常稱西蕃, 春秋朝貢. 則將千熊長彥, 至都下厚加禮遇. 亦副久氐等而送之.

79) 조희승, 『조선단대사(朝鮮斷代史)』, 과학백과사전출판사, p.244.

49년 봄 3월에 황전별(荒田別: 아라타와케), 녹아별(鹿我別: 가가와케)을 장군으로 삼아서 구저 등과 함께 군사를 거느리고 바다를 건너 탁순국에 이르러 신라를 공격하고자 하였다. 그때 누군가 '군사의 수가 적어서 신라를 깨뜨릴 수 없으니 다시 사백개로(沙白蓋盧)를 보내 군사를 증원해달라고 요청하십시오.'라고 말하였다. (신공 왕후가) 곧 목라근자(木羅斤資), 사사노궤(沙沙奴跪)[이 두 사람의 성(姓)은 알 수 없다. 다만 목라근자는 백제의 장군이다]에게 명령하여 정병을 이끌고 사백개로와 함께 가도록 하였다. 그 후 모두 탁순에 집결하여 신라를 공격하여 깨뜨리고 비자발(比自炑), 남가라(南加羅), 탁국(喙國), 안라(安羅), 다라(多羅), 탁순(卓淳), 가라(加羅) 7국을 평정하였다. 이에 군사를 서쪽으로 돌려 고해진(古奚津)에 이르러 남만(南蠻) 침미다례(忱彌多禮)를 도륙하고 백제에게 하사했다. 이에 백제왕 초고(肖古)와 왕자 귀수(貴須) 또한 군대를 이끌고 와서 만났다. 그때 비리(比利), 벽중(辟中), 포미지(布彌支), 반고(半古) 4읍(四邑)이 스스로 항복하였다. 이에 백제왕 부자와 황전별, 목라근자 등은 함께 의류촌(意流村)에 모였다[지금은 주류수기(州流須祇)라고 한다] 서로 보며 기뻐하며 예를 두텁게 하여 보냈다. 다만 천웅장언과 백제왕은 백제국에 가서 벽지산(辟支山)에 올라 맹약하였다. 그리고 다시 고사산(古沙山)에 올라서 함께 반석(磐石) 위에 앉았다. 그때 백제왕이 '만일 풀을 깔아서 자리를 만들면 불에 탈까 두렵고, 또한 나무로 자리를 만들면 물에 떠내려 갈 것 같아 두렵습니다. 따라서 반석에 앉아서 맹약하는 것은 영원히 변하지 않을 것임을 보여주는 것입니다. 이로써 지금부터는 천추만세에

끊임없이 항상 서번(西蕃)이라 칭하며 해마다 조공하겠습니다.'
라고 맹세하였다. 곧 천웅장언(千熊長彥, 지쿠마 나가히코)을 데리고 백제의 도읍에 이르러 더욱 두터이 예우하고 구저 등을 딸려서 보냈다.

이것이 지금까지도 논란이 되는 『일본서기』 진구기 49년조 내용이다.

전술한 바와 같이 진구 49년은 서기 249년인데 2주갑 120년을 끌어올려서 369년으로 만들고, 초고왕의 이름 앞에 '근'이라는 한 글자를 붙여서 근초고왕으로 만들고, 세자 구수 앞에도 '근(近)' 자를 덧붙여 근구수왕으로 조작했다. 이는 전 세계 사학사에 전례가 없는 일이다. 게다가 앞에서 보았듯이 백제와 왜의 장수가 반석에 올라 충성을 맹세했다는 고사산(古沙山)은 한반도가 아니라 기비(吉備), 즉 지금의 오카야마현에 있는 산 이름 '구사노무레'임이 밝혀졌다.[80] 따라서 진구기 기록상 탁순에서 신라로 가는 길을 물었다는 대목에서의 신라는 한반도의 신라가 아니라 일본열도에 있는 분국 신라(시라기)임이 분명하다.

또 하나 중요한 사실은 『일본서기』 긴메이(欽明) 23년(562)에 임나 10국이 등장하는데, 임나 10국이란 가라국(加羅國), 안라국(安羅國), 사이기국(斯二岐國), 다라국(多羅國), 졸마국(卒麻國), 고차국(古嵯國), 자타국(子他國), 산반하국(散半下國), 걸손국(乞飡國), 임례국(稔禮國) 등 10국을 일컫는다. 이 나라들의 위치는 둘째치고 이름을 보면 가라, 안라, 다라를 빼고 전부 일본식 지명이다. 게다가 다른 사람도

80) 조희승, 위의 책, p.244.

아닌 일본 천황 긴메이가 직접 거명한 국명들이다. 따라서 임나 10국 또한 일본열도에 존재했던 이름이지 한반도의 지명은 아니다.

문제의 핵심은 『일본서기』 긴메이기에 나오는 임나 10국의 지명 가운데 가라, 다라, 안라가 『일본서기』 진구기에 보이는 소위 임나 7국의 국명과 일치한다는 점이다. 이것은 무엇을 의미하는가? 결국 『일본서기』 진구기에 나오는 임나 7국도 『일본서기』 긴메이기의 임나 10국처럼 한반도가 아닌 일본열도에 존재했었다는 의미로 볼 수밖에 없다. 실제로 7국 중 가라, 다라, 임나를 제외한 나머지 비자발, 남가라, 탁국, 탁순도 일본식 지명이자 규슈 지역의 옛 지명이다. 임나 7국의 지명이 한반도가 아닌 규슈의 것으로 밝혀진 이상 '임나일본부설'의 기본 논리는 무너졌다고 봐야 옳다.

결론적으로 '진구기'의 발상은 원래 3세기 히미코 이후의 150년간의 역사공백을 매꾸기 위해 큐슈지방의 소국들 간 분쟁사를 진구를 내세워 기록했는데 그 후 19세기 관변학자들이 연대를 4세기로 끌어올려 한반도정복 기록으로 역사조작한 것이 진상이다. 4세기에 근초고왕이 일본열도에 진출하여 정복 활동을 벌인 내용을 『일본서기』의 편저자들이 주객을 전도시켜서 진구라는 가공인물의 정복 활동으로 변조하고 윤색한 역사 조작이 그 본질이다. 이는 임나 7국의 위치 비정 논리를 통해 다시 한번 확실해진다. 즉, 진구 왕후의 삼한 정벌 기록은 허구이므로 폐기되어야 하고 그 자리에는 정복 군주 근초고왕의 일본열도 정벌이 역사적 사실로 자리 잡아야 한다. 근초고왕의 일본열도 정복 활동은 이처럼 진구기의 기록을 역으로 해석함으로써 재확인할 수 있다.

근초고왕의 일본열도 정복 결과 어느 정도 규모가 있는 분국들

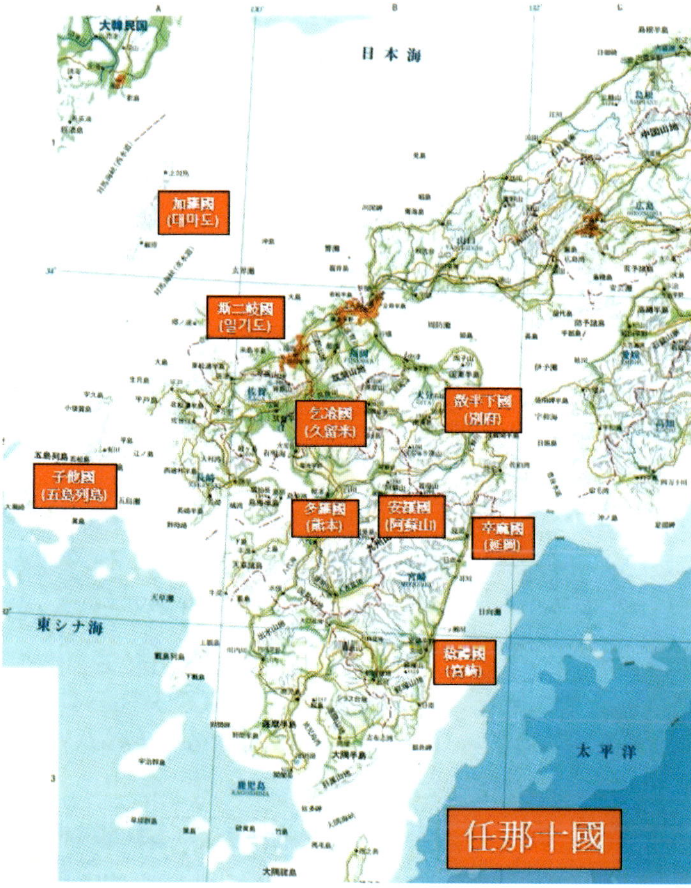

그림 6_ 임나 10국 위치 비정 지도[81)]

이 그룹을 형성했을 테고, 이 그룹을 통할할 만한 상위 기구가 필요했을 것이다. 그리하여 근초고왕은 소국들을 통할할 상위 기구를 만들었으니 그것이 바로 '왜왕 제도'라고 필자는 판단한다. 이러한 배

81) 〈그림 6〉 임나 10국 위치 비정 지도 출처: 윤창열, 「광개토태왕비문과 환단고기의 整合性」, 『세계환단학회지』 제5권 1호, 세계환단학회, 2018. p.99.

경에서 왜왕 제도가 시작되었고, 그 증거 중 하나가 바로 '칠지도(七支刀)'이다.

4. 칠지도와 왜왕 지

칠지도(七支刀)는 일본 나라현(奈良縣) 덴리시(天理市)에 있는 이소노카미 신궁(石上神宮)에서 1873년 8월 대궁사(大宮司) 간 마사스케(菅政友)[82]가 발견했다. 몸체 양옆에 세 개씩 여섯 개의 가지 칼이 달려있고, 칼의 길이가 75센티이며 칼몸 앞뒤에 금상감되어 있는 61자가 자못 중요하다. 그 가운데 일곱 글자는 심하게 마모되는 등 판독하기 힘든 글자가 많다.

▶ 칠지도 명문

앞면

泰□ 四年 □月十六日丙午正陽造百鍊鐵七支刀[出]辟百兵宜供供侯王□□□□作

*해석: 태(화) 4년 □월 16일 병오날 한낮에 무쇠를 백 번이나 두드려서 칠지도를 만들었다. 이 칼은 백 명을 물리칠 수 있으니, 마땅히 후왕에게 줄 만하다. □□□□ 만들었다.

82) 간 마사스케(菅政友, 1824~1897): 도쿄 동북쪽에 위치한 미토 번(水戶藩, 현 이바라키현(茨城県))의 의사이자 역사가. 메이지 2년(1869) 구리타 히로시(栗田寛, 1835~1899), 쓰다 신손(津田信存, 1830~1892) 등과 『대일본사(大日本史)』를 편찬한 국수주의 역사가로서 메이지 6년(1873) 이소노카미 신궁(石上神宮)의 대궁사로 있던 중 신궁에서 칠지도와 고옥(古玉)을 발견했다.

뒷면

先世以來未有此刀百濟王奇生聖音故爲倭王旨造傳示後世

*해석: 선세(先世) 이래 아무도 이런 칼을 가진 일이 없는데, 백제왕은 세세로 기생성음(奇生聖音) 하므로 왜왕 지(旨)를 위하여 이 칼을 만든다. 후세(後世)에 길이 전할 것이다.[83)]

그림 7_ 칠지도[84)]

이 명문을 둘러싸고 여러 해석이 엇갈린다. 하위자가 상급자에게 바친 것이라는 뜻에서 상행문이라는 주장과 상급자가 하급자에게 내린 하행문이라는 주장으로 크게 나뉜다. 일본 학자들은 대부분 상행문이라고 주장하는데 드물게는 우에다 마사아키(上田正昭) 교토대 교수는 하행문으로 보고 상위자가 하위자에게 내리는 문언이라고 해석했다.[85)] 이는 북한의 김석형이 칠지도는 백제왕이 왜왕 지(旨)에게

83) 칠지도 명문 해석에서 "기생성음(奇生聖音)"을 백제 왕자의 이름으로 해석하고 그 왕자의 탄생을 축하하는 의미로 칠지도를 제작했다고 하는 설도 있으나 여기서는 "기생성음"을 왕조의 융성을 기원하는 송축구로 해석하는 소진철 교수의 설을 따랐다.

84) 〈사진 6〉 칠지도 사진 출처: 한韓문화타임즈(http://m.hmhtimes.com/news/articleView.html?idxno=6747)

85) 上田正昭, 『倭国の世界』, 講談社, 1976.

하사한 칼이라고 주장했던 논리[86]와 같은 맥락이다. 이에 반하여 구리하라 도모노부(栗原朋信) 와세다대 교수는 칠지도가 백제의 종주국인 동진의 황제가 백제를 거쳐 왜왕 지에게 보낸 것이라고 해석했다.[87] 일본의 통설은 후쿠야마 도시오(福山敏男) 교수의 주장을 따른다. 그에 의하면 명문 가운데 '태(泰)'는 동진의 연호 태화(太和: 366~371)이며, 제작 연대는 태화 4년(369)으로 추정해서 『일본서기』의 진구 49년(369)에 맞추고, 『일본서기』의 진구 52년(372)에 백제 칠지도를 헌상했다는 기록에 꿰맞추어[88] 그 4년 뒤인 372년에 제작된 것으로 추정했다. 그는 나아가 백제왕과 왕세자가 공동으로 왜왕의 '상지(上旨)에 의하여 만드니' 운운하는 식으로 연대를 진구기에 맞추어서 하행문이 아닌 상행문으로 둔갑시키는 기발한 해석을 하였다.[89]

그러나 가장 먼저 "태□ 4년(泰□ 四年)"을 중국의 연호라 볼 수 있는 근거가 없다. 동진의 연호 '태화(太和)'를 칼에 명문으로 새길 때 새기기 쉬운 '太' 자 대신 복잡한 '泰' 자를 썼을 리가 없다. 오히려 광개토대왕이 영락이라는 연호를 썼다는 점을 생각하면, 고구려와 대립 관계였던 백제에서도 독자 연호를 썼을 가능성이 크다. 이 대목에서는 이병도 교수도 특이하게 『한국고대사연구』에서 '泰'는 동진의 연호가 아니라 백제 연호라고 주장했고[90], 김정학 교수도 백제

---

86) 김석형, 『초기 조일관계사(하)』, 사회과학출판사, 1988; 김석형, 『삼한 삼국의 일본렬도 내 분국에 대하여』, 1963.

87) 栗原朋信, 『七支刀銘文についての一解釈』, 『日本歴史』 第216号, 1966.

88) 『日本書紀』 巻第九, 神功皇后 五十二年, "五十二年秋九月丁卯朔丙子´ 久氐等從千熊長彥詣之´ 則獻七枝刀一口 · 七子鏡一面 · 及種々重寶(52년 가을 9월에 구저 등이 천웅장언(지쿠마 나가히코)을 따라서 (야마토왜)에 이르러 칠지도 한 개와 칠자경 1면과 각종 중한 보물을 헌상했다)."

89) 福山敏男, 「石上神宮の七支刀」, 『美術研究』, 1951, p.158.

는 동진 성안 2년 이래 기이하리만큼 중국 연호를 쓰지 않았다고 하여 이병도의 주장을 지지했다.91)

상행문인지 하행문인지에 관한 논의에서도 진구기 2주갑 인상설을 계기로 전체의 허구성이 하나둘 밝혀지고 있는 현실에서 진구 52년조를 근거로 한 칠지도 헌상설 주장에는 설득력이 부족하다. 진구 52년조의 "백제의 구저(久氐) 등이 천웅장언(千熊長彦, 지쿠마 나가히코)을 따라와서 칠지도와 칠자경(七子鏡) 하나씩을 바쳤다."라는 문구에 꿰맞춘 논리일 뿐이다. 당시 백제가 왜의 상국이라는 점에 비추어 볼 때 『일본서기』 편찬자들이 상하관계를 바꾸어 썼음이 자명하다.

진구기는 19세기 황국사관의 일본역사가들이 일본의 대륙침략을 합리화 하기 위하여 『일본서기』 편찬자들이 설정해 둔 3세기 진구기를 2주갑 인상이란 역사조작을 통해 4세기 진구가 한반도의 삼한을 정벌한 것으로 설정한 것이 그 진상이란 점을 앞에서 설명한 바와 같다.

따라서 진구기에 근거한 상행설은 신빙성이 없다 할 것이다. 고대사회에서 칼은 강한 자가 아랫사람에게 내리는 신표이지, 조공품이 아니다. 이 또한 하행설을 지지하는 이유이다.

상행설의 부당함을 밝혀주는 또 하나의 근거는 백제 무령왕 지석(誌石)이다. 백제 무령왕 지석에는 백제왕의 죽음에 대해 황제의 죽음을 뜻하는 '붕(崩)'으로 표기되어 있다. 이는 백제왕의 지위가 황제의 반열에 선 위치였음을 똑똑히 보여준다. 따라서 상행설의 주장

90) 이병도, 『한국고대사연구』, 박영사, 1976, p.524.

91) 김정학, 「석상신궁소장 칠지도의 진위에 대하여」, 『백제연구』 17집, 1986, p.77.

처럼 백제왕이 왜왕에게 칼을 헌상했다는 해석은 합리성이 없다. 칠지도는 황제인 백제왕이 후왕인 왜왕에게 신표로 하사했다는 하행설이 타당하다고 볼 것이다.[92] 일본학자들의 주장처럼 칠지도가 369년(진구 49)에 제작되어 372년(진구 52)에 헌상되었다면 백제 근초고왕이 진구 왕후에게 헌상한 셈인데, 근초고왕은 정복 군주로서 영토를 넓히고 고구려의 고국원왕까지 전사시켜서 전승을 축하하는 의미로 황색 깃발의 열병식까지 거행했다는 역사 기록으로 볼 때 상행설은 더욱더 타당성이 없다.

결론적으로 칠지도 명문의 성격에 대해 일본학자들의 통설처럼 진구기에 근거하여 상행설을 주장하거나 제작 연대를 추단하는 것은 앞에서 검토한 바와 같이 논리적 파탄을 면치 못한다.

그리하여 제작 연대에 관한 새로운 논의가 대두되었다. 가장 이목을 끄는 학설이 건국대 홍성화 교수의 전지왕(腆支王, 재위: 405~420) 4년(408)설이다.[93] 북한의 조희승도 408년 설을 따랐다.[94]

홍 교수의 주장에 따르면 1981년 NHK가 엑스레이로 칠지도를 정밀 촬영하여 판독한 바 있다. 그 결과 앞면의 "태□ 4년 □월 16일 병오(泰□ 四年 □月十六日丙午)" 부분에서 월에 해당하는 결자에 "십일(十一)" 또는 "십이(十二)"로 보이는 희미한 글자가 판독되었다고 한다. 홍 교수는 이 보도를 근거로 제작 연대를 추정했다. 홍 교수는 간지를 여러 가지 경우로 상정하여 대조한 결과 연도는 408년이고, 날짜는 11월 16일 병오일이 적합하다는 결론을 도출했다.[95]

---

92) 소진철, 「금석문으로 본 무령왕의 세계」, 원광대학교 출판국, 1994. pp.99~108.

93) 홍성화, 『칠지도와 일본서기』, 경인문화사, 2021.

94) 조희승 지음, 이덕일 주해, 『북한학자 조희승의 임나일본부의 해부』, 도서출판 말, 2019, p.167.

표 2_11월 16일, 12월 16일이 '병오'인 연도96)

十一月十六日丙午	408년	439년	501년	532년
	전지왕 4년	비유왕 13년	무령왕 1년	성왕 10년
十二月十六日丙午	413년	537년	563년	594년
	전지왕 9년	성왕 15년	위덕왕 10년	위덕왕 41년

그러나 필자는 이 설에 동의하지 않는다. 칠지도의 제작 연대를 도출하려면 무엇보다 먼저 칠지도 제작 당시 백제 왕실의 위상을 고려하는 것이 매우 중요하기 때문이다. 전지왕 4년(408)은 백제가 396년 광개토대왕군에 의해 초토화되고 아신왕(阿莘王, 재위: 392~405)이 노객을 자처하여 간신히 사직을 보전한 상황이었다. 그리고 전지왕 본인도 일본에 체류하다가 아신왕의 죽음으로 405년에 귀국하여 우여곡절 끝에 겨우 등극한 사실로 미루어 보더라도 당시 백제 왕권은 상당히 불안했다. 이런 와중에 칠지도 같이 귀한 기념물을 제작하여 왜왕에게 하사하다니, 그럴 만한 형편은 아니었을 것이다. 더구나 뒤에서 다룰 내용이지만, 전지왕 시절은 일본열도에서 백제 후왕의 지위가 백제계에서 고구려계 왜왕 찬으로 옮겨간 시기라고 보이는 만큼 칠지도 하사라는 역사적 사건이 발생할 여지는 그리 크지 않았다고 생각한다. 이런 상황을 고려할 때 칠지도의 제작 연대는 백제의 국력이 왕성했던 근초고왕 때로 범위를 좁혀 생각할 필요가 있다.

앞에서도 언급했듯이 근초고왕은 즉위 후 20년 가까이 일본열도 공략에 공을 들였다고 보인다. 그러나 『삼국사기』는 백제의 위상

95) 홍성화, 위의 책, p.37.

96) 〈표 2〉 11월 16일, 12월 16일이 '병오'인 연도 출처: 홍성화, 위의 책, p.37.

이 높아질까 염려하여 의도적으로 근초고왕의 일본열도 지배를 은폐했고, 『일본서기』는 근초고왕이 일본열도를 장악한 일을 가져다가 가공의 인물 진구 왕후가 가야 7국을 정벌한 양 윤색한 정황이 의심된다. 따라서 칠지도는 근초고왕이 일본열도를 정복한 후 정복지를 통할하기 위해 왜왕 제도를 창설한 기념으로 제작하여 자신이 임명한 왜왕 지에게 권위의 신표로 하사했다고 이해해야 할 것이다.

구체적으로 어느 해에 제작되었느냐는 문제가 있는데 필자가 근초고왕의 융성기에 맞추어 5월 16일이면서 병오인 날을 간지로 일일이 대조한 결과 372년 5월 16일 병오일이 조건에 합치했다.[97] 따라서 칠지도의 제작일은 이 372년 5월 16일이라는 결론을 도출했다. 372년의 의미를 생각하면 이 결론은 더욱 명확해진다. 근초고왕이 고구려의 침공을 물리치고 황색 깃발 아래 성대한 열병식을 거행한 사실이 『삼국사기』에서는 369년으로 확인된다.[98] 이 열병식은 단순한 승전 기념식이 아니라 근초고왕의 독자 연호 반포와 직접적으로 연관된다. 그렇다면 칠지도 명문에서 "태□ 4년(泰□ 四年)"은 독자 연호 반포로부터 4년으로 보아야 하며, 따라서 황색 깃발을 앞세우고 열병식을 한 369년으로부터 4년째인 372년에 제작되었다고 추정할 수 있다. 공교롭게도 372년이라는 칠지도 제작 연도는 일본의 식민사학자들이 주장과 같다. 그러나 그들의 주장은 허황한 진구기설에 기반하지만, 필자는 황색 깃발로 장식된 백제 연호 반포에 근거

97) 김주인, 「5세기 왜5왕의 성격과 실체에 관한 연구」, 『역사와 융합』 제6권, 바른역사학술원, p.40.

98) 『三國史記』, 「百濟本紀」, 近肖古王 二十四年, "冬十一月, 大閱於漢水南, 旗幟皆用黃(겨울 11월에 한수(漢水)의 남쪽에서 크게 사열하였는데, 깃발은 모두 황색을 썼다)." 황색은 황제를 상징한다.

를 둔다는 점에서 확연히 구분되는 별개 주장임을 밝혀 둔다.

생각건대 홍 교수의 주장은 NHK의 X선 촬영 결과에 집착하여 제작 연대를 미시적으로만 접근한 결과 전지왕 4년설을 제기한 듯하다. 실제 제작 월을 나타내는 '五' 자는 위에서부터 글자를 풀어보면 '十'와 '一' 자로 판독할 수 있고, 이를 근거로 전지왕 때로 판단하지 않았을까 추측한다. 칠지도의 제작 연대와 관련한 또 하나의 학설은 오순제 박사의 주장으로 3세기 중반 고이왕 때 제작되었다고 보는 의견이다. 그러나 왜왕제도가 그처럼 이른 시기에 이미 정착되었다고 보기는 힘들다. 왜냐하면 칠지도에 보이는 금실을 이용한 문자 상감은 고급 세공기술 이기에 벌써 3세기에 그런 고급기술로 신표를 제작하여 하사했다는 의견에는 동의하기 어렵다.

끝으로 왜왕 '지(旨)'가 누구인지, 그리고 칠지도의 여섯 개의 가지가 무엇을 의미하는지도 검토해 볼 문제이다.

왜왕 지는 외자 이름이므로 일본식 이름이 아니고 백제식 이름일 가능성이 크다. 왜5왕의 성격과 대비해 보면 왜 왕족 부여씨의 이름으로 추정된다. 그러나 자료가 매우 부족하여 근초고왕 때 백제 왕족 가운데서 '지'라는 이름을 가진 사람을 찾기가 어렵다. 다만 『삼국사기』에는 385년에 진사왕(辰斯王, 재위: 385~392)이 일본에서 돌아와 백제왕으로 등극한 기록이 보이는바 보통 왜왕이라는 자리는 차기 백제왕의 훈련코스로 활용되었던 점을 고려하면 진사왕이 왜왕 지가 아니겠느냐는 추측도 가능하지만, 확신하기는 어렵다.

왜왕 '지'의 정체와 관련해서 서강대 김영덕 명예교수의 주장이 눈길을 끈다. 그는 진구 49년조에서 백제 장수 목라근자(木羅斤資)와 함께 가야 일대를 휩쓸고 7국을 정벌한 진구군 장수 아라타와케가 왜왕 지라고 특정했다.[99] 이 주장은 필자가 이 책에서 내세운 진구기의 근초고왕 패러디설과 동일선상에 있다는 점에서 어느 정도 타당성이 있다. 하지만 아라타와케를 백제 왕족으로 볼 증거는 없기에 검증이 더 필요하다.

왜왕 문제와 관련한 또 하나의 사실로는 백제 왕실이 396년에 광개토대왕의 공격을 받아 초토화된 후 397년에 진사왕이 태자 전지(腆支)를 일본으로 보냈다는 기록이 눈길을 끈다.[100] 통설은 전지 태자의 도일에 대해 백제가 왜에 군사 지원을 요청하면서 인질로 보낸 일로 해석한다. 그러나 백제가 아무리 곤경에 처했다 해도 태자를 후국인 왜에 인질로 보낸다는 것은 사리에 맞지 않는다. 이는 인질

---

99) 김영덕, 『백제와 다무로였던 왜나라들』, 글로벌콘텐츠, 2013. 김영덕 교수는 담로(檐魯)를 일본음 '다무로'라고 읽는다. 백제는 새로 차지한 땅을 다무로라고 부르며 자제나 종친을 보내 다스렸다고 한다. 또한 에다후나야마(江田船山) 고분에서 나온 칼의 명문을 두고 백제의 후왕을 확고[獲居]라고 했다고 말한다.

100) 『三國史記』, 「百濟本紀」, 腆支王 卽位年, "腆支王[或士直支] 梁書名映. 阿莘之元子, 阿莘在位第三年立爲太子, 六年出質於倭國. 十四年王薨, 王仲弟訓解攝政, 以待太子還国, 季弟碟禮殺訓解, 自立爲王. 腆支在倭聞訃, 哭泣請歸, 倭王以兵士百人衛送. 既至国界, 漢城人解忠來告曰, '大王弃世, 王弟碟禮, 殺兄自王. 願太子無輕入.' 腆支留倭人自衛, 依海島以待之, 国人殺碟禮, 迎腆支即位. 妃八須夫人, 生子久尓辛(전지왕(腆支王)[혹은 직지(直支)라고 한다]은 『양서』에서 이름을 영(映)이라고 하였다. 아신왕의 맏아들로서 아신왕 재위 3년(394)에 태자가 되었고, 6년(397)에 왜국에 볼모로 갔다. 14년(405)에 왕이 돌아가시자 왕의 둘째 동생 훈해(訓解)가 대신 다스리면서 태자가 나라로 돌아오기를 기다렸는데, 왕의 막냇동생 설례(碟禮)가 훈해를 죽이고 스스로 왕이 되었다. 전지가 왜에서 부고를 듣고 소리 내어 울면서 돌아가기를 청하니 왜왕이 군사 100명으로 호위하며 보냈다. 이윽고 국경에 이르자 한성 사람 해충(解忠)이 와서 알리기를, '대왕께서 돌아가시자 왕의 동생 설례가 형을 죽이고 스스로 왕이 되었습니다. 태자께서는 경솔히 들어 오지 마시기 바랍니다'라고 하였다. 전지가 왜인을 머물게 하여 스스로 지키면서 바다의 섬에 의지하여 기다렸더니 나라사람들이 설례를 죽이고 전지를 맞이하여 왕위에 오르게 하였다. 왕비는 팔수부인(八須夫人)이니 아들 구이신(久尒辛)을 낳았다)."

이 아니라 백제에서 공적으로 파견한 인사로 봐야 옳다. 전지가 무슨 이유에서인지 공석이 된 왜왕 자리에 오르기 위하여 일본에 파견되었다고 보는 쪽이 타당하다. 실제로 태자 전지는 405년 아신왕이 죽은 뒤에 귀국해서 전지왕이 된다. 전지왕은 397년부터 405년 귀국할 때까지 8년 동안 왜왕 제도에 따라 왜왕의 지위에 있었다고 추측된다. 물론 이 가설이 성립하려면 400년 광개토대왕군의 일본열도 정복 상황에서 백제와 광개토대왕군 사이에 모종의 협약이 있었다고 가정해야 한다. 고구려군은 400년에 이미 일본열도를 점령했지만(뒤에서 자세히 살펴보기로 한다), 상륙 즉시 왜왕 자리를 차지하지 않고 5년 동안 백제 후왕 전지를 내세운 채 고구려는 일본열도 통치의 후견인 노릇만 했다고 보인다. 이는 광개토대왕릉비에서 보듯 396년 병신(丙申)조에 광개토대왕군이 백제의 58개 성을 휩쓸고 백제왕의 항복을 받았으나 아신왕은 그대로 두어 사직을 보존케 한 것과 같은 맥락으로 이해할 수 있다.

칠지도 칼몸 좌우에 3개씩 뻗어 있는 6개의 가지에도 의미가 담겨 있다. 이는 왜왕이 「상표문」에서 밝히듯이 자기 관할의 6개국, 즉 '왜 · 신라(시라기) · 임나 · 가라 · 진한 · 모한'을 상징한다. 그리고 칼몸은 총독 격인 '대왜왜'국, 즉 백제의 일본열도 통할 본부를 가리킨다. 왜국과 그 치하에 있는 왜의 구별이 헷갈릴지 모르겠으나 일본에서는 양자를 모두 '야마토왜'라고 부른다. 학자에 따라서는 종주 격인 백제왕이 다스리는 왜를 '대왜왜'라 하여 '왜'와 구별하기도 한다. 아무튼 이 칠지도의 존재는 왜왕 제도의 성격과 고대 한일관계를 이해하려 할 때 매우 중요한 시금석이 된다.

제3장

제1절 경자년조와 왜왕 찬 · 진의 등장

제2절 잔존 어휘 분석

제3절 「무술등본」으로 보는 경자년조

제4절 신묘년조의 재해석

광개토대왕릉 비문의 경자년조 징실

제1절

경자년조와 왜왕 찬 · 진의 등장

그림 8_광개토대왕릉비101)

왜5왕의 실체를 규명하려 할 때 광개토대왕릉 비문(이하 '비문'이라 칭한다)이 어떤 연관성을 갖는지 밝히는 작업도 중요하다. 우선 왜5왕과 비문은 시대적으로 겹치는 부분이 많다. 비문은 391년부터 412년까지 광개토대왕이 재위했던 21년간의 활동과 공적을 담고 있으며, 능비는 그의 아들 장수왕이 광개토대왕 사후 2년 뒤인 414년 집안(集安)에 세운 우리나라 최대이자 최고(最古)의 비석으로서 한국 역사의 자긍심을 나타내는 대표적 상징물이다.

101) 〈그림 8〉 광개토대왕릉비 사진 출처: 우리역사넷.(http://contents.history.go.kr/mobile/eh/view.do?levelId=eh_n0070_0010)

그런데 왜5왕 중 첫 번째 왜왕 찬(讚)은 『진서(晉書)』에 따르면 동진(東晉)의 안제(安帝)에게 413년 고구려 사신과 더불어 자국의 사신을 보내어 공물을 바친 일[102]이 있고, 421년, 425년, 430년에 송의 여러 황제에게 조공한[103] 기록도 있다. 그리고 438년에는 찬이 죽자 그의 동생 진(珍)이 계승하여 스스로 "사지절도독(使持節都督) 왜·백제·신라·임나·진한·모한 6국 제군사(六國諸軍事) 안동대장군(安東大將軍) 왜국 왕"이라는 관호를 봉해달라고 청했는데 송의 문제(文帝)는 백제를 빼고 "사지절도독 6국제군사 안동장군 왜국왕"으로 허락했다는 기록이 있다.[104]

여기서 한 가지 문제는 왜왕이 백제의 후왕인데 「상표문」에서 말하는 백제가 본국(本國) 백제인지, 아니면 백제가 일본열도에 세운 분국(分國) 백제인지 확실하지 않다는 점이다. 이 문제에 대해서는 후술하기로 하고 비문의 내용으로 들어가 보자.

비문에는 왜에 관한 기록이 여럿 보인다. 그 가운데 400년 경자년(庚子年)조에는 광개토대왕이 신라왕의 구원 요청을 받아서 신라와 임나가라를 거쳐 일본열도에 상륙했다고 해석할 만한 내용이 포함되어 있다. 경자년 기록은 비문의 2면 뒷부분에서 시작하며 2면의 마지막 줄과 3면 첫 줄에 해당하며 대부분 지워져 있다. 의도적으로 지웠다고밖에 볼 수 없을 만큼 집중적으로 훼손되어 있다. 비문의 경자년조와 왜왕 찬이 동진에 사신을 파견한 413년은 시간상 13년

---

102) 『晉書』, 「安帝紀」, 義熙 九年, "(義熙)九年…是歲, 高句麗·倭國及西南夷銅頭大師並獻方物"; 『義熙起居注』, "倭國獻貂皮人參, 詔賜細笙麝香".

103) 『宋書』 卷97, 「列傳」 第57, 夷蠻.

104) 『宋書』 卷97, 「列傳」 第57, 夷蠻, "讚死, 弟珍立, 遣使貢獻. 自稱使持節·都督倭百濟新羅任那秦韓慕韓六國諸軍事·安東大將軍·倭國王. 表求除正, 詔除安東將軍·倭國王."

밖에 차이가 나지 않는다. 따라서 두 기사 사이에는 어떤 연관성이 있으리라 짐작할 수 있다. 더구나 찬이 진과 송에 보낸 조공품은 일본에서는 생산되지 않는 표범 가죽과 인삼이었다.[105] 이때 고구려 사신과 더불어 조공했다는 사실을 생각할 때 왜왕 찬의 성격은 왜왕 제도의 기원인 백제계 왜왕과 구분하여 고구려계로 파악해야 한다는 주장이 진즉부터 제기되어 왔다. 따라서 비문과 왜5왕의 본질 규명에는 시간상으로나 내용상으로나 불가분의 관계가 있다. 바꿔 말해 왜왕 찬과 진의 실체를 규명하기 위해서는 비록 일본군 참모본부의 의도적 훼손으로 많은 글자가 지워지기는 했어도 광개토대왕군의 일본열도 상륙을 기록한 내용으로 생각되므로 경자년조의 징실은 필수적이다.

이러한 관점에서 광개토대왕릉 비문, 특히 경자년조와 연계하여 왜5왕의 실체를 검토하기로 한다.

1. 경자년조 훼손 기록의 실상

경자년조에서 분명히 의도적으로 훼손되었다고 보이는 부분은 다음과 같다.

▶ 집중적으로 훼손된 부분

2면

8열: □□□□□□□□十年庚子教遣步騎五萬往救新羅從男居城至新羅城倭滿其中官軍方至倭賊退

105) 『晉書』, 「安帝紀」, 義熙 九年, “是歲, 高句麗·倭國及西南夷銅頭大師並獻方物; 『義熙起居注』, “倭國獻貂皮人參, 詔賜細笙麝香”.

9열: …背急追至任那加羅從拔城城卽歸服安羅人戍兵□始羅城□城倭寇大潰城內□

10열: □□□□□□□□□□□□□□□□□□九盡拒率安羅人戍兵□□□□□□□□□□□□□

3면

1열: □□□殘倭潰

2열: □□□□安羅人戍兵昔新羅寐錦未有身來論事□國 上廣開土境好太王□□□□寐錦□□僕句

3열: □□□□朝貢…

3면 2면

그림 9_ 광개토대왕릉비에서 집중적으로 훼손된 부분

표의문자인 한문은 결자가 한 글자만 있어도 제대로 해석하기 힘든 언어다. 그 결자가 부정사일 경우 문장 자체를 부정문으로 봐야 하는데 이를 긍정문으로 해석하면 원문과 완전히 다른 뜻이 된다. 이를 염두에 두고 먼저 2면의 문장을 해석한 후 논의를 전개해 보자.

> 10년(400) 경자년에 왕이 보병과 기병 5만 명을 보내어 가서 신라를 구원하게 하였다. (고구려군이) 남거성을 거쳐 신라성에 이르니 그곳에 왜군이 가득하였다. 관군이 막 도착하니 왜적이 퇴각하였다. (고구려군이) 그 뒤를 급히 추격하여 임나가라 종발성에 이르니 성이 곧 귀복하였다. 그때 안라인 수병이 신라성을 함락시켜, □성에는 왜인들이 가득 차 있었다. 왜인들이 붕괴하자, 성---안라인 수병 들---궤---안라인 수병들---[106]

이러한 상황을 염두에 두고 결자 현황을 분석하면 다음과 같다. 비문의 면 구성은 1면 11열, 2면 10열, 3면 14열, 4면 9열의 총 44열로 구성되어 있다. 1열에는 고르게 41자씩 정돈 배열되어 있으나 1면 6열에 두 자가 빠져있으므로 글자 수는 총 1,802자이다(44×41－2＝1802). 이 가운데 170여 글자가 결자인데 절반이 경자년조인 2면 10열과 3면 1열에 집중되어 있다. 경자년조는 위에서 보았듯이 2면 끝단 3줄과 3면 첫 단 2줄에 기록되어 있고 총 205자에서 40%인 82자가 결자이다. 전체 비문의 경우 총 1,802자에서 결자 비율이 10% 미만인 점과 비교하면 분명히 인위적 훼손이 크게 의심된다.

---

106) 북한의 박시형과 남한의 이찬구, 노태돈의 번역문을 참고하여 필자가 다시 번역했다.

제2절

잔존 어휘 분석

1. "안라인수병(安羅人戍兵)"의 역설

광개토대왕군의 열도 상륙을 입증하는 첫 번째 증거는 역설적으로 경자년조 비문 훼손에서 살아남은 "안라인수병(安羅人戍兵)"이라는 문구이다.

비문의 경자년조 훼손 상태를 보면 앞에서 본 바와 같이 2면 9, 10열(2면 좌 끝단)과 3면 1, 2열(3면 우단 두 줄)에 집중되어 있는데 기이하게도 "안라인수병"이라는 문구만 세 차례 모두 남아 있다. '안라인수병'이라는 글자에만 따로 무슨 보호조치를 취했을 리 없으니 비문 조작의 주체인 일본 참모본부가 의도적으로 남겨두었다고 보아야 한다. 다시 말해 경자년조에서 고구려군의 열도 상륙 사실은 숨기는 대신 비문을 잘못 이해하게끔 유도하기 위해 '안라인수병'은 살려둘 필요가 있었을 것이다. 따라서 '안라인수병'의 실체를 밝히는 것이 경자년조의 훼손 의도를 규명하는 열쇠가 된다.

일본군 참모본부는 왜 '안라인수병'이라는 글자만 남겼을까? 결론부터 간단히 말하면 '임나일본부설을 살리기 위해서'라고 짐작된다. 당시 일본군 참모본부와 관학자들은 자신들의 대륙 침략의 구실을 정당화하기 위해서는 『일본서기』 진구기의 가야 7국 정벌 기록을 반드시 한반도 진출로 둔갑시켜야 했고, 그 근거가 '임나일본부설'이기 때문이다. 이런 이유에서 그들은 가야 7국의 위치를 비정할 때 일본열도에서 찾을 생각은 처음부터 아예 배제하고 한반도 남쪽에서 찾는 데 온 힘을 기울였다. 하지만 아무런 사료적 근거도 발견할 수 없었던 모양이다. 이때 스에마쓰 야스카즈(末松保和)가 기발한 발상을 내놓는다. 『일본서기』의 지명과 한반도 남부의 옛 지명 중에서 비슷한 글자가 있으면 같은 지역으로 비정한 것이다. 예컨대 진구군이 탁순(卓淳)에서 신라로 가는 길을 물었다는 대목을 보면 탁순은 대구의 옛 지명인 달구벌과 발음이 비슷하다고 하여 탁순을 대구로 비정하는 식이었다.[107]

북한 학자 김석형은 일본인 학자들의 지명 비정을 이렇게 비판한다.

> 이와 같은 일본인 학자들의 비정은 억지를 면치 못한다. 당시의 야마또군대가 경상, 전라 두 도를 무인지경으로 돌아쳤다고 전제하고 그 일대 고지명에 비슷한 글자가 여러 글자 중에서 하나라도 있으면 주어 맞춘 것에 불과하다.[108]

107) 末松保和, 『任那興亡史』, 大八洲出版, 1949, 이 책에서는 吉川弘文館에서 1977년판 『任那興亡史』를 인용했다. p.47.

108) 김석형, 『초기조일관계사(하)』, 사회과학출판사, 1988, p.179.

일본 관학자들이 주목한 것은 6가야 중 하나인 함안의 아라가야(阿羅加耶)였다. 아라가야는 비문에 나오는 '안라(安羅)'와 발음이 비슷할 뿐만 아니라 당시 일본 관학자들이 주장하는 '가야=임나'라는 전제 조건에 비추어 볼 때 활용도가 매우 높았기 때문이다. 그래서 일본인 식민사학자들은 심지어 임나일본부가 아라가야의 중심인 함안에 있었다고까지 주장했다. 광개토대왕릉비 비문의 "안라인수병"이라는 문구를 활용해야겠다고 판단한 그들은 비문의 경자년조에서 다른 글자는 다 지워 없애고 오직 '안라인수병'이라는 다섯 글자만 세 군데 모두 남겨놓은 것이다.

그런데 이 논리에는 허점이 있었다. 바로 『일본서기』 긴메이기(欽明紀) 23년(562)조에 임나 10국의 하나로 '안라'가 나온다는 사실이다. 긴메이기는 다음과 같이 전한다.

> 23년(562) 봄 정월 신라가 임나관가(任那官家)를 공격하여 멸망시켰다. … 통틀어 말하면 임나(任那)이고, 개별적으로 말하면 가라국(加羅國), 안라국(安羅國), 사이기국(斯二岐國), 다라국(多羅國), 졸마국(卒麻國), 고차국(古嵯國), 자타국(子他國), 산반하국(散半下國), 걸찬국(乞湌國), 염례국(稔禮國) 등 모두 열 나라이다.[109]

109) 『日本書紀』 卷第十九, 欽明天皇, "廿三年 春正月 新羅打滅任那官家(一本云 廿一年 任那滅焉 總言任那 別言加羅國·安羅國·斯二岐國·多羅國·卒麻國·古嵯國·子他國·散半下國·乞湌國·稔禮國 合十國)."

110) 〈그림 9〉 야스라 신사(安羅神社): '안라(安羅)'를 일본어 식으로 읽으며 '야스라'이다. 일본 시가현(滋賀県) 구사쓰시(草津市) 아나무라초(穴村町)에 있으며, 규슈(九州)를 본거지로 한 안라인이 고구려군과 함께 교토 지방에까지 진출하

여기서 임나 10국 중 안라는 가라(加羅), 다라(多羅) 등과 함께 3개의 흔한 한자 지명 중 하나로 나온다. 졸마국(卒麻國), 고차국(古嵯國), 산반하국(散半下國), 걸식국(乞飡國), 자타국(子他國), 염례국(稔禮國) 등 7국은 모두 일본식 지명이다. 따라서 안라라는 지명은 한반도 땅에서 찾을 일이 아니다. 다른 임나 7국과 함께 가야인이 처음부터 이주하여 가라 계통의 이름이 즐비한 규슈지방에서 찾는 것이 상식적 판단일 터다. 따라서 임나 10국 중 하나인 안라는 당연히 규슈지방에 있었다고 단정할 수 있다. 이는 다른 사료로도 확인되는데 『삼국사기』「고구려본기」에는 고구려의 건국 공신인 '마리(摩離)'와 '협보[陜父]'가 유리왕과 뜻이 맞지 않아 무리와 함께 남쪽으로 이주했다는 기록이 나온다.111) 이에 대해 『태백일사(太白逸史)』에는 그들이 남으

그림 9_ 야스라 신사(安羅神社)110)

여 정착했음을 보여준다. 사진 출처: 박찬화.

111) 『三國史記』 卷第十三, 「高句麗本紀」 第一, 琉璃王 三年, "十二月, 王田于質山陰, 五日不返, 大輔陜父諫曰, '王新移都邑, 民不安堵, 宜孜孜焉, 刑政之是恤. 而不念此, 馳騁田獵, 久而不返. 若不改過自新, 臣恐政荒民散, 先王之業墜地' 王聞之震怒, 罷陜父職, 俾司官園. 陜父憤, 去之南韓(12월에 왕이 질산(質山) 북쪽[陰]에서 사냥하며 5일이 지나도록 돌아오지 않자, 대보(大輔) 협보(陜父)가 간하여 말하기를, '왕께서 새로 도읍을 옮겨 백성들이 평안히 지내지 못하므로, 마땅히 부지런히 힘써 형정(刑政)을 올바르게 돌보아야 할 것입니다. 그런데 이를 생각하지 않으시고 말을 달려 사냥하며 오랫동안 돌아오지 않으셨습

로 내려와서 일본열도에 상륙하여 아소산(阿蘇山)[112] 아래 안라국을 세우고 이웃의 다라국(多羅國)과 함께 고구려와 긴밀하게 교역을 지속했다는 기록이 있다.[113] 현재도 아소산 일대에는 많은 고분군이 산자락에 흩어져 있으므로 이 아소산이 유력한 분국인 안라국의 근거지가 된다고 보는 견해를 뒷받침한다고 볼 수 있다.

그림 10_ 규슈 중앙부 구마모토현 소재 아소산

이를 종합적으로 검토하면 "안라인수병"의 의미가 뚜렷해진다. 즉, 고구려군은 점령지에 자신들이 믿을 수 있는 안라인을 두어 지키게 한 것이다. 안라인은 일본열도에 수백 년간 둥지를 틀고 살아온 고구려 유민들이었기에 광개토대왕군의 일본열도 상륙 시 안내자 역할을 했으리라는 추측도 가능하다.

니다. 만일 (왕께서) 허물을 고쳐 스스로 새로워지지 않으신다면, 신은 정치가 문란해지고 백성들이 흩어져 선왕의 위업이 땅에 떨어질까 두렵사옵니다'라고 하였다. 왕이 이를 듣고 매우 화가 나 협보의 관직을 파하고 관원(官園)을 맡아보게 하였다. 협보가 분하여 남한(南韓)으로 가버렸다."

112) 아소산(阿蘇山): 일본 규슈 중앙부 구마모토현(熊本県) 동쪽에 있는 활화산이며 아소쿠주 국립공원(阿蘇くじゅう国立公園)으로 지정되어 있다. 북쪽 외륜산에는 고분시대(古墳時代) 중기 5세기의 것으로 보이는 전방후원분 2기와 원분 8기가 산재한 나카도리 고분군(中通古墳群)과 고분시대 말기 6세기의 것으로 보이는 횡혈식 석실묘 2기를 가리키는 가미노오쿠라·시모노오쿠라 고분(上御倉·下御倉古墳)이 있어서 당시 이곳의 호족 세력 아소노키미(阿蘇君)의 세력 현황과 이동을 짐작게 한다. 아소시 교육위원회(阿蘇市 教育委員会) 참조(http://t2m.kr/Hmyaa).

113) 안경전 역주, 『태백일사』, 상생출판사, p.464.

"안라인수병"에 관한 이러한 내력을 모르는 일본의 식민사학자들은 안라인이 경남 고성의 아라가야인이라거나 심지어는 신라인 용병을 가리킨다고 주장했다. 그러나 왜 유독 안라인에게 점령지마다 수병을 맡겼느냐는 점과 '안라'라는 이름이 한 번도 아니고 세 번씩이나 경자년조에 남겨진 이유를 설명하는 데는 궁색을 면치 못했다. 또한 스에마쓰 야스카즈는 "안라인수병"이 일본군의 별동대(別動隊)[114]라는 희한한 해석을 내리기도 했으니 이런 주장은 모두 야마토왜군이 한반도 남부를 점령했다고 우기기 위해서였다.

이렇게 볼 때 "안라인수병"이라는 문구는 비문 훼손자들의 의도와는 정반대로 '임나일본부설'의 허구성을 밝히는 명백한 증거로 작용한다. "안라인수병"은 진구 왕후가 통솔하는 야마토왜군의 한반도 진출 증거가 아니라 거꾸로 광개토대왕군의 일본열도 상륙을 증명하는 결정적 단서로 간주해도 무방하다. 일본 안에서도 "안라인수병"을 일본이 아니라 고구려의 의도 아래 움직인 수병으로 보는 견해가 있다. 비문은 고구려의 적대 세력을 '왜구·왜적·백잔·잔국' 등 비칭(卑稱)으로 표현하는데 "안라인수병"은 '안라적(安羅賊)'과 같은 비칭으로 표현하지 않는다. 따라서 고구려의 지휘 아래 움직이는 수병으로 본 것이다.[115] 역사 조작이 그리 쉬운 일이 아님을 일깨우는 사례이다.

---

114) 末松保和, 위의 책, p.74.
115) 山尾幸久, 『古代の日朝關係』, 塙書房, 1989.

2. "임나가라 종발성(任那加羅 從拔城)"

경자년조에 남아 있는 "배급추지임나가라 종발성 성즉귀복(背急追至任那加羅 從拔城 城卽歸服)"이라는 문구도 광개토대왕군의 일본열도 상륙을 의미하는 증거가 될 수 있다. 경자년조의 문구를 살펴보면 광개토대왕군이 신라 내물왕(奈勿王, 재위: 356~402)의 요청을 받아 구원군을 파견했는데 이들이 신라에 도착하자 성안에 있던 왜인들이 대항하지 않고 스스로 물러났다고 전한다. 이를 볼 때 비문에 나오는 왜인은 사실 백제 피난민일 가능성이 크다. 이런 점에서 왜인은 백제인을 칭하는 "□잔인(□殘人)"을 일본군 참모본부에서 왜인으로 변조한 게 아닌가 하는 의심도 든다.

비문에 나오는 왜인들은 신라를 치거나 고구려에 대항할 목적으로 성안에 있었다고 생각되지는 않는다. 해당 사건이 있기 몇 해 전인 병신년(396)에 고구려군이 침공하여 피폐해진 백제 도성의 오십여 난민들이 신라를 피난처 삼아 몰려들었을 개연성도 있다. 그러한 백제인 중에는 왜인들도 섞여 있었을 텐데, 당시 상황으로 보아 야마토왜에서 온 왜군이 신라성에 가득했다는 것은 타당성이 없어 보인다.

고구려군이 다시 신라로 몰려오자 백제 피난민들은 방향을 틀어서 일본열도로 가야겠다고 작정하고 남으로 향했을 것이다. 그러자 광개토대왕군은 그들이 일본열도로 가서 백제군과 합류하여 고구려에 대항할 군대로 양성될 것을 우려하여 미리 내바도를 거쳐 일본열도까지 진격하는 전략을 세웠다고 볼 수 있다. 그것이 바로 "배급추지임나가라 종발성(背急追至任那加羅 從拔城)"으로 기록된 배경이다.

따라서 이 문장 뒤에는 당연히 일본열도 상륙의 내용이 뒤따랐겠으나 일본군 참모본부는 앞에서 보았듯이 "안라인수병"을 제외한 세 줄을 깨끗이 지워버렸다. 그렇다면 훼손의 주체인 일본군 참모본부가 왜 "배급추지 임나가라"는 남겨놓았는지 검토해 보자.

그 해답은 바로 '임나가라=금관가야'로 보이도록 해서 '임나일본부설'을 살려내기 위함이다. 당시 일제의 대륙 침략을 정당화하기 위해 동원된 일본 관변학자들, 예컨대 스에마쓰 야스카즈나 쓰다 소키치(津田左右吉)는 한결같이 '가야=임나'라는 전제하에 '임나일본부설'을 주장했다. 그들은 『일본서기』의 진구 왕후를 적극적으로 활용했다. 연대를 2주갑 올리는 편법을 써서 진구 왕후가 마치 369년에 고구려, 신라, 백제를 치고 가야를 정복한 후 임나일본부를 설치하여 200여 년간 한반도 남부를 지배한 듯이 역사를 조작했다.

이런 일본 관변학자들 눈에는 '임나가라'라는 글자가 매우 소중했을 테고, 그래서 지우지 않고 일부러 남겨놓은 것이다. 그들이 생각하기에 이 글자를 남기면 임나가라를 금관가야로 볼 수 있고, 나아가 임나일본부를 통해 왜가 지배하는 한반도 남부의 가야 지방을 고구려군이 도륙한 듯이 보이게 할 수 있다고 판단했을 것이다.

그들은 "배급추지임나가라 종발성…" 뒤의 3열을 지우면서 "안라인수병"은 세 군데나 남긴 맥락과 통한다고 보고 쾌재를 불렀을 것이다. 이러한 영향으로 지금도 많은 한국의 강단사학자들은 임나가라가 대마도를 포함한 금관가야라고 여긴다.[116]

광개토대왕 비문에 나오는 '임나가라'라는 용어는 사료를 통틀

116) 북한의 김석형, 조희승도 이런 견해에 동조하고 있고, 필자도 석사논문에서 그런 주장을 폈다.

어 처음으로 등장하는 임나의 용례이다. 따라서 그 의미가 매우 중요하다. 일본의 관변학자들은 이 임나를 한반도 남부지역과 결부시켜서 가야가 곧 임나를 의미한다고 주장하며 '임나일본부설'의 근거로 삼고자 애쓴다. 비문의 경자년조에서 '안라인수병'과 함께 '배급추지임나가라'라는 글자가 훼손을 면하고 남겨진 이유이기도 하다.

이러한 비문 훼손의 주체인 일본군 참모본부의 의도를 분쇄하기 위해서는 두 방향의 논증이 필요하다. 하나는 임나가 바로 대마도를 의미한다는 점이요, 또 하나는 대마도가 한반도의 가야와 별도로 독립된 정치집단이라는 점을 밝혀야 한다. 먼저 비문에서 임나가 대마도를 의미한다는 것은 대마도 연구의 권위자로 알려진 부산대 이병선 교수의 주장을 참고할 만하다. 그의 저서 『대마도는 한국의 속도였다』(이화문화사, 2005)에서 임나는 본래 대마도 서북쪽에 있는 한 작은 마을의 이름이었는데 점차 세력을 키워 주변을 복속함에 따라 대마도 전체를 뜻하는 명사가 되었다고 한다. 그리고 '가라'는 원래 성이나 큰 읍락을 뜻하는 보통명사인데 김해 등 6가야 또는 6가라에서 고유명사로 변했다고 보았다. 그러므로 임나의 소재지는 대마도이고, '임나가라'의 '가라'는 좌호가라(左護加羅), 인위가라(仁位加羅), 계지가라(鷄知加羅)에 쓰인 '가라'처럼 보통명사라고 역설했다. 결국 '임나가라'는 대마도 전체에 대한 통칭이다.

또 『환단고기』 「태백일사」(제5절 24장)에도 이와 비슷한 내용이 기록되어 있다. 인용하면 다음과 같다.

> 임나는 본래 대마도 서북경계에 위치하여 북쪽은 바다에 막혀있으며, 다스리는 곳을 국미성(國尾城)이라 했다. 동쪽과 서쪽 가

언덕에 마을이 있어 혹은 조공을 바치고 혹은 배반하였다. 뒤에 대마도 두 섬이 마침내 임나의 통제를 받게 되어 이때부터 임나는 대마도 전체를 가리키는 이름이 되었다. 옛날부터 규슈와 대마도는 삼한이 나누어 다스린 땅으로, 본래 왜인이 대대로 살던 곳이 아니다. 임나가 또 나뉘어 삼가라가 되었는데, 이른바 가라라는 것은 중심이 되는 읍을 부르는 이름이다. 이때부터 삼한이 서로 다투어 오랜 세월이 지나도록 화해하지 못하였다. 좌호가라가 신라에 속하고, 인위가라가 고구려에 속하고, 계지가라가 백제에 속한 것은 이 때문이다.

그림 11_ 임나(대마도) 3국 분치도

물론 임나라는 명칭은 광개토대왕군의 일본열도 상륙을 계기로 규슈 일대에 임나 10국이 건설되면서 지명으로서도 대폭 확산했지만, 비문 속 경자년조에 나오는 '임나가라'는 대마도를 뜻한다고 보아야 이치에 맞다. 대마도는 한반도에서 50여 km밖에 떨어져 있지 않다. 일본열도로 건너가는 길목의 징검다리 역할을 하므로 이곳을 거치지 않고는 일본열도 진격을 계획할 수 없다. 그런 점에서 보더라도 비문 속의 '임나가라'는 대마도를 지칭하는 것이 맞다.

다음 문제는 대마도를 6가야의 하나로 보아야 하는가이다. 『삼국사기』에 나오는 6가야 명단에 대마도는 빠져있기 때문에 언뜻 생각해도 가야의 하나로 볼 수 없음은 자명하다.

「태백일사」의 기록을 보더라도 대마도는 일찍부터 삼한 삼국의 이해가 걸린 중요한 길목이어서 어느 한 나라가 독점적으로 지배하지 못하고 세 나라가 구역을 갈라 공동으로 관리했음이 분명하다. 그러므로 대마도를 가야의 일부로 본다거나 금관가야에 속한다고 하는 주장은 성립하기 어렵다.

따라서 앞에서 살펴본 바와 같이(근초고왕의 일본열도 정벌 참조) '가야=임나'로 보고 369년 진구군이 한반도 남부지방을 정복함으로써 임나일본부가 200년간 지배했다는 등의 '임나일본부설'은 가공할 역사 조작임이 다시 한번 입증된다.

가야를 임나와 전혀 별개로 보아야 한다는 것은 『일본서기』에서 임나의 위치에 관해 가장 자세히 기록한 스진기(崇神紀) 65년조 기사로도 알 수 있다.

> 임나는 축자국(筑紫國)을 지나 2천여 리 떨어져 있으며, 북쪽은 바다로 막혀 있고, 계림의 서남쪽에 있다.[117]

스진 65년은 기원전 33년이므로 임나가 존재하지 않을 때이다. 이는 곧 『일본서기』가 제작된 8세기 편저자들의 입장에서 서술되었음을 의미한다. 그들이 볼 때 편저자들이 위치한 기나이(畿內) 지역에서 쓰쿠시노쿠니(筑紫國)를 지나 2천여 리 떨어져 있고, 북쪽이 바다로 가로막혀 있으며, 계림 서남쪽에 있으면 그것이 바로 대마도였다

117) 『日本書紀』 卷第五, 崇神天皇, "六十五年 秋七月, 任那國遣蘇那曷叱知, 令朝貢也. 任那者去筑紫國, 二千餘里. 北阻海以在鷄林之西南."

강단사학계에서는 『삼국사기』「강수열전(强首列傳)」과 '진경대사탑비문(眞鏡大師塔碑文)'을 근거로 김유신이 '임나가라' 왕족의 후예라고 주장하면서 김유신의 부친인 김무력(金武力)이 금관가야 장군으로 신라에 항복한 일을 들어 금관가야는 '임나가라'를 의미한다고 주장한다. 그러나 김유신의 선조가 대마도인 임나에서 태어났더라도 활동은 금관가야에서 했다고 볼 수 있기에 김유신의 가계를 들어서 '임나가야=금관가야'라고 하는 주장은 근거가 빈약하다. 또한 『삼국사기』「강수열전」에서 강수가 "신은 본래 임나가량(任那加良) 사람입니다."[118]라고 말한 것을 근거로 "임나가량"을 고령의 대가야, 김해의 금관가야라고 주장하기도 한다.[119]

그러나 최근 이완영은 강수의 성이 임씨가 아니라 석씨(昔氏)임을 밝힌 논문에서 강수를 들어 가야를 임나로 비정하는 논리를 반박했다.[120] 그간 한국 사학계는 강수가 "임나가량" 사람이라는 데 흥분하여 다른 부분을 무시했다. 다름 아닌 『삼국사기』「강수열전」에 "강수는 중원경 사량(沙梁) 사람이다. 아버지는 석체(昔諦) 나마(奈麻)였다."[121]라는 분명한 문장이 있다. 강수의 성은 석씨인데 실제로 월

118) 『三國史記』 卷第四十六, 「列傳」 第6, 强首, "王驚喜, 恨相見之晩. 問其姓名, 對曰, '臣夲任那加良人, 名字頭.' 王曰, '見卿頭骨, 可稱強首先生'(왕이 크게 기뻐하여 서로 늦게 만남을 한스럽게 여겼다. 그 성명을 물으니 대답하기를, '신은 본래 임나가량(任那加良) 사람으로 이름은 우두(牛頭)입니다'라고 하였다. 왕이 말하기를, '그대의 두골(頭骨)을 보니 강수선생(强首先生)이라 불러야겠다'라고 하였다)."

119) 林炳泰, 「新羅五小京考」, 『歷史學報』 35·36, 1967, pp.84~89; 李基白, 『新羅思想史研究』, 一潮閣, 1986, p.212; 張俊植, 『新羅中原京研究』, 學研文化社, 1998, p.125.

120) 이완영. 「강수열전(强首列傳) "본(本)"의 재해석을 통한 임나가량(任那加良) 위치비정」, 『역사와융합』 13, 바른역사학술원, 2022, pp.127∼153.

121) 『삼국사기』 권제46, 「열전」 제6, 강수, "強首, 中原京 沙梁人也. 父昔諦奈麻."

성(경주) 석씨 족보에는 강수가 18세 후손으로 똑똑히 기재되어 있다.[122]

이처럼 한국 고대사학자들이 가야를 임나로 둔갑시키기 위해 여러 가지 근거와 자료들을 제시하지만, 조금만 살펴보면 모두 허구의 논리임을 알 수 있다. 임나일본부가 가야 지방을 200여 년 동안 통치했다고 하는데 우리 사서인 『삼국사기』나 『삼국유사』에는 아무 기록도 없다. 임나가라를 주장하는 역사학자들이 오히려 『일본서기』 긴메이기에 나오는 규슈지방의 임나 10국을 거명함으로써 임나는 한국이 아니라 규슈 지역에서 찾아야 한다는 사실이 더욱 명확해진다.

여기서 한 가지 짚고 넘어갈 문제는 광개토대왕비 비문에서 가야가 차지하는 비중이다. 한국과 일본의 사학자들은 이제까지 거의 모두가 삼한 삼국과 왜의 관계 구도에 대해 백제·왜·가야를 같은 편으로 보고, 그들이 고구려·신라와 대립한 듯이 이해해 왔다. 그러나 고구려에게 가야는 지리적으로 멀리 떨어져 있어서 직접적인 이해관계의 충돌이 크지 않았다. 『삼국사기』와 『삼국유사』를 보더라도 군사적 충돌에 관한 기사는 나오지 않는다. 즉, 고구려군의 입장에서 백제나 신라와의 관계가 중요했을 뿐, 가야는 관심의 대상이 아니었기 때문에 일부러 금관가야에 타격을 입힐 의도는 없었으리라 생각된다. 이런 점에서도 '임나가라'는 대마도를 가리킨다는 설이 더욱 힘을 얻는다.

그러므로 광개토대왕 비문] 경자년조에 '임나가라'라는 글자가 나온다고 해서 광개토대왕의 군사가 가야 지방을 휩쓸었다거나 금관

122) 『月城(慶州)昔氏璿源大同譜』, '선원대동보(璿源大同譜)' 또는 '선원보(璿源譜)'란 '왕실 족보'를 뜻한다.

가야의 근거지인 김해 일대에서 진격을 멈췄다는 논리는 성립하지 않는다. 오히려 '임나가라' 뒤에 이어지는 3열이 부자연스럽게 삭제되었다는 사실이 광개토대왕군의 대마도 입도와 일본열도 상륙을 뒷받침한다.

"임나가라" 다음에 나오는 "종발성(從拔城)"이 어디냐 하는 것도 문제이다. 대전대학교 윤창열 교수는 종발성을 대마도 북단의 와나우라(鰐浦)로 보았다.[123] 대마도 북단에 있는 와나우라가 상륙지점으로서 적당하고 특히 신라의 관할지역인 좌호가라의 성읍이었기 때문에 광개토대왕군이 별다른 저항 없이 쉽게 상륙했다는 기록과도 합치한다고 생각한다.

또 하나, 앞에서 살펴본 "안라인수병"과 "배급추지임나가라 종발성"에 대한 해석에서 충남대학교 권오엽 명예교수의 해석에 주목할 필요가 있다.

> '임나가라 종발성 즉귀복(任那加羅從拔城 卽歸服)'에서는, 고구려와 임나가라의 적대적인 대결의 결과라고 볼 수 있는 표현이 없다. 오히려 '즉귀복'이라는 표현은 고구려를 기다리고 있다가 스스로 귀복했다는 분위기까지 전달해주는 것 같다. 이는 임나가라의 귀복이 적대적인 대항의 결과라기보다는, 어떤 사정으로 원상에서 일탈되어 있어, 원상으로의 희구를 기다리고 있다가, 그 뜻이 이루어진 결과의 기록 같다. 아무래도 접전을 거친 결과로 보기는 어렵다.

---

123) 윤창열, 위의 글.

> 원래부터 고구려의 질서에 포함되어 있었던 임나가라가 어떤 사정으로 자의와 관계없이 고구려의 질서 밖에 존재해 있다가, 기회를 만나 다시 고구려의 질서 속으로 복귀한 것으로 보는 것이 타당할 것 같다. 즉 임나가라는 원래부터 신라에 포함되어 고구려의 질서 속에 포함되어 있었다. 그러다 다른 질서의 제약을 받다 다시 복귀한 것이다.[124]

권오엽 교수의 해석은 당시의 역사적 사실과 비문의 내용을 일치시키려는 노력의 산물로 경청할 가치가 충분하다.

이상의 논리로 보면 '임나가라'라는 네 글자는 앞에서 살펴본 경자년조의 '안라인수병' 글자와 함께 광개토대왕군이 대마도를 거쳐 일본열도에 상륙했다는 증거로 보기에 충분하다. 이와 관련하여 하나 더 덧붙이면 일제강점기 조선사편수회는 조선사를 말살할 목적으로 전국에서 20만 권의 사서를 수거하여 폐기 또는 은닉했다.[125] 또한 조선총독부 조선사편수회 구로이타 가쓰미(黒板勝美) 고문이 대마도를 방문해서 한국과 관련된 고문서류 66건, 469매, 고기록류 3건, 576매, 고지도 34매 등을 은폐 또는 분서했다고 한다.[126] 대마도는 병란의 주 무대가 아닌 교역과 교통의 통로로 작용한 까닭에 많은 기록이 남아 있었던 모양인데 이는 대마도의 독자적 입지를 나타낸다고 생각한다. 고대 한일관계의 올바른 역사 복원을 위해서라도 반드시 훼손과 은닉의 진실이 규명되어야 한다.

---

124) 권오엽, 『광개토왕비문의 세계』, 제이앤씨, 2007, p.304

125) 『조선일보』 1984년 10월 4일자, "일제 '한민족혼 말살' 새 사실 밝혀져, 史書 20여 만 권 압수 불태웠다."

126) 하라타 사카에루, 『역사와 현대』, 1981.

제3절

「무술등본」으로 보는 경자년조

1. 「무술등본」의 등장

위에서 비문의 경자년조에 남아 있는 두 개의 문구 즉, “안라인수병”과 “배급추지임나가라”라는 문구가 광개토대왕군의 일본열도 상륙을 지칭하는 증거 문구라고 설명했는데 결정적 근거는 「무술등본(戊戌謄本)」이다.

「무술등본」은 독립운동가 운초(雲樵) 계연수(桂延壽) 선생이 확보한 비문이다. 1898년, 즉 일제가 경자년조에 대한 전면적 훼손을 자행하기 전 「쌍구가묵본(雙鉤加墨本)」[127]을 제작하면서 임시로 도포

127) 「쌍구가묵본(雙鉤加墨本)」: 비석 표면에 종이를 대어 먹이나 연필로 글자 윤곽선을 그린 다음 그 외 여백에 먹을 채워 넣는 기법을 말한다. 비문은 19세기 후반 발견했을 때부터 이끼와 넝쿨로 뒤덮여 있었다고 한다. 맨눈으로는 비문을 확인하기 어려운 상태였을 뿐만 아니라 탁본도 쉽지 않았다. 그래서 사코가 일본군 참모본부에 바친 탁본을 가공해 만든 「쌍구가묵본」이 마치 정본처럼 유행했다. 「쌍구가묵본」은 「묵수곽전본(墨水廓塡本)」이라고도 하는데 이는 판독한 탁본을 별지(別紙)에 베낀 것이다. 「쌍구가묵본」은 필사 과정에서 얼마든지 일본군 참모본부의 의도가 개입되었을 가능성이 있으므로 사코가 제공한

한 석회석이 떨어져 나갔을 때 그 틈을 타서 운초 계연수가 현장에 가서 직접 확인한 비문의 글자를 근거 삼아 1912년에 재차 방문하여 작성한 필사등본이다.

운초의 제자인 이유립 선생(李裕岦)이 전하는 운초의 비문 답사기를 보자. 앞서 인용한 바와 같이 이 답사기는 「무술등본」의 작성 경위에 대해 운초 계연수와 단해(檀海) 이관즙(李觀楫)이 작성한 「광개토왕성릉비문징실(廣開土王聖陵碑文徵實)」로서 서두에 이렇게 전하고 있다.

> 지난 무술년 5월에 고구려 고도(古都)를 보기 위해서 장차 떠나려 하니 오군(吾君) 동진(東振: 오동진)이 이를 듣고 50금을 노자로 주고, 이참봉 홍린이 또한 포(布)를 내어 보조했다.[128]

「광개토왕성릉비문징실」은 계속해서 이렇게 설명한다.

> 이에 장비를 꾸려 북쪽으로 갈 때 강계의 만포진을 거쳐 배로 압록강을 건너 곧장 집안현에 이르니 이덕수와 김효은, 백선건이 먼저 비석가에 와있었다. 함께 머무르면서 비석의 등본 뜰 일을 상의하고 장정 서너 명을 고용하여 성릉에 이르니 숲이 깊고 산이 험하여 가는 길이 많이 불편하였다. 일행이 먼저 술과 과일로 제사를 지내고 또 기름과 술을 부어 청소를 한 뒤에 비

원래 탁본이 공개되지 않는 한 논란은 계속될 것이나.

128) 雲樵 桂延壽·檀海 李觀楫, 「廣開土王聖陵碑文徵實」, 李裕岦 著, 『大倍達民族史』 2권, 高麗家, 1987, pp.339~340.

의 전문을 본떠서 내니 글자가 모두 1802 글자였다. 비록 글자 획이 정확하고 정돈되어 그런대로 판단하여 읽을 수 있었지만 끝내 등본을 뜨지 못한 글자는 오직 117자뿐이었다. 15년이 지나 임자년 1912년 5월에 또다시 가서 제사를 지내고 비를 관찰해 보니 글자의 획이 더욱 감소되고 마멸되어 많은 곳이 옛날과 같지 않았다. 이에 탄식하여 이르기를 '이 비석이 전해지지 않으면 어떻게 우리 고구려 성인께서 천하만세를 다스리고 교화한 것을 알수 있겠는가'라고 하였다.[129]

요약하면 계연수는 1898년 오동진과 참봉 이홍린의 후원을 받아 광개토대왕릉비가 있는 집안에 가서 비문을 떴는데 1,802자 가운데 117자를 빼고 등본을 얻을 수 있었다. 그리고 15년 뒤인 1912년 임자년 5월에 다시 가서 보니 옛날과 달리 훼손되고 마모된 부분이 많아 서둘러 이런 사실을 증명하고자 글을 남긴다는 내용이다. 운초 계연수는 그 후 일제의 감시를 피해 다니다가 1920년 일경에게 검거되어 재판도 없이 처형당하여 시신조차 행방을 모르게 되었다. 운초가 사망한 1931년 단학회의 청년교육단체인 삼육사(三育社) 회람잡지인 『삼육(三育)』 7월호에 계연수가 쓴 「성릉비결자징실(聖陵碑缺字徵實)」을 실었다가 잡지를 몰수당하고, 편집자 전봉천(全鳳天)은 도주했으며, 출판사는 해산되는 비운을 겪었다고 운초의 제자 이유립은 전한다.

어떤 학자들은 운초의 「무술등본」을 믿을 수 없다고 타기(唾棄)하기도 한다. 먼저 「무술등본」이 필사본이라는 점을 불신의 이유로

129) 雲樵 桂延壽·檀海 李觀楫, 위의 글, pp.339~340; 윤창열, 위의 글, p.65.

든다. 그러나 그들은 현존하는 『일본서기』가 필사본이며, 수적으로도 시기가 다른 것이 40여 종에 달한다는 사실은 애써 외면한다.[130)] 『일본서기』가 모두 필사본으로만 존재한다는 사실로 볼 때 「무술등본」을 신뢰하느냐 마느냐의 판단도 필사냐 탁본이냐의 문제로 결정할 일이 아니다. 필사본일지라도 필사가 된 배경 정황, 관여 인물 그리고 내용의 타당성 여부로 판단해야 한다. 「성릉비결자징실」을 보면 그 내용이 육하원칙에 모두 맞을 뿐만 아니라 인위적으로 지어내기 힘든 이야기로 구성되어 있다. 「무술등본」의 제작 경위가 매우 상세하며 날짜도 분명하고 등장하는 인물들도 오동진, 홍범도 등 저명한 독립운동가임을 고려하면 필사본이어서 믿지 못하겠다는 태도는 수긍하기 어렵다. 내용을 보더라도 거기에 나오는 지명이 모두 현지 지명과 부합한다는 점에서 「무술등본」의 신뢰성은 의심할 여지가 없다.

일부 「무술등본」 불신론자들은 운초 계연수의 실재성까지 의심하지만, 이는 독립운동 과정에서 일제에 살해당한 순국선열에 대한 모독일 뿐만 아니라 이들이 누구의 관점으로 역사를 보는지를 질문하게 하는 일이다. 황국사관에 조금이라도 불리한 내용이 나오면 무조건 불신하고 보는 한국 사학계의 비이성적 태도는 더 이상 숨길 일도 아니다. 『환단고기』나 『규원사화(揆園史話)』[131)]에 대한 구체적 연구도 없이 무조건 위서라고 폄하하고, 『삼국사기』까지 불신하는 한국 역사학자들의 태도는 학자의 범주를 넘어선다. 무령왕 지석으

130) 최재석, 위의 책, p.34.

131) 『규원사화(揆園史話)』: 조선 숙종 1년(1675)에 북애자(北崖子, 생몰연대 미상)가 저술한 역사서 형식의 사화(史話)로서 상고시대와 단군조선의 임금에 대해 상세히 기술되어 있다.

로 그 정확성이 다시 입증된 『삼국사기』는 불신하면서 연대조차 맞지 않는 『일본서기』는 무조건 신봉하는 태도는 한국 역사학자들의 병폐인 자비(自卑)사관의 한 단면을 보는 듯하기에 그들의 국적이 어디인지 의문이 들게 한다.

그림 12_ 광개토대왕군의 진격로에 나타난 시라성(始羅城)과 도성(都城)의 현지 표지판[132]

2. 광개토태왕릉비 탁본들과 「무술등본」

운초 계연수의 「무술등본」은 그간 국제적으로 논란의 대상이었던 광개토대왕릉비의 비문을 새롭게 해석할 수 있는 초석이 된다. 게다가 이를 통해 당시 고구려 및 왜를 둘러싼 국제관계의 실체적 진실에 접근할 수 있다. 1898년 「무술등본」의 가장 큰 가치는 현존하는 대부분의 광개토대왕릉비 탁본에서는 볼 수 없는 결자(缺字)의

132) 〈그림 12〉 광개토대왕군의 진격로에 나타난 시라성(始羅城)과 도성(都城)의 현지 표지판 출처: 박찬화, 유튜브 채널 '역사이다'(https://www.youtube.com/@historycider)

상당수를 확인할 수 있다는 데 있다. 특히 경자년조에는 고의로 훼손되었다고 보이는 글자가 80여 자인데 이 가운데 51개 글자를 수록하고 있어서 중요하다. 이 글자들은 경자년조를 새롭게 해석할 수 있는 근거가 된다. 물론 1898년 이전에도 몇몇 탁본이나 등본이 제작되었으리라 짐작하지만, 경자년조에 관한 한 1898년 이전의 또 다른 자료는 찾아볼 길이 없다. 현재까지 전해지기로는 운초의 「무술등본」이 거의 유일한 사료라 해도 과언이 아니다.[133)]

중국 학자 왕젠췬(王建群)의 설명에 따르면 광개토대왕비가 세상에 다시 알려지기 시작한 것은 1875년부터이다. 현재의 집안시에는 1876년 회인현(懷仁縣)이 설치되었는데 설치위원 장월(章樾)의 수하였던 관월산(關月山)이 금석학을 좋아해서 부분적으로 몇 글자씩 탁본을 떴다고 한다.[134)] 반면 한국학자 이형구는 장월이 회인현 지사로 부임한 해가 1877년이므로 관월산의 탁본 시기도 1877년으로 추정하고, 부분 탁본이 아닌 전체 탁본의 출현은 1885년 이후라고 보았다.[135)] 왕젠췬은 1876년에 왕지수(王志修), 이대룡(李大龍) 등이 탁본을 떴다고 하면서[136)] 왕지수가 1895년 「고구려영락태왕고비가(高句麗永樂太王古碑歌)」를 발표했다는 이야기도 덧붙였다. 그러나 그 초탁본은 전해지지 않아서 얼마나 정확한지는 알 수 없다.[137)]

---

133) 최근 이찬구 박사는 『새로운 광개토대왕릉비 연구』(2020)라는 저서를 통해 1876년(메이지 9년)에 탁본했다는 구로다 마사오(黑田正雄) 탁본의 일부를 공개했다. 대전에 사는 김재뮤이 소장하고 있다는 탁본인데, 아직 그 제작 연도의 진위가 분명하지 않으므로 이 책에는 반영하지 않았다. 이찬구, 『새로운 광개토대왕릉비 연구』, 개벽사, 2020.

134) 왕젠췬(王建群) 저, 임동석 역, 『광개토왕비연구』, 역민사, 1985, pp.31~32.

135) 이형구, 박노희, 『광개토대왕릉비』, 새녘, 2014. pp.60~61.

136) 왕젠췬 저, 임동석 역, 위의 책, p.320.

앞서 설명했듯이 광개토대왕릉비는 1972년 재일사학자 이진희 교수가 일본군 참모본부의 비문조작설을 제기하면서[138] 국제적인 논쟁으로 확대되었다.[139] 일본군 참모본부의 비문조작설이 상당한 설득력을 갖고 전파되던 중 중국의 왕젠췬이 『호태왕비연구(好太王碑硏究)』에서 비문은 일본군 참모본부가 의도적으로 조작한 것이 아니라 현지인이 탁본을 쉽게 뜰 목적으로 이끼를 불태우고 석회를 바르는 과정에 문제가 생겼다고 발표함으로써 일본군 참모본부에 면죄부를 주고 말았다.[140]

중국학자 왕젠췬의 이런 연구는 많은 점을 생각하게 한다. 그가 사실적 근거가 불분명한 내용을 가지고 일본군 참모본부 측을 변호하고 나선 것은 중국 측의 의도와 무관하다고 보기는 어렵기 때문이다. 우리는 중국의 '동북공정(東北工程)'[141]이 2001년에 시작되었다고 생각하지만 '동북공정'의 내용을 담은 『중국역사지도집(中國歷史地圖

---

137) 광개토대왕릉비의 여러 탁본에 대해서는 이찬구, 위의 책, pp.117~121 참조.

138) 李進熙, 『廣開土王陵碑の硏究』, 吉川弘文館, 1972. 이 저서는 1982년 李基東이 번역하여 『廣開土王碑의 探求』라는 제목으로 국내 출판사 일조각에서 출간되었다.

139) 1972년 재일사학자 이진희는 『廣開土王陵碑の硏究』(吉川弘文館, 1972)를 통해 "일본군 참모본부 간첩 사코 가게노부가 신묘년조 기사를 변조한 탁본을 제작하였고 이를 은폐하기 위해 비석 표면에 석회를 도포하였다"라는 조작설(석회도말론)을 주장했다. 석회를 바른 이유는 글자가 훼손됐기 때문이라는데 여기에 석회를 발라서 원하는 글자를 만들어냈다고도 볼 수도 있기에 일본군 참모본부가 의도적으로 광개토왕릉비 비문을 훼손했다는 주장이 제기된 것이다.

140) 왕젠췬, 위의 책.

141) '동북공정(東北工程)'의 정식명칭은 '동북변강역사여현상계열연구공정(東北邊疆歷史與現狀系列硏究工程)'이다. '동북 변방의 역사와 현재 상황 계열의 연구 사업'이라는 뜻인데, 중국의 국가 최고 학술기구인 사회과학원과 길림성·요녕성·흑룡강성의 성 위원회가 연합해서 주관했다. 2006년에 일단 종결되었으나 그 후에도 여러 국가공정이 계속되어 만주 및 한반도 북부역사를 중국사의 범주로 포괄하고 있다.

集)』(전8권)』은 이미 1982년에 출간되었다. 중국의 모든 서적, 특히 역사 관련 서적은 중국 공산당의 승인 아래서만 간행할 수 있으므로 왕젠췬의 『호태왕비연구』 또한 중국 공산당의 의도에 맞추어 서술되었음이 분명하다. 이런 점에서 보더라도 재일사학자 이진희 교수가 『광개토왕릉비의 연구』에서 제기한 일본군 참모본부의 비문변조설은 여전히 유효하다.

실제로 「무술등본」이 제작된 해는 1898년이고, 「쌍구가묵본」은 1880년대 초 1883년 무렵[142] 일본 참모본부 사코 가게아키(酒勾景信) 중위에게 발견된 이래 1889년경 『회여록(會餘錄)』에 발표되었으므로 「쌍구가묵본」과 「무술등본」 사이에는 6년 이상의 차이가 있다. 왕젠췬의 주장대로 「쌍구가묵본」이 맞는다면 「무술등본」과 「쌍구가묵본」 사이에 만들어진 다른 탁본은 없었는가 하는 의문도 뒤따른다. 그러나 시기적으로 계연수의 「무술등본」과 사코의 「쌍구가묵본」 사이에 조작 없이 제작된 탁본의 존재는 현재까지 확인되지 않는다.

이 문제와 관련하여 「쌍구가묵본」의 비문 조작 증거로 꼽히는 문구가 2면 9열에 나오는 '왜만왜궤(倭滿倭潰)'이다. 왕젠췬에 따르면 이 문구는 주운대(周雲臺)가 제작한 탁본(1981)에 '왜구대궤(倭寇大潰)'로 나온다.[143] 이 차이는 단순한 오독이 아니라 사진에서 보듯이 왜구가 성안에 가득했다는 것처럼 읽히게 하려는 명백한 조작이다.

---

142) 왕젠췬은 일제가 첩보 장교 여덟 명을 중국에 잠입시킨 때를 1883년으로 보았다. 왕젠췬 저, 임동석 역, 위의 책, p.59.

143) 주운대(周雲臺)의 탁본을 「정탁본(精拓本)」이라고 부른다. 주운대 탁본에 대해서는 이찬구, 위의 책, pp.24~28, pp.244~248을 참조할 것.

144) 이형구, 박노희 지음, 『광개토왕릉비』, 새날, 2011, p.306. 「쌍구가묵본」은 한

그림 13_ "왜만왜궤"(「쌍구가묵본」) 와 "왜구대궤"(주운대 「정탁본」)144)

이러한 논란들을 종합하면 이진희 교수의 주장처럼 일본 참모본부에서 「쌍구가묵본」을 진실인 양 만들기 위해 1900년 무렵 비문 가운데 문제가 될 만한 부분에 석회를 발라서 사코의 「쌍구가묵본」의 내용에다 꿰어맞추는 식으로 비문을 조작한 것이 사실이 아닐까 하는 의심이 저절로 든다. 그런 의미에서 운초가 「무술등본」을 통하여 일제가 「쌍구가묵본」을 내세워 애써 감추거나 조작한 내용과 달리 부분적으로나마 올바른 비문의 내용을 우리 손에 전해준 것은 크게 다행스런 일이라 아니할 수 없다고 할 것이다.

따라서 이 책에서는 이유립이 보관하고 있던 운초의 「무술등본」을 해석한 「이유립본」에 기초하여 사실을 복원할 징실의 글자 138자 가운데 경자년에 관한 51자를 중심으로 검토한다.

눈에 봐도 인위적으로 윤곽을 뚜렷하게 만들었음이 드러난다. 판독할 수 없는 문자는 아예 직사각형 형태의 문양을 넣어 가렸음을 알 수 있다. 우측 주운대의 「정탁본」은 있는 그대로 탁본하여 「쌍구가묵본」에 비해 윤곽이 흐리다.

3. 「무술등본」 경자년조 징실

「무술등본」의 경자년조 징실을 살펴보기 위해 판본을 비교해 보자. 왼쪽은 「무술등본」의 경자년조이고, 오른쪽은 국사편찬위원회의 『한국고대금석문』에 실려 있는 광개토대왕릉비 원문의 「교감판독문」을 기본으로 삼았다. 이 「교감판독문」의 판독자는 이정빈이며, 한중일 판독자들의 견해를 덧붙여 놓았다. □는 마모된 글자이고, ▨는 판독자들의 견해가 다양한 글자이다.[145]

141페이지의 〈표 4〉에서 「무술등본」의 경자년조 내용을 「이유립본」에 따라 번역한 것이 ①이고, 국사편찬위원회의 『한국고대금석문』 중 광개토왕릉비의 「국역문」이 ②이다.[146]

> ① 10년 경자(400년)에 선교를 내려 보군과 기병 5만을 보내가서 신라를 구원할 때 남거성으로부터 신라성에 이르니 왜적이 그 가운데 가득 차 있다가 관병이 바야흐로 이름에 왜적이 물러가니라. 관병이 (도망간 자취를 밟아 바다를 건너가 협공을 하면서) 등 뒤로 가서 급히 추격하여 임나가라(대마도)의 종발성(從拔城, 와니우라(鰐浦))[147]에 이르니 성이 즉시 귀순하고 복종하니 안라인으로 지키게 하니라. 시라기성(新羅城)[148]과 도성(都城, 미야자키현(宮崎縣))[149] 남쪽의 도성(都城)을 함락시킬 때 왜

145) 국사편찬위원회, '광개토왕릉비 원문', 『한국고대사료DB』, 『한국고대금석문』.

146) ②의 역주자는 이정빈이다.

147) 와니우라(鰐浦): 일본 대마도(쓰시마) 북단의 포구지역으로, 예로부터 바다를 건너 한반도를 오가는 거점이었다.

148) 시라기성(新羅城): 일본 규슈 오스미노쿠니(大隅国)의 시라성(始羅城)을 말하며, 오늘날이 규슈 동남부 가고시마현(鹿児島県)에 있는 오스미반도(大隅半島) 중앙부의 시라군(始良郡) 가노야시(鹿屋市) 부근이 여기에 해당한다.

적이 성에 가득했으나 왜적이 무너지니 성이 여섯 번이나 우리의 공격을 받고 탕멸(蕩滅)하여 남은 것이 없게 되었다. 왜적이 드디어 나라를 들어 항복하니 죽은 자가 10명 중 8, 9명이고 모두 신하가 되어 이끌고 오니 안라인으로 지키게 하였다. 만□가(滿□假) □□ 왜적이 감히 싸우려고 하여 탁기탄(喙己呑), 탁순(卓淳, 지금의 하카타(博多: 하카타))[150]의 여러 적들과 함께 □□을 도모하다가 관병이 기선을 제압하여 곧장 탁순을 취하고 좌군은 담로도(淡路島)[151]를 거쳐 단마(但馬, 타지마)[152]에 이르고 우군은 난파(難波: 난바)[153]를 지나 무장(武藏)[154]에 이르고 왕께서는 곧장 축자(築紫)[155]에 이르시니 모든 적들이 다 스스로 무너졌다. 드디어 나누어 군(郡)을 만들고 안라인으로 지키게 하였다. 옛적에 신라의 임금이 몸소 와서 조공을 바치지 않더니 □□□□광개토경호태왕이 □□□□신라 임금이 □□ 종처럼 구부리고 □□□□ 조공을 바치니라.[156]

---

149) 도성(都城): 일본 규슈지방에 있는 미야자키현(宮崎県) 남서단에 위치한 미야코노조시(都城市)를 말한다.

150) 탁순(卓淳): 일본 규슈 북부 지역의 지쿠젠노쿠니(筑前国)로서 오늘날의 후쿠오카현(福岡県) 후쿠오카시(福岡市) 하카다구(博多区)이다.

151) 담로도(淡路島): 오늘날의 세토나이카이(瀬戸内海) 동부에 있는 아와지시마 섬(淡路島)을 말하며, 이 섬 북동쪽에 '아와지시(淡路市)'가 있다.

152) 단마(但馬): 일본 효고현(兵庫縣) 북부에 있으며, 현재의 도요오카시(豊岡市), 야부시(養父市), 마카타군(美方郡) 미카초(香美町)와 신온센초(新溫泉町)가 이 지역에 해당한다.

153) 난파(難波): 일본 오사카부(大阪府) 오사카시(大阪市) 주오구(中央區)를 말하며, 옛날에는 니시나리군(西成郡) 난바무라(難波村)였다.

154) 무장국(武蔵国): 무사시노쿠니. 오늘날의 도쿄도(東京都) 사이타마현(埼玉縣)과 가나가와현(神奈川県) 일부 지역이 이에 해당한다.

155) 축자(築紫): 고대에 규슈 지역을 이르는 총칭으로, 그중 지쿠시군(筑紫郡)은 오늘날 규슈 북쪽 후쿠오카(福岡) 일대를 가리킨다.

156) 윤창열, 「광개토대왕 비문과 환단고기의 整合性」, 세계환단학회지 5권 1호, 2018, p.81.

② 10년 경자(400)에 왕이 보병과 기병 5만 명을 보내 가서 신라를 구원하게 하였다. [고구려군이] 남거성(男居城)을 거쳐 신라성(新羅城)에 이르니, 왜[의 군사]가 가득하였다. [고구려의] 관군(官軍)이 막 도착하자 왜적이 퇴각하였다. … 뒤를 급히 추격하여 임나가라(任那加羅)의 종발성(從拔城)에 이르자 성이 곧 귀순하여 항복하였다. 안라인수병(安羅人戍兵)註044 … 신라성(新羅城) ▨성(▨城) … 하였고, 왜가 … 크게 무너졌다. 69개의 성을 모두 지키고… 안라인수병(安羅人戍兵)이 滿▨▨▨▨其▨▨▨▨▨▨▨言▨▨▨▨▨▨▨▨▨▨▨▨▨▨▨興▨▨▨▨▨▨▨▨▨▨辭▨▨▨▨▨▨▨▨▨▨▨▨▨潰▨▨迫▨ 안라인수병(安羅人戍兵). 예전에는 신라 매금(寐錦)은 몸소 [고구려에] 와서 [나랏]일을 논의하는 적이 없었는데, 국강상광개토경호태왕(國上廣開土境好太王)께서 … 매금(寐錦)을 … 복구(僕句) … 조공하였다.

위의 「무술등본」 해석에서 중요한 점을 정리해 보자.

첫째, 비문의 남은 글자로 확인되는 안라인으로 수병을 맡긴 장소가 세 번 나오는데,

ⓐ임나가라 즉, 대마도를 점령하고 안라인으로 수병케 했으며, ⓑ규슈에 상륙하여 남만으로 진격해서 시라성과 도성을 함락시키고 안라인으로 수병케 했고, ⓒ또 혼슈(本州)로 진격하여 담로도를 거쳐 지금의 도쿄, 즉 무사시(武藏, 부슈)까지 점령하고 그 치안을 안라인에게 수병케 했음을 알 수 있다.

둘째, 규슈 신석도에 탁기탄(喙己呑), 탁순(卓淳)이 나오는데, 이

탁순은 『일본서기』 진구기에 등장하는 국명으로 진구 왕후의 명을 받은 야마토왜군이 백제군과 만나는 장소이자, 야마토왜군이 점령한 7국 중 하나이다. 이 위치는 일본의 식민사학자 스에마쓰 야스카즈가 비정한 대구 달구벌[157]이 아니라 규슈 북부 후쿠오카현(福岡県) 하카타(博多)로 추정된다.

셋째, 광개토대왕이 직접 대군과 함께 일본열도에 상륙하여 축자(築紫, 지쿠시)에 본부를 차리고 정복군의 진격을 지휘했다는 것도 중요한 내용 중 하나이다.

넷째, 비문 신묘년조에 신라가 "이위신민(以爲臣民)"으로 적힌 기록처럼 「무술등본」 경자년조에는 신라왕이 고구려의 신민으로 조공을 바치게 되었다고 분명히 나와 있다.

4. 「무술등본」 징실에 대한 사료 보강

1) 문헌 자료

이 글에서는 「무술등본」에 대한 보강 증거를 통해 광개토대왕군의 일본열도 상륙을 자세히 살펴보고자 한다. 이러한 보강 증거로 경자년 광개토대왕군의 일본열도 상륙이 다시 한번 진실로 밝혀진다면 「무술등본」의 징실도 자연히 확인될 것이다. 광개토대왕군의 일본열도 상륙을 입증하는 운초의 「무술등본」에 대한 보강 증거를 열거해 보자.

앞에서 비문 경자년조 가운데 인위적으로 훼손·마모된 부분을 살려낸 「무술등본」의 내용을 검토했다. 다시 한번 그 내용의 진실을

157) 末松保和, 위의 책, p.47.

표 3_ 광개토대왕릉비 경자년조 판본 비교

「무술등본」						한국고대금석문 「교감판독문」					
3-3	3-2	3-1	2-10	2-9	2-8	3-3	3-2	3-1	2-10	2-9	2-8
□□□□朝貢	遂 分爲郡 安羅人戍兵、 昔新羅寐錦未有身來論事、 □國 上廣開土境好太王□□□□寐錦□□僕 句	淳諸敵 謀□□官兵 制先直取 由淡路島到但馬 右軍 經難波至武藏王直到竺斯 諸敵悉自潰	彼我攻□滅無潰 倭遂擧國降死者十之八九盡臣率來安羅人戍兵滿假□□□倭欲敢戰 與喙己呑卓	□□□□□□□□□背急追至任那加羅從拔城、 城卽歸服、 安羅人戍兵□新羅城□城、 倭寇大潰、 城六	。。。十年庚子、 教遣步騎五萬、 往救新羅、 從男居城、 至新羅城、 倭滿其中、 官軍方至、 倭賊退	▨▨▨▨朝貢	▨▨▨▨安羅人戍兵昔新羅寐錦未有身來論事▨國 上廣開土境好太王▨▨▨▨ 寐錦▨▨僕句	▨▨▨▨▨▨▨▨▨▨▨▨▨▨▨興▨▨▨▨▨▨▨▨▨▨辭▨▨▨▨▨▨▨▨ ▨▨▨▨▨潰	□□□□□□□□□□□□□□□□▨▨盡拒▨▨安羅人戍兵滿▨▨▨▨▨▨▨▨▨▨▨言	□□□□□□□▨▨背急追至任那加羅從拔城 城卽歸服 安羅人戍兵▨ 新羅城▨城倭滿倭 倭城▨▨ 潰城▨	。。。十年庚子 教遣步騎五萬 往救新羅 從男居城 至新羅城 倭滿其中 官軍方至倭賊退

담보하는 보강 증거를 살펴보는 작업도 중요하다. 왜냐하면 학자에 따라서는 「무술등본」의 내용을 믿을 수 없다고 하면서 그 제작자인 운초 계연수의 존재 자체를 부인하거나 계연수가 내용을 조작했다고 매도하는 사례가 있기 때문이다. 매우 안타까운 일이지만 역사학도로서 그러한 주장에 대해서도 분명한 반론을 제기할 필요가 있다. 광개토대왕군의 일본열도 상륙을 입증하는 증거로는 여러 가지가 있으나 편의상 두 가지 범주로 분류한다. 첫째는 문헌상의 증거이고, 둘째는 고고학적 증거이다. 문헌에서 광개토대왕군의 일본열도 상륙을 증명하는 보강 증거를 살펴보자.

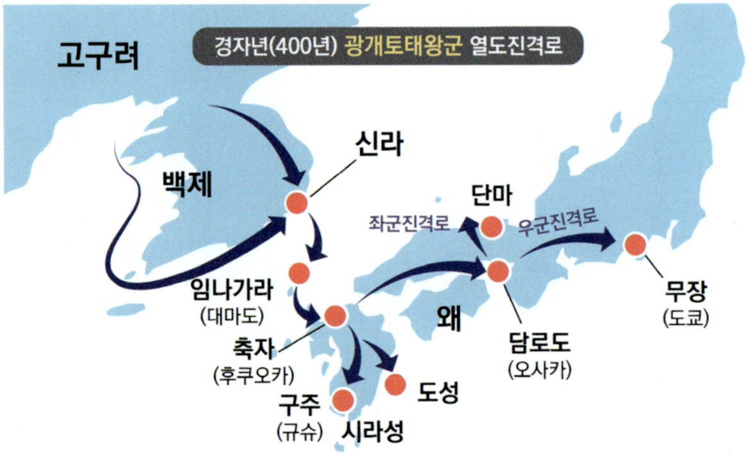

그림 14_ 광개토대왕군 진격로 개념도158)

158) 〈그림 14〉 '광개토대왕군 진격로 개념도' 저자 작성.

① 왜왕 찬의 사신 파견 및 조공 기사

먼저 왜5왕 중 첫 번째로 등장하는 왜왕 찬의 조공 내용이 눈길을 끈다.

『진서(晉書)』에 따르면 왜왕 찬이 413년 진(秦)의 안제(安帝)에게 사신을 파견했는데 그 사신은 고구려 사신과 함께 방문했고, 공물 내용도 일본에서 나지 않는 표범 가죽과 인삼이었다고 한다.159) 이는 왜왕 찬이 고구려계가 아닌가 하는 의문이 드는 대목인데 백제가 만든 제도인 왜왕의 자리가 고구려계로 바뀌었으리란 추측이 가능하다. 그렇다면 광개토대왕군의 일본열도 상륙으로 인해 왜왕의 지위가 백제계에서 고구려계로 변했다고 생각해 봄 직하다.

② 태자 전지와 비유의 귀국 및 등극

『삼국사기』에 따르면 백제 397년 아신왕(阿莘王, 재위: 392~405) 때 태자인 전지(腆支)를 일본에 파견했고, 405년에 귀국한 전지는 아신왕의 뒤를 이어 전지왕(腆支王, 재위: 405~420)으로 등극했다.160)

---

159) 각주 181번 참조.

160) 『三國史記』 卷第二十五, 「百濟本紀」 第三, "腆支王[或士直支] 梁書名映. 阿莘之元子, 阿莘在位第三年立爲太子, 六年出質於倭國. 十四年王薨, 王仲弟訓解攝政, 以待太子還国, 季弟碟禮殺訓解, 自立爲王. 腆支在倭聞訃, 哭泣請歸, 倭王以兵士百人衛送. 既至国界, 漢城人解忠來告曰, '大王弃世, 王弟碟禮, 殺兄自王. 願太子無輕入.' 腆支留倭人自衛, 依海島以待之, 国人殺碟禮, 迎腆支即位. 妃八須夫人, 生子久尔辛(전지왕(腆支王)[혹은 직지(直支)라고 한다]은 『양서(梁書)』에서 이름을 영(映)이라고 하였다. 아신왕(阿莘王)의 맏아들로서 아신왕 재위 3년(394)에 태자가 되었고, 6년(397)에 왜국에 볼모로 갔다. 14년(405)에 왕이 돌아가시자 왕의 둘째 동생 훈해(訓解)가 대신 다스리면서 태자가 나라로 돌아오기를 기다렸는데, 왕의 막냇동생 설례(碟禮)가 훈해를 죽이고 스스로 왕이 되었다. 전지가 왜(倭)에서 부고를 듣고 소리 내어 울면서 돌아가기를 청하니 왜왕이 군사 100명으로 호위하며 보냈다. 이윽고 국경에 이르자 한성(漢城) 사람 해충(解忠)이 와서 알리기를, '대왕께서 돌아가시자 왕의 동생 설례가 형

필자는 왜왕 자리가 백제에서 고구려계로 바뀐 때가 언제인지 그 시기를 추정하는 데 도움이 되는 기록이 이 '전지왕의 파견과 귀국'이라고 본다. 『삼국사기』에는 전지왕의 일본 파견 이유가 모호하게 쓰여 있다. 왜왕 제도의 성격에 비추어보면 공석이 된 왜왕 자리에 취임시킬 목적으로 아신왕이 태자 전지를 일본열도에 파견한 것이다. 397년은 396년 광개토대왕군이 백제의 58성을 휩쓸고 지나간 이듬해이므로 아신왕 입장에서는 후사를 도모한다는 의미도 있었을 터다. 그러나 그 후 400년 경자년에 광개토대왕군이 일본열도에 상륙하는 사태가 벌어져 상황이 급변한다. 그런데도 405년에 전지가 100명의 호위 군사를 거느리고 아신왕의 뒤를 잇기 위해 백제로 돌아온 사실을 보면 태자 전지는 일본열도에 상륙한 광개토대왕군과 모종의 타협을 했으리라 추측된다. 즉, 광개토대왕군이 일본열도를 접수할 때 협력하는 대신 왜왕 자리를 보장받았던 것은 아닐까. 그렇다면 왜왕 찬의 즉위 작업은 405년부터 시작되었다고 추정할 수 있다. 전지왕의 405년 귀국은 매우 중요한 의미를 띠는데, 고구려와 백제가 명백한 주종관계를 형성했다고 말할 수도 있을 것이다.

405년에 있었던 이러한 일련의 사건은 왜왕 찬의 즉위 가능성을 짐작게 한다. 이와 관련해서 『일본서기』에도 의미심장한 기록이 있다. 『일본서기』 리추기(履中紀) 5년(404) 느닷없이 '검도태자(劒刀太子)'가 나타나서 일왕가의 죽음을 예언한다.[161] 마침 404년에 담로도

을 죽이고 스스로 왕이 되었습니다. 태자께서는 경솔히 들어오지 마시기 바랍니다'라고 하였다. 전지가 왜인을 머물게 하여 스스로 지키면서 바다의 섬에 의지하여 기다렸더니 나라사람들이 설례를 죽이고 전지를 맞이하여 왕위에 오르게 하였다. 왕비는 팔수부인(八須夫人)이니 아들 구이신(久尒辛)을 낳았다)."

161) 『日本書紀』 卷第十二, 履中天皇 五年, "癸卯, 有如風之聲, 呼於大虛曰, 劒刀太子王也. 亦呼之曰, 鳥往來羽田之汝妹者, 羽狹[丹葬立往[汝妹, 此云儺邇毛.] 亦

에서 일왕 리추의 왕비가 죽고 리추도 405년 죽음을 맞는다고 나온다. 리추의 죽음에 이어 405년 일왕 한제이(反正)가 등극했다고 전하는 기사도 있다.

『일본서기』는 사실을 직접적으로 적는 대신 다양한 은유와 패러디를 동원하여 자국의 역사를 기술한 경우가 많다. 그런 측면에서 볼 때 '검도태자'는 광개토대왕을 뜻하는 말로 유추할 수 있다. 그리고 '한제이'라는 이색적인 이름이 바로 백제계에서 고구려계로 교체된 일왕이 등장했음을 암시하는 게 아닐까 하는 시각도 있다.

또한 태자 비유(毗有)의 귀국도 눈에 띄는 대목이다. 전지는 405년 귀국 때 아들 비유를 일본에 남겨두고 백제로 돌아왔다. 그것은 태자를 인질로 삼기 위한 고구려 측의 요구 때문이었다고 생각한다. 고구려는 백제가 신라와 동맹을 맺고 고구려에 대항하지는 않을까 우려하여 전지의 귀국 조건으로 비유를 인질로 남게 했을 것이다. 그 후 비유는 백제로 돌아가서 427년 전지왕의 뒤를 이어 비유왕(毗有王, 재위: 427~455)으로 등극한다. 이때도 비유는 전례에 따라 아들 '가수리(加須利)'[162]를 인질로 남겨놓는다. 그런데 비유는 아버지 전

曰, 狹名來田蔣津之命, 羽狹丹葬立往也. 俄而使者忽來曰, 皇妃薨. 天皇大驚之, 便命駕而歸焉(계묘(19일)에 하늘에서 바람 소리와 같은 것이 '검도태자왕(劒刀太子王也: 쓰루기타치 히쓰기노미코)'이라고 부르는 소리가 들렸다. 또 '새가 왕래하는 우전(羽田: 하타)의 내 누이(汝妹)[여매(汝妹)는 난이모(儺邇毛: 나니모)라 읽는다]는 우협(羽狹: 하사)에 장사지내고 떠났다'는 소리가 들렸다. 또 '협명래전장진지명(狹名來田藏津之命: 사나쿠타코모쓰노미코토)을 우협에 장사지내고 떠났다'라는 소리가 들렸다. 천황이 크게 놀라 곧 말을 타고 돌아갔다)."

162) 『日本書紀』 卷第十四, 雄略天皇 五年, "夏四月, 百濟加須利君[蓋鹵王也], 飛聞池津媛之所燔殺[適稽女郎也], 而籌議曰, 昔貢女人爲采女. 而既無禮, 失我國名. 自今以後, 不合貢女. 乃告其弟軍君[昆支也.]曰, 汝宜往日本以事天皇. 軍君對曰, 上君之命不可奉違. 願賜君婦, 而後奉遣. 加須利君則以孕婦, 嫁與軍君曰, 我之孕

지가 귀국한 405년부터 427년까지 무려 22년이나 일본에 머물렀으나 왜왕은커녕 다른 관직을 차지했다는 기록이 전혀 보이지 않는다. 이는 백제가 일본열도에서 실권을 잃고 고구려계 왜왕 찬의 휘하에서 감시·감독을 받는 인질에 머물렀음을 암시한다. 따라서 전지의 아들인 비유의 일본 내 행적은 고구려군의 일본열도 상륙을 짐작게 하는 또 하나의 방증으로 볼 수 있다. 비유는 비유왕으로 등극한 뒤 자신이 과거에 고구려의 인질이 되어 핍박받았던 경험에서 그러한 현실을 바꾸기 위하여 마침내 434년 신라 눌지왕(訥祗王, 재위: 417~458)과 나제동맹(羅濟同盟)을 체결한다.[163]

③ 신라 왕자 미사흔의 인질됨과 탈출 — 『삼국사기』「박제상열전」

『삼국사기』에는 402년 고구려의 인질에서 풀려난 신라의 실성(實聖)이 왕으로 등극하자마자 선왕인 내물왕의 셋째 아들 미사흔(未斯欣)을 왜에 인질로 보낸 기록이 나온다.[164]

婦, 旣當産月. 若於路産, 冀載一船, 隨至何處, 速令送國. 遂與辭訣, 奉遣於朝(여름 4월에 백제의 가수리군(加須利君)[개로왕(蓋鹵王)이다.]은 지진원(池津媛)을 불태워 죽였다는 소문을 듣고[적계녀랑(適稽女郎)이다.] '과거에 여인을 바쳐 채녀로 삼았다. 그런데 이미 예의를 잃어서 우리나라의 이름을 실추시켰다. 앞으로는 여인을 바치지 말라.'고 의논하였다. 이에 그 아우 군군(軍君)[곤지(昆支)이다.]에게 '너는 마땅히 일본으로 가서 천황을 섬기도록 하라'고 명하였다. 군군은 '왕의 명을 거스를 수 없습니다. 원컨대 왕의 부인을 내려주신다면 명을 받들겠습니다'라고 대답하였다. 가수리군은 임신한 부인을 군군에게 주면서 '나의 임신한 부인은 이미 산달이 되었다. 만일 가는 길에 출산하면, 바라건대 어디에 있든지 배 한 척에 실어 속히 본국으로 돌려보내도록 하라'고 말하였다. 이윽고 작별하여 왜의 조정으로 갔다)." 『일본서기』 유랴쿠기는 개로왕을 가수리군이라고 지칭하고 있다.

163) 『三國史記』 卷第二十五, 「百濟本紀」 第三, '비유왕'조에는 비유왕 재위 7년(433) 7월 신라에 화친을 요청하였고, 이듬해 2월 사신을 보내 좋은 말 두 필을 주었고 9월에 흰 매를 보냈다고 전한다.

사가들은 이 일에 대해 경자년조에서 신라왕이 광개토대왕에게 구원을 요청했을 때 사로잡은 왜인들의 일본열도 귀환을 보증하기 위하여 신라가 일본에 보낸 인질이라고 해석한다. 그러나 뒤에서 자세히 이야기하겠지만, 402년에는 광개토대왕군이 일본열도를 장악한 후이므로 이러한 해석은 타당성이 거의 없다. 백제가 과거 한때 일본열도의 지배자였다 해도 이제는 고구려군의 일본열도 상륙으로 모든 실권을 고구려에 빼앗긴 처지이다. 그런 백제 휘하에 있는 왜에게 신라가 왕자를 인질로 보낼 리는 없기 때문이다.

필자가 판단하기에 이러한 신라의 인질 제공은 그 대상이 백제나 왜가 아니라 일본열도를 장악한 고구려군이었을 것이며, 고구려의 요구로 이루어진 일인 듯하다. 고구려가 보기에는 신라가 백제와 손을 잡고 고구려의 대항 세력으로 부상할 위험이 있었다. 따라서 그 대비책으로 신라 왕자를 인질로 삼고자 신라왕을 압박하지 않았나 생각한다. 실제로도 미사흔은 일본열도에서 16년간 인질로 잡혀 있다가 신라 충신 박제상(朴堤上)의 헌신적인 노력으로 418년 극적으로 탈출한다.[165] 이에 격노한 고구려의 일본열도 책임자(왜왕 찬으로 추정)는 박제상을 뜨겁게 달군 방에 가두어 죽이는 참극을 벌였는데,

164) 『三國史記』 卷第四十五, 「列傳」, 第五, 朴堤上, "先是實聖王元年壬寅, 與倭國講和, 倭王請以奈勿王之子未斯欣爲質. 王嘗恨奈勿王, 使己質於高句麗, 思有以釋憾於其子. 故不拒而遣之. 又十一年壬子, 高句麗亦欲得未斯欣之兄卜好爲質. 大王又遣之(이보다 앞서 실성왕(實聖王) 원년 임인(壬寅: 402)에 왜국(倭國)과 화친을 맺었는데, 왜왕이 나물왕(奈勿王)의 아들 미사흔(未斯欣)을 볼모로 삼기를 청하였다. 왕은 일찍이 나물왕이 자신을 고구려에 볼모로 보낸 것을 한스럽게 여겨, 그의 아들에게 원한을 풀려고 생각하였기 때문에 〔왜왕의 청을〕 거절하지 않고 보냈다. 또한 〔실성왕〕 11년 임자(壬子: 412)에 고구려 역시 미사흔의 형 복호(卜好)를 볼모로 삼고자 하니, 대왕이 또한 그를 (볼모로) 보냈다)."

165) 『三國史記』 卷第三, 「新羅本紀」 第三, 訥池 麻立干, "秋, 王弟未斯欣自倭國逃還((2년(418)) 가을에 왕의 동생 미사흔이 왜국에서 도망쳐 돌아왔다)."

실성왕의 뒤를 이은 눌지왕(내물왕의 장자)은 이에 앙심을 품고 434년 백제와 나제동맹을 맺음으로써 고구려의 예속에서 벗어난다.

현재 대마도에는 박제상의 충절을 기리는 순국비가 세워져 있다. 이는 박제상이 고구려군의 본거지인 대마도에 억류되었거나 체포되어 죽임당했으리라는 추측을 가능케 한다.

그림 15_ 대마도에 있는 박제상 순국비166)

402년에 있었던 신라의 왕자 인질 제공과 극적 탈출이라는 일련의 사건은 434년 나제동맹 성립과 불가분의 관계에 있고, 그로 인하여 고구려의 일본열도 지배는 결정적으로 약화하였으며, 그것이 441년에 백제계 왜왕 제(濟)가 등극하는 계기였다고 볼 수 있다. 이러한 일련의 사정을 고려하면 광개토대왕군의 경자년 일본열도 상륙은 역사적 사실로 인정해도 좋을 것이다.

이렇듯 『삼국사기』 「박제상전(朴堤上傳)」은 당시 고구려 광개토대왕군이 일본열도에 상륙하여 이전에 백제가 장악했던 왜왕 자리를 차지하고 열도를 지배했음을 시사한다.

---

166) 〈그림 15〉 대마도에 있는 박제상 순국비: 대마도 최북서단 가미아가타초(上県町) 사고미나토(佐護湊)에 서 있으며 이 지역은 박제상이 처형된 곳으로 추정된다. 비면에는 '신라국사 모마리질지 박제상공 순국지비(新羅国司毛麻利叱智朴堤上公殉国之碑)'라고 새겨져 있다.
사진 출처: 대한문화방송(https://www.kmbc.kr/news/articleView.html?idxno=11992)

④ 왜왕 진의 「상표문」

왜왕 진(珍)의 「상표문(上表文)」 또한 고구려군의 일본열도 장악을 암시하는 단서라고 판단된다. 『송서(宋書)』에 따르면 438년에 왜왕 찬의 뒤를 이은 동생 진이 송 문제(文帝)에게 보낸 「상표문」에서 자신을 "왜·백제·신라·임나·진한·모한의 6국제군사 사지절도독, 안동대장군으로 봉해 달라."고 요청한다. 이에 송의 문제는 왜왕 진을 백제를 뺀 6국제군사 안동장군으로 제수했다는 기록이 나온다.[167] 여기서 주목할 점은 어째서 왜왕 진이 백제를 포함한 6국제군사에 봉해달라고 요청했느냐이다. 다른 백제계 왜왕들은 가라를 포함한 6국제군사를 요청했는데 여기서는 가라 대신 백제를 넣은 6국제군사를 요청했기 때문이다.

우선 이 「상표문」에서 왜왕의 관할지로 열거된 왜, 신라, 임나 등은 한반도의 국명이 아니라 북한학자 김석형의 주장대로 일본열도에 흩어져 있던 분국[168]이라고 판단된다. 그렇더라도 왜왕의 존재란 앞에서도 보았듯이 백제가 일본열도에 설치한 통할 기구 성격의 후왕임을 고려하면 왜왕 스스로 백제를 왜왕의 관할 대상에 열거한 것은 참으로 의아한 부분이다.

이는 왜왕 진 이후의 왜왕 제(濟), 흥(興), 무(武)에게는 없는 일이어서 더 이례적이다. 이 기사 역시 고구려군의 일본열도 상륙을 짐작게 하는 방증의 하나로 볼 수 있다. 왜왕 진은 왜왕 찬의 동생이라고 『송서』에 나오는데[169] 이 두 사람은 필시 자신들이 일본열도에

167) 각주 180번 참조.

168) 김석형, 위의 책, p.44.

대한 관할권을 갖는다고 생각했을 것이다. 광개토대왕군이 일본열도에 상륙하여 기존의 백제계 왜왕은 물러나게 하고 대신 그 자리를 고구려계가 차지하자 일본열도 안에 존재했던 분국 백제도 분국 신라와 함께 자기들 역시 일본열도를 관할할 권리가 있다고 생각했을지 모른다. 따라서 이 대목도 광개토대왕군의 일본열도 상륙 증거라고 필자는 판단한다. 왜왕의 요청에 대해 송은 원가(元嘉) 28년(451) 왜왕 제에게 백제는 빼고 가라가 들어간 작호를 내려주었다.[170] 승명(昇明) 2년(478) 왜왕 무는 백제가 포함된 7국제군사를 요청했으나 송은 백제를 제외한 왜 · 신라 · 임나 · 가라 · 진한 · 모한(倭 · 新羅 · 任那 · 加羅 · 秦韓 · 慕韓) 등 6국제군사를 내려주었다.[171] 한국의 학자들은 왜왕이 책봉을 요청한 나라들은 왜왕의 실제적 지배권이 없었다고 하면서도 그 지역들이 왜를 제외하고 모두 한반도와 관련 있는 곳이라고 해석한다.[172] 그러나 이들 지역은 한반도와 관련 있는 곳이 아니라 이들의 본국(本國)이 일본열도에 세운 분국이다. 송에서 백제를 제외한 이유는 정확히 알 수는 없지만, 본국 백제와 혼동했을 수도 있고, 왜왕이 백제 휘하에 있는 후왕이어서 백제는 제외했을 가능성도 있다.

『남제서(南齊書)』에 따르면 백제 동성왕(東城王, 재위: 479~501)은 420년 송으로부터 2품 진동대장군(鎭東大將軍)의 작호를 제수받았다.[173] 진동대장군은 2품이고 안동대장군은 3품이다. 이 무렵 장군

169) 각주 180번 참조.

170) 각주 56번 참조.

171) 각주 120번 참조.

172) 양기석, 위의 책, pp.100~101.

173) 『南齊書』 卷五十八, 「列傳」 三十九3, 蠻·東南夷傳, "行都督百濟諸軍事 鎮東大

호는 군사적 성격보다 관직의 위계를 나타내는 기능을 했다. 따라서 송은 이미 2품 진동대장군에 제수한 백제가 포함된 작호를 왜왕에게 허용하지 않은 것이다.

⑤ 고구려군에 의한 임나의 영역 확산(임나 10국)

『일본서기』에 나오는 임나 10국의 기록 또한 중요한 사료인데 일본과 한국의 사학계에서는 중요하게 다루지 않는다. 임나 10국은 임나의 위치 비정과 본질 파악에 결정적 단서를 제공하는 중요한 사안이다(이는 이미 앞에서 '안라인수병' 문제와 함께 상세히 다루었으므로 여기서는 생략한다).

「태백일사」는 광개토대왕이 규슈를 정복한 후에 규슈지방 각지에 흩어져 있던 한반도 이주민들의 여러 집단을 10개국으로 정리하여 임나 10국으로 명명했다는 대목이 나온다. 이는 본디 대마도를 가리키는 임나라는 명칭이 공식적으로 규슈 전체에 확산하는 계기였다고 생각한다. 소위 임나일본부가 어디에 있었느냐는 문제도 중요한데 북한학자 조희승은 '미마나미야케', 즉 임나일본부를 6세기 들어 점차 강성해진 야마토왜가 임나를 통제하기 위해서 기비(吉備) 지방, 지금의 오카야마(岡山)에 설치한 기구로 보았다.[174] 조희승은 임나일본부의 위치를 비정할 때 한반도에서 찾지 않고 상세한 인물 고증과 고지명 검색을 통해 일본열도에서 실마리를 찾아갔다. 그 결과 세토내해(瀨戶內海)를 끼고 규슈와 마주 보는 기비 지방을 지목했으니 탁견이라 할 수 있다. 다만 임나의 전체 규모를 좁은 기비 지방으

將軍百濟王."

174) 조희승 지음, 이덕일 주해, 위의 책, p.189.

로 한정하여 임나 10국의 범위를 너무 좁게 본 것 아닌가 하는 의문이 남는다.

필자는 임나라는 말이 초기에는 대마도를 가리켰으나 광개토대왕의 일본열도 상륙을 계기로 대마도를 포함한 규슈 전역을 일컫는 말로 바뀌었다는 점과, 6세기에 들어 임나일본부는 조희승의 주장대로 오카야마에 설치되어 있었다고 종합적으로 판단하고자 한다.

2) 고고학적 사료

역사적 사실을 밝히려면 단지 문헌 기록만으로는 부족하고 그것을 뒷받침하는 고고학적 사료도 반드시 뒤따라야 한다. 이 부분에도 몇 가지 자료가 광개토대왕의 일본열도 상륙을 증거하고 있다.

① 이토시마 반도의 유적 유물

이토시마(糸島) 반도[175]에서 발굴된 5세기 초반의 많은 마구류와 갑옷, 말 뼈다귀 등 유물을 들 수 있다. 이토시마 반도는 한반도에서 대마도와 이키섬(壱岐島)을 거쳐 일본열도에 상륙하는 최단 경로의 최고 거점이라 할 수 있다. 이 작은 지역에서 마구와 병장기(兵仗器) 등 유물이 다량 발굴되었는데 이 유물들은 기마병을 앞세운 광개토대왕군의 일본열도 상륙을 뒷받침하는 증거라고 볼 수 있다. 왜냐하면 이전에는 주로 민간인이 이주했고, 그 이주민들이 가져온 도구들이 유물로 발견되는 경우는 대부분 일본 내륙에 해당하기 때문이다.[176]

---

175) 이토시마(糸島) 반도: 일본 규슈 북부 후쿠오카현 서북쪽의 돌출 지역으로 오늘날 이토시마시(糸島市)에 해당한다.

176) 조희승 지음, 이덕일 주해, 위의 책, p.145.

② 기토라 고분과 다카마쓰쓰카 고분

또 하나의 중요한 고고학 자료로는 나라현 아스카무라(明日香村)에 있는 기토라 고분(キトラ古墳)과 다카마쓰쓰카 고분(高松塚古墳)이다. 기토라 고분에는 천정에 고구려의 천문도(天文圖)가 그려져 있다. 1972년에 발굴된 다카마쓰쓰카 고분에서는 고구려 여인의 채색 벽화가 발견되었다. 발굴 당시에는 그 축조 연대를 5세기 중반으로 보았는데 나중에 탄소연대 측정 등도 거치지 않은 채 7~8세기에 축조된 것으로 수정했다. 5세기 고분으로 판단했다가 자칫 광개토대왕군의 일본열도 상륙을 증거하는 고고학적 유물로 간주되지 않을까 하는 우려에서 축조 연대를 내려 잡지 않았나 생각한다. 이 고분에 대해서는 왜왕 찬과 진의 실체를 다루면서 다시 이야기하기로 한다. 이상 여러 가지 사료와 고고학적 증거들이 400년 경자년에 광개토대왕군이 일본열도에 상륙한 사실을 보강해 준다.

그림 16_ 기토라 고분 벽화 천문도[177]

그림 17_ 다카마쓰쓰카 고분 벽화 여인상[178]

177) 〈그림 16〉 기토라 고분 벽화 천문도 사진 출처: TABIZINE(https://tabizine.jp/2021/04/09/372076/)

③ 이나리야마 고분 큰 칼 명문의 의미

일본 도쿄도 외곽 사마타이현(埼玉県) 북부 교다시(行田市)에 있는 이나리야마 고분(稲荷山古墳)에서 1968년 큰 칼이 발굴되었다. 이 큰 칼에 새겨져 있는 명문을 최근 서강대 김영덕 명예교수가 해석했다. 무덤 주인공이 백제 개로왕 때의 장군을 비롯해 8대에 걸친 자기 조상의 벼슬을 기록한 것이었다(자세한 내용은 뒤에서 살펴보기로 한다). 여기서 주목할 점은 8대에 걸친 조상 중 피장자의 바로 윗대 조상 두 사람은 이전 조상들과 다르게 백제의 지방 수장 관직으로 추정되는 '확고(獲居, 획거)'[179]라는 벼슬을 하지 못했다는 기록이다. 이는 광개토대왕의 일본열도 상륙으로 왜왕 자리가 백제계에서 고구려계로 바뀐 기간, 즉 왜왕 찬, 진이 집권한 시기에 있었던 일이 아닌가 생각한다. 따라서 이나리야마 고분에서 출토된 큰 칼에 새겨진 명문의 내용으로 볼 때 이나리야마 고분의 큰 칼도 광개토대왕의 열도 상륙을 간접적으로 뒷받침하는 보강 증거로 볼 수 있다.

필자는 신묘년조를 391년에 일어난 일의 기록이 아니라 광개토대왕의 남진 정책 전반에 관한 기술로 보아야 한다고 이미 앞에서도 누차 강조하였다. 신묘년조의 성격을 이렇게 규정하면 기존의 신묘년조 해석에서 느꼈던 의문도 자연스럽게 해소될 것이다.

---

178) 〈그림 17〉 다카마쓰쓰카 고분 벽화 여인상 사진 출처: 일본 문화유산데이터베이스. (https://bunka.nii.ac.jp/db/heritages/imagemorelarge/125354)

179) 일본의 『역사민속용어사전(歷史民俗用語辭典)』에서는 '獲居'를 '와케'라고 읽으며 고대 유력자의 칭호라고 설명한다.

제4절

신묘년조의 재해석

1. 신묘년조에 대한 여러 해석

광개토대왕릉비가 국제적인 논쟁거리가 된 것은 신묘년조 때문이었다. 광개토대왕릉비가 그간 알려진 대로 금나라의 황제비가 아니라 고구려 광개토대왕의 비석이라는 사실을 일본군 참모본부의 간첩 사코 가게아키(酒匂景信)가 알아챈 것이 그 발단이었다.

1883년 사코가 광개토대왕비의 탁본(「쌍구가묵본」)을 보고한 후 일본군 참모본부에서는 4~5년에 걸쳐 치밀한 작업에 들어갔고, 마침내 1889년 관학자 요코이 다다나오(横井忠直)가 일본 국수주의 잡지 『회여록』에 「고구려고비고(高句麗古碑考)」라는 제목으로 그 결과를 발표했다.[180] 당시 조선은 고종 26년(1889)으로 함경도와 황해도에 방곡령이 내려져 뒤숭숭한 시기여서 비문 내용의 타당성을 따지는 세력이 없었다. 일본군 참모본부는 이미 이때 조선 점령을 기정사실로 여겼고, 나아가 만주까지 침략할 요량으로 역사를 조작할 때

180) 이친구, 「새로운 광개토대왕릉비 연구」, 개벽사, 2020, p.21.

였다. 그러나 조선은 이런 기류를 인지하지 못한 채 개화파와 수구파의 갈등, 무능한 조정과 농민 사이의 갈등에 휩싸여 나라 안이 온통 어수선한 시기였다. 그런 탓에 수십 년 동안 『회여록』에 발표된 왜곡투성이의 「쌍구가묵본」의 내용이 역사가들과 지식인들은 물론 일반인들에게도 전달, 각인되었다. 무엇보다도 신묘년조의 주어로 왜가 부각되어 신묘년조 해석은 일본이 수립한 통설에 따라 "백제와 신라는 예로부터 같은 속민이었기에 조공을 해왔으나 왜가 신묘년에 (쳐들어) 와서 백제와 신라를 신민으로 삼았다."는 내용으로 굳어졌다.[181] 일본인 식민사학자들은 이를 『일본서기』 진구기에 나오는 왜의 한반도 남부 점령과 임나일본부 설치를 뒷받침하는 사료로 활용했다.

단재 신채호 선생은 1905년 《황성신문》에 이 비석이 광개토대왕의 훈적(勳籍)을 기념하는 훈적비의 성격이 있음을 감안할 때 신묘년조 "도해파(渡海破)" 부분의 주어인 고구려가 생략된 것으로 보아야 한다고 주장했다.[182] 그러나 외교권은 물론 국권마저 빼앗길 위

---

181) 당시 대표적인 비문 해독문은 요코이 다나오(横井忠直)와 나카 미치요(那可通世)의 글이 있다. 이들은 "백제와 신라는 예로부터 속민이어서 조공을 해왔는데, 왜가 신묘년부터 바다를 건너와 백제, ▨▨(임나 혹은 가라), 신라를 격파하여 신민으로 삼았다."라고 해석했다(横井忠直, 『高麗古碑考』, 早稲田大学図書館本, 1884; 那可通世, 「高句麗古碑考」, 『史學雜誌』 4編9号, 1893, pp.930~934). 일본인 식민사학자들은 비문의 신묘년 기사를 『일본서기』 진구기에 나오는 진구 황후의 삼한정벌 및 임나일본부 설치를 뒷받침하는 기록으로 조작했다. 요코이 등의 해석은 조선총독부 조선사편수회와 경성제국대학에 있던 스에마쓰 야스카즈 같은 식민사학자들에 의해 '임나일본부설'의 증거로 간주되었다(末松保和, 「高句麗好太王碑文」, 『歷史教育』 74, 1959).

182) 광개토대왕릉비의 해당 문구의 주어를 왜가 아니라 고구려로 보아야 한다는 신채호의 주장은 정인보가 계승했다(鄭寅普, 「廣開土境好太王陵碑文釋略」, 『白樂濬博士記念國學論叢』, 思想界社, 1955). 정인보는 광개토대왕릉비는 장수왕이 부왕을 위해서 세운 것이니 "래도해파(來渡海破)"의 주체는 고구려가 되어야

기에서 역사침략을 주장하는 목소리는 별다른 주목을 받지 못했다. 그 후 해방을 맞아 위당 정인보도 단재의 주장을 따르는 논문을 발표했으나 위당이 6·25동란 때 납북되고, 조선사편수회 출신 이병도, 신석호 등이 한국 역사학계를 완벽하게 장악하여 조선총독부 조선사편수회의 황국사관을 한국 역사학계의 주류로 만들면서 단재의 주장은 단절되고 말았다.[183)]

『한국일보』 주필로서 식민사학을 추종했던 천관우는 이 구절에 대한 원문 추정과 해석을 다음과 같이 시도했다.

> 倭, 以辛卯年來, 渡海, 故(惑 '因', '時', '而'), 百殘, 〔將侵〕(惑 〔欲取〕) 新羅以爲臣民[왜, 이신묘년래, 도해, 고(혹 '인', '시', '이'), 백잔, 〔장침〕(혹 〔욕취〕) 신라이위신민].
>
> 백제(百濟)가 끌어들인 왜(倭)가 신묘년(辛卯年) 이래로 바다를 건너 백제(百濟)로 온 고(故)로, 이 왜(倭)와 연계한 백제(百濟)가 신라(新羅)를 공격하여 신라(新羅)를 신민(臣民)으로 삼으려고 하였다.[184)]

천관우의 해석은 왜를 백제와 대체하는 방식으로 백제를 앞에

한다고 주장했다. 이후 북한학계는 이런 해석을 계승해 발전시켰다(박시형, 『광개토왕릉비』, 사회과학원출판사, 1966; 김석형, 『초기조일관계연구』, 사회과학원출판사, 1966). 반면 남한학계는 1990년~2000년대에 일본에서 장학금과 생활비까지 받아 학위를 받고 돌아온 사람들이 대학과 국책 연구 기관에 들어가서 일본인들보다 더욱 왜곡된 주장을 펼쳐 대세가 되었다. 광개토대왕릉비의 내용은 고구려인들의 과장에 불과하다는 주장이 대표적인데 현재 서울시립대 교수로 있는 안정준과 가톨릭대 교수로 있는 기경량 등이 이런 경향을 나타낸다.

183) 김병기, 『이병도 신석호는 해방 후 어떻게 한국 사학계를 장악했는가』, 한가람역사문화연구소, 2020.

184) 千寬宇, 『加耶史研究』, 一潮閣, 1991, p.120.

내세웠다. 그러면서 백제가 왜를 끌어들였다고 하는데 여기서도 왜가 신묘년 이래로 한반도 남부에 왔다고 하는 내용은 식민사학자들의 해석과 같다.

이런 해석에 약간의 변화를 준 것이 정두희의 해석이었다.

> 百殘新羅 舊是屬民 由來朝貢 而倭以辛卯年來 渡海破, 百殘□□□羅 以爲臣民 以六年丙申 王躬率□軍[백잔신라 구시속민 유래조공 이왜이신묘년래 도해파, 백잔□□□라 이위신민 이육년병신 와궁솔□군]
>
> 백제(百濟)·신라(新羅)는 광개토왕(廣開土王) 이전부터 고구려(高句麗)의 속민(屬民)이므로 고구려에 조공(朝貢)해왔다. 그런데 왜(倭)는 신묘년이래(辛卯年以來) 고구려(高句麗)가 (비로소) 도해파(渡海破)하였다. 백잔(百殘)이 신라(新羅)를 침공(侵攻)하여 그 신민(臣民)으로 삼았다.[185]

이 해석은 왜를 주어로 삼는 해석과 고구려를 주어로 삼는 해석이 뒤섞여 있다. 그 결과 "그런데 왜(倭)는 신묘년이래(辛卯年以來) 고구려(高句麗)가 (비로소) 도해파(渡海破)하였다."는 비문(非文)이 되고 말았다.

185) 鄭杜熙, 「廣開土王陵碑文 辛卯年記事의 再檢討」, 『歷史學報』 제82집, 1979, pp.206~209.

김영만의 해석도 왜가 신묘년에 왔다고 인정한다.

> 百殘新羅舊是屬民, 由來朝貢, 而倭以辛卯年來侵, 湯婆百殘□□新羅, 以爲臣民[백잔신라구시속민, 유래조공, 이왜이신묘년래침, 탕파백잔□□신라, 이위신민]
> 백제(百濟)와 신라(新羅)는 옛날 우리 고구려(高句麗)의 속민(屬民)이었는데도 조공(朝貢)을 하지 않고, 왜(倭)는 신묘년(辛卯年)부터 내침(來侵)하였다. 그래서 왕(王)은 백제(百濟)와 〔 〕를 휩쓸어 격파하고 신라(新羅)를 〔 〕하여 신민(臣民)으로 위하였다.[186]

이런 식의 해석은 백제와 신라를 고구려의 속민으로 인정하는 듯이 하면서 왜가 백제와 신라의 상국인 양 해석될 여지를 남긴다는 것이 문제이다.

우리나라 강단사학자로서 이 '신묘년조'에 대해 고구려를 주어로 놓고 비문조작설을 제기한 학자가 이형구와 박노희였다. 그들은 1981년 「광개토대왕릉비문의 소위신묘년기사에 대하여 – 위작 '왜(倭)' 자고」[187]라는 논문을 통해 신묘년조에 나오는 '왜(倭)' 자는 '후(後)' 자를 변조한 것이고 '도해파(渡海破)'라는 글자도 '불공인(不貢因)'이라는 글자를 변조한 것이라고 주장했다.

---

186) 金永萬, 「廣開土王碑文의 新研究(1)」, 『新羅加耶文化』 第11輯, 嶺南大學校 新羅加耶文化研究所, 1980, p.44.

187) 이형구 · 박노희, 「廣開土大王陵碑文의 所謂辛卯年記事에 對하여 – 僞作'倭'字考」, 『동방학지』 29, 연세대학교 국학연구원, 1981,

百殘新羅舊是屬民 由來朝貢而後以辛卯年不貢因破白殘倭寇 新羅以爲臣民 以六年丙申王窮率水軍討伐殘國[백잔신라구시속민 유래조공이후이신묘년불공인파백잔왜구 신라이위신민 이육년병신왕궁솔수군토벌잔국]

백잔(百殘: 백제)과 신라(新羅)는 예로부터 〔고구려(高句麗)〕의 속민(屬民)으로서 조공(朝貢)을 바쳐왔는데, 그 후 신묘년(辛卯年:391)부터 조공(朝貢)을 바치지 않으므로(광개토왕{廣開土王}) 은 백잔(百殘:濟) · 왜구(倭寇) · 신라(新羅)를 파(破)하여 이를 신민(臣民)으로 삼았다. 6년 병신(6年丙申:396)에 대왕(大王)은 친히 수군(水軍)을 거느리고 잔국(殘國)을 토벌(討伐)하였는데…[188]

이형구는 주어를 고구려로 놓아서 왜가 신묘년에 온 것이 아니라 백제와 신라가 신묘년부터 조공을 바치지 않은 것으로 해석했다. 단재나 위당은 신묘년조 해석에서 주어인 고구려가 빠졌다고 했으나 '왜' 자를 직접 거론하여 변조 여부에 대한 의문을 제기하지는 않았기에 이형구 교수의 이 논문은 획기적이었다고 할 수 있다.

앞서 말했듯이 광개토대왕릉비 조작설은 1972년 재일교포 사학자 이진희 교수가 처음 제기했다.[189] 이진희는 비문에서 문제가 되는 글자들에 일본군 참모본부가 석회를 도포하여 조작했다고 주장해서 일본과 한국 및 중국학계에 큰 파문을 일으켰다.[190]

---

188) 李亨求 · 朴魯姬, 『廣開土大王陵碑新硏究』, 同和出版公社, 1986, p.72, p.74.

189) 이진희, 위의 책.

190) 이진희는 '임나일본부설'의 기초가 된 「쌍구가묵본(=「묵수곽전본{墨水廓塡本」)」은 사코 가게아키 중위가 내용을 조작한 것이며, 일본 참모본부는 그것을 은폐하기 위해 비문의 "來渡海破(래도해파)"에 석회를 칠하여 내용을 개조하였다

이런 주장에 중국학자 왕젠췬이 현지 조사의 장점을 살려 석회 도포 사실은 없었고, 단지 비석 근처에 살면서 탁본을 떠서 생계를 유지하던 초씨 성을 가진 일가가 비석에 덮힌 이끼를 없애기 위해 불을 놓는 과정에서 약간의 글자 훼손이 있었다고 주장하여 「쌍구가묵본」의 내용을 지지했다.[191] 왜가 고대부터 강력한 국가였다고 보는 일본 및 한국학계가 왕젠췬의 학설을 지지하면서 이진희의 석회 도포설은 점차 힘을 잃어 갔다.

그러나 앞서 본 바와 같이 운초 계연수 선생이 1898년 현지에 가서 작성한 「무술등본」에 의하면 그때까지는 능비의 많은 글자가 훼손되지 않고 남아 있었다. 그런데 「무술등본」 이전에 뜬 탁본을 바탕으로 제작한 「쌍구가묵본」에는 많은 글자가 빠져있다. 특히 '왜' 자 및 '안라' 등의 글자만 남고 대부분 사라진 2면과 3면의 내용을 주목해야 한다. 2면 하단과 3면 상단이 집중적으로 지워졌는데 만약 비바람을 맞아 풍화되었다면 2면 상단과 3면 상단이 마모될 일이지 2면은 하단이 마모되고 3면은 상단이 마모될 수는 없다. 이는 어떤 형태로든 비문의 훼손이 있었음을 짐작게 하는 사례라 하겠다.

원래 원석 탁본이라 하면, 비석의 표면이 고르지 못하고, 오랜

고 발표했다(李進熙, 1972, 『廣開土王陵碑の研究』, 吉川弘文館). 이 주장은 발표 직후부터 국제적 논쟁을 불러일으켰다. 그러나 일본 사학계는 물론 한국 사학계도 이진희의 조작 주장을 인정하지 않고 있다. 일부 일본인 연구자는 비문 연구에 일본 군부가 개입하여 영향을 미쳤을 것이라고 긍정하기도 했다(佐伯有淸, 「高句麗廣開土王陵碑文再檢討のための序章－參謀本部と朝鮮研究」, 『日本歷史』, 1972). 또 하타나 나가시(旗田巍) 등은 일본학계의 지나친 이데올로기 개입 등의 경향에 대해 반성을 촉구하기도 했다(旗田巍, 「廣開土王陵碑文の諸問題」, 『古代朝鮮と日本』, 龍溪書舍, 1974). 그러나 보다 더 큰 문제는 광복 이후 지금까지도 한국학계가 일본 역사학계의 황국사관을 추종하는 경향에서 벗어나지 못하는 현실이다.

191) 王建群, 위의 책.

세월 풍상을 맞아 자연 훼손도 빈번한 점을 감수해야 한다. 게다가 탁본 제작 자체가 매우 어려운 작업이며 또 그렇게 만든 탁본에서도 찍혀 나온 글자를 분명하게 판독하기도 쉽지 않다. 많은 탁본을 비교 검증해도 글자 해석을 두고 여러 의견이 엇갈리기 때문에 정답을 찾기가 매우 어렵다. 그런 의미에서 운초 계연수 선생이 자기가 직접 눈으로 보고 읽어낸 글자를 일일이 옮겨서 남긴 「무술등본」은 참으로 귀중한 역사적 증거물이다.

이 「무술등본」이 등장함으로써 경자년조뿐 아니라 신묘년조 해석에도 획기적인 변화가 일어났다. 신묘년조는 왜가 신묘년에 왔다는 내용을 전하는데 이는 사실과 부합하지 않는다는 문제가 대두되었다. 왜냐하면 경자년조(庚子年條) 징실에는 광개토대왕군이 경자년(400)에 열도를 정복한 내용이 상세하게 실려 있는데, 불과 9년 전인 391년에 왜가 전면적으로 침공해서 백제와 신라를 정복했다는 해석이 과연 옳은가 하는 점이었다.

그렇지 않아도 야마토왜가 4세기 한반도 침공에 대군을 동원할 능력이 있었느냐 하는 생각에서 신묘년조의 '왜' 자를 수상히 여기는 의견이 많았으나 정면으로 고증하지는 못했다. 그러나 계연수 선생의 「무술등본」으로 경자년조의 새로운 사실이 드러나면서 신묘년조 또한 새롭게 해석할 필요가 대두되었다.

2. 신묘년조의 재해석

① 신묘년조의 전반부 해석

먼저 신묘년조의 편제는 연도별 사건을 시간 순서에 따라 기록한 것이 아니다. 고구려의 남진 정책 전반에 관한 기록 과정의 일환으로 해석해야 진의를 알 수 있다. 비문의 신묘년(391)조는 영락 5년(395) 비려(稗麗)[192] 정벌 기사 뒤에 나오는데 시간상으로는 두 기사의 선후가 뒤바뀐 것이다. 이렇게 선후가 바뀐 이유는 391년 신묘년조가 고구려의 남진 정책을 전반적으로 기술한 대목임을 알면 이해하기 쉽다. 따라서 "왜가 신묘년부터 바다를 건너왔다(倭以辛卯年來侵)."라는 식의 해석은 신묘년조 전체 맥락상 오독이다.

이런 맥락에서 신묘년조 전반부를 살펴보자. 전반부는 앞에서 보았듯이 "백제와 신라는 예로부터 고구려의 속민이어서 조공을 해 왔다(百殘新羅舊是屬民 由來朝貢)."라고 해석해 왔으나 단국대 서영수 교수가 "유래조공(由來朝貢)"이 아닌 "유미조공(由未朝貢)", 즉 "아직 조공하지 않아서"라고 해석해야 한다고 주장했다.[193] 그의 주장에 따르면 이 신묘년조 전반부는 후반부에 나오는 백잔과 신라를 응징하는 이유를 밝히고 있는데 "유래조공"이라고 해서는 뜻이 통하지 않는다고 보았다. 조공을 잘 지켜왔건만 응징을 한다니 앞뒤가 맞지 않는 말이다. 서교수의 주장은 타당해 보인다.

"유래조공"은 "예로부터 조공해 왔다."라고 풀이하는 것이 통설이다. 그리고 신묘년조 후반부에 나오는 "도해파" 앞에 고구려라는 주어가 생략되었다고 보고 신묘년에 왜가 속민인 백제에 쳐들어왔기에 바다를 건너가서 왜를 쳐부수었다는 것이 고구려를 주어로 놓고 다시 풀이한 정인보의 해석이다. 그러나 이 해석은 백제가 실제로

192) 비려(稗麗): 거란의 한 부족으로 여겨지며 '패려', 또는 글자 자체를 다르게 해석하여 '나려(裸麗)'로 읽기도 한다.

193) 서영수, 「광개토대왕비의 재조명」, 『사학지』 권38, 단국대학교사학회, 2006, pp.257~287.

고구려에 조공한 사실이 없으므로 채택하기 어렵다. 따라서 필자는 서영수의 "유미조공"을 지지한다.

② 신묘년조의 후반부 해석

신묘년조 후반부의 해석을 살펴보자.

而(倭)以辛卯年來(渡)(海)(破)百殘□□□羅以爲臣民

앞서 설명한 바와 같이 이형구 교수는 '왜(倭)' 자가 서법상 맞지 않는다는 점을 들어 '후(後)' 자로 해석했다. 그러나 필자는 그러한 서법의 문제를 떠나서 이 '왜' 자는 비문 조작 주체가 '임나일본부설'을 뒷받침하고 일본의 대륙 침공을 정당화하기 위해 관변학자의 조언을 얻어 고의로 조작한 핵심 글자라고 판단한다.

'왜' 자가 신묘년조에 들어갈 수 없는 이유는 다섯 가지가 있다.

첫째, 비문의 구도상 문제이다. 「무술등본」을 보면 비문의 영락 10년 경자년조와 관련하여 운초 계연수는 광개토대왕군의 일본열도 상륙을 분명하게 인정하고 있다. 여기서 광개토대왕군은 일본열도를 백제의 일부로 여겼고, 따라서 해양 백제 세력을 무너뜨리기 위한 전략적 목표가 바로 일본열도였다는 사실을 잘 알 수 있다. 비문 내용상 고구려에게 왜는 독립변수가 아니라 백제의 일부로 여겨지는 종속변수에 불과했다. 그렇기에 왜는 늘 '왜구(倭寇)' 또는 '왜적(倭敵)'으로 표현되고, 전쟁에서도 고구려와 대등한 관계는 아니었다고 보인다.

비문에 '왜'라는 한 글자로 나타나는 경우는 신묘년조 이외에 병신년조에 두세 군데 나오고, 또 경자년조에도 너덧 군데 나온다. 404

년 갑진년조에는 왜가 대방을 침공한 기록에서도 보인다. 고구려에게는 왜가 백제의 일부에 불과한 존재였다는 점을 고려하면 정황상으로도 이 '왜' 자의 변개(變改) 조작이 의심된다. 예컨대 병신년조에서 "왜인이 성안에 가득했다(倭滿其中)."는 문구에서도 '왜인(倭人)'을 '잔인(殘人)'의 변개로 보는 학설이 있다. 또 404년 갑진년조 역시 조작 주체 입장에서는 야마토왜의 강성함을 부각해야 하므로 다른 나라의 침입을 왜의 침입으로 조작했을 가능성이 크다고 보는 견해가 있는데 이 또한 일리가 있다.[194]

둘째, 광개토대왕릉비는 아들 장수왕이 아버지를 위해서 세운 '훈적비'인데 광개토대왕의 취임 원년에 왜가 왔느니 하는 이야기는 도무지 그 취지에 맞지 않는다.

셋째, 비문의 배열상 앞에서 설명한 바와 같이 신묘년조는 신묘년에 일어난 일을 기록한 것이 아니라 광개토대왕의 남진 정책 전반에 대한 기록이므로 왜가 들어갈 자리는 없다는 게 자명하다.

넷째, 왜가 신묘년에 왔다는 이야기는 역사적 기록과 부합하지 않는다. 『일본서기』 진구기의 허구성에 대해서는 일본학자들도 다수가 동의한다는 점에서 볼 때 '왜' 자는 마땅히 삭제되어야 한다.

다섯째, 서법상 '왜' 자의 서체가 다르고 어울리지 않는 형태라는 지적은 서예 전문가가 아니라도 인정하는 바이므로 재론의 여지가 없다. 문제는 '왜' 대신 원래 어떤 글자였느냐이다. 이점에 관해서는 '왕(王)' 자가 들어가야 용례적으로나 문장의 의미에서나 자연스럽다고 본다. 왜냐하면 이 비문에서 같은 용례를 찾아보면 영락 5년 을미년조에 "…王以碑麗不貢(왕이비려불공)…"이라는 문구가 있고, 영

---

194) 이형구, 위의 책, p.132.

락 6년 병신년조에도 "…丙申王躬率水軍(병신왕궁솔수군)…"이라는 문구가 있어서 '왜' 자 자리에 원래는 '왕'이 있었다고 보는 것이 합리적이다.

결론적으로 신묘년조에 '왜' 자는 들어갈 수 없는 글자다. 이런 이유로 신묘년조뿐 아니라 비문 전체에서 '왜' 자의 변개 여부를 전면적으로 재검토할 필요가 있다. 광개토대왕 비문을 볼 때 '왜' 자에 대한 선입견에서부터 벗어나야 할 것이다.

③ "이신묘년래(以辛卯年來)"의 해석

이 문구를 신묘년에 아무개가 왔다는 식으로 해석해서는 안 되는 이유를 이미 앞에서 설명했다. 이 문장은 "신묘년 이래로"라고 해석해야 한다. 신묘년조 뒤에 나오는 병신년조(396)와 기해년조(399), 그리고 경자년조(400)에는 모두 이 내용이 들어 있다고 봐야 한다.

④ "도해파(渡海破)" 해석

이 부분도 과거부터 변개 의혹이 끊이지 않는 논란거리이다. 필자는 신묘년조의 주어를 '왜'가 아닌 '왕'으로 풀이하는 만큼 "도해파(渡海破)"가 광개토대왕군의 일본열도 상륙 사실을 압축적으로 대변한다고 본다. "도해파"의 대상은 웅진백제뿐만 아니라 열도백제 둘 다를 가리킨다. 왜냐하면 광개토대왕의 남진 정책에서 전략적 목표는 해양 강국 백제의 세력 약화이며, 그 중심에는 백제의 해양 세력을 총지휘하는 웅진백제가 있다고 보기 때문이다. 고구려는 일차적으로 관미성(關彌城)을 점령한 후 해군력을 키워서 396년 경기만을 가로질러 웅진을 비롯한 58성을 점령하여 백제의 해군력에 궤멸적 타격을 입혔다. 나중에 한성백제가 웅진으로 수도를 옮겼다가 60년도 지나지 않아 다시 부여로 천도하기는 했으나 웅진 일대에 3천여 기의 고분이 흩어져 있는 대형 무덤군이 존재한다는 사실만 보더라도 해군력 중심의 웅진 백제가 어떤 위상을 떨쳤을지 짐작하고도 남는다.

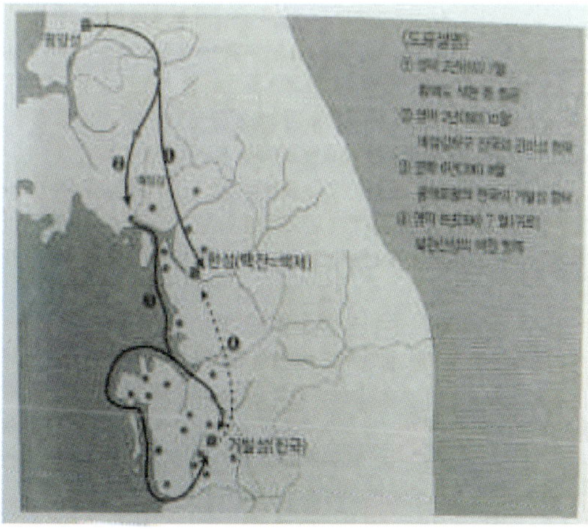

그림 18_ 영락 6년 병자년 광개토대왕 백제 공략도[195]

"도해파" 속에 숨겨진 두 번째 공격 대상은 바로 일본열도였다. 399년 신라왕의 구원 요청을 받아 대마도를 거쳐 일본열도에 상륙한 일련의 정복 활동이 "도해파"에 함축되어 있다. 바꿔 말하면 당시 상황으로 볼 때 일본열도에 있던 백제는 대륙백제와 함께 해외에 존재했던 백제의 일부였다고 파악되는데 "도해파 백잔" 즉, 바다를 건너 백제를 격파했다는 문구로도 알 수 있다.

⑤ '백잔(百殘)'과 '라(羅)' 사이의 세 글자

위에 제시한 문장에서 이제 남은 것은 '백잔(百殘)'과 '라(羅)' 사이 '□□□'라는 세 개의 결자이다. 세 번째 결자 뒤에 붙은 '라'를 보아 통설대로 '신라(新羅)'라고 추측할 수 있다. 나머지 두 결자에 대해서는 '왜적(倭敵)' 또는 '왜구(倭寇)', '련침(聯侵)' 등 이견이 분분하다.

195) 〈그림 18〉 영락 6년 병자년 광개토대왕 백제 공략도 출처: 김성호, 『일본은 구다라 망명정권』, 기파랑, 2012. p.170. 별도의 '광개토대왕군 진격로'는 본문 p.142 〈그림 14〉 참조.

그러나 위와 같이 경자년조를 분석한 결과 이 두 결자는 '임나(任那)' 또는 '구원(救援)'으로 채워 넣어야 타당하다. 우선 '임나'로 보결해 보자. 사실 이 경우는 행여 임나일본부를 인정하는 셈이 되지 않을까 하는 우려 때문에 그리 탐탁지는 않다. 하지만 경자년조에 분명히 "배급추지임나가라(背急追至任那加羅)"라는 문구가 나오고, 이때 '임나'는 광개토대왕군이 한반도 남단 너머에 점령했던 대마도를 의미하기에 오히려 369년 진구 왕후가 한반도를 점령했다고 전하는 『일본서기』 진구기의 허위성을 입증하는 말이라고 이미 상세히 설명했다. 그러니 신묘년조의 결자를 '임나'로 대체해도 큰 문제는 없다. 더구나 앞서 보았듯 광개토대왕군이 일본열도 규슈에 상륙하여 임나 10국을 설치한 일이 『태백일사』와 『일본서기』 긴메이기 23년조에 분명히 나와 있다. 여기서 '임나'는 중국 사서의 「상표문」에도 왜왕 찬·진 휘하에 속한 후국, 즉 6국의 하나로 나열되어 있다. 따라서 임나를 고구려의 신민으로 삼게 되었다는 신묘년조 기록이 맞아떨어지는 것이다.

이런 해석에 대하여 조공하지 않아서 응징의 대상이 된 쪽은 백제와 신라인데 왜 임나까지 불똥이 튀었느냐는 의문을 제기하는 논자도 있는데 해답이 분명치 않다. 하지만 결자 두 자를 '임나' 대신 '구원'으로 놓고 해석해 보자. 399년 기해년조에 신라의 '구원 요청'을 받은 광개토대왕군이 신라를 구원하고 대마도를 점령하는 문구가 나온다. 이 기록을 그대로 반영하여 신라를 구원하고 신민으로 삼았다고 해석하면 매우 자연스럽다. 특히 비문에 나오는 임나의 성격이 광개토대왕의 남진 정책에서는 부차적 종속 변수에 불과하다는 점에서 보더라도 '구원'으로 보결하는 쪽에 상당한 설득력이 생긴다. 따라서 이 글에서는 후자의 논리를 따라 '구원'으로 보결한 해석을 따른다.

또 신묘년조에는 신라를 신민으로 삼았다고 기록되어 있는데 이를 뒷받침하는 확실한 증거가 있다. 경자년조 마지막 대목에 신라 매금(寐錦)이 직접 고구려 왕에게 와서 조공한 기록이다. 여기서 주목할 것은 '매금'이라는 호칭이다. 『삼국사기』에 의하면 신라 왕은 눌지 때 처음으로 왕이라는 호칭을 썼고, 그전에는 거서간, 거칠부, 마립간, 이사금 등으로 불렀다. 매금이라는 호칭은 『삼국사기』에 한 번도 나온 적이 없다. 문정창은 매금이란 대마도를 관할하는 신라의 후왕이라고 주장했으나 필자는 당시 군신 관계에서 내물 이사금을 매금으로 낮잡아 기록했으리라 생각한다. 이 점은 '충주고구려비'에서도 확인할 수 있는데 '寐錦(매금)'[196]이라는 글자가 여러 번 나온다. 그 가운데 "동이 매금(東夷 寐錦)"이라는 표현은 고구려가 천자국이라는 관념에서 신라를 동이로 간주하여 부른 말이라고 이해된다.

196) '寐錦(매금)'이라는 글자는 '울진 봉평리 신라비'에서도 찾아볼 수 있다. '울진 봉평리 신라비'는 1988년 경상북도 울진군 죽변면 봉평리에서 발견되었고, 신라 법흥왕 11년(524)에 제작되었다. 발견 지역인 울진군 죽변면 봉평리는 경상북도 동해안 최북단에 위치하며, 건립 연대는 비면 제1행에 "甲辰年正月十五日(갑진년정월십오일)"이라고 하여 갑진년으로 특정한다. 다음 문구 "喙部牟卽智寐錦王(훼부모즉지매금왕)"에서 "寐錦"은 신라 마립간(麻立干)의 다른 명칭으로서 새로운 왕호인 "王"과 결합하여 "寐錦王(매금왕)"으로 불렸으리라 추정한다. 그리고 "牟卽智(모즉지)"는 '울산 천전리 각석'의 추명(追銘, 일종의 덧글)(539년)에 보이는 "무즉지태왕(另卽知太王)"과 이름이 같은 왕으로 추정한다. 『남사(南史)』「이맥전(夷貊傳)」 신라조에서 법흥왕을 "모진(募秦)"이라고 하였으니 "모진"과 "모즉"은 발음이 비슷한 같은 말이라고 할 수 있다. 따라서 "모즉지 매금왕"은 바로 법흥왕을 가리키며, 법흥왕 재위 기간의 갑진년은 11년(524)뿐이므로 이를 비석 건립 연대로 간주한다. 비석의 주인공이 법흥왕이 맞는다고 가정하면 '매금'이라는 호칭을 반드시 왕의 격을 낮잡아 부른 말로 보기는 어렵다.

고구려가 신라를 조공을 바치는 속국으로 인식했음을 알 수 있고,[197] 신라가 고구려의 신민이었다는 사실이 더욱 분명해진다.

⑥ 결론과 역사적 의의

결론적으로 신묘년조'의 해석은 다음과 같다.

> 百殘新羅舊是屬民由来(來)朝貢而王(倭)以辛卯年來渡海破百殘救援□新□羅以爲臣民
>
> 백제와 신라는 같은 고구려의 속민이었는데도 조공을 해오지 않았다. 그래서 왕은 신묘년 이래 바다를 건너가 (웅진과 열도) 백제를 격파하고 신라를 구원하여 신민으로 삼았다.

이러한 해석을 통해 몇 가지 숨은 의미를 찾아낼 수 있다.

첫째, 이 신묘년조는 고구려군이 백제와 신라를 응징하는 이유와 진행 상황을 종합적으로 기술하고 있다는 점이다. 다시 말해 신묘년조를 신묘년에 일어난 일의 기록으로만 보아서는 안 된다. 이는 필자가 한 번 더 강조하고 싶은 내용이다.

둘째, 광개토대왕군이 목표로 한 응징 대상은 조공하지 않은 백제와 신라에 집중되어 있으며, 응징 주체는 왜가 아니라 광개토대왕 본인이기 때문에 남진정책에서 '임나'와 '왜'는 부차적 의미밖에 없었다.

셋째, 광개토대왕군의 남진 정책에서 전략적 목표는 해상 강국 백제였다. 백제에 궤멸적 타격을 입히고 신라를 신민으로 삼아 백제

---

197) 전덕재, 「충주 고구려비를 통해 본 5세기 중반 고구려와 신라와의 관계」, 『고구려발해 연구』65, 2019, pp.145~146.

를 견제하려는 의도였다. 이때 일본열도는 "도해파"에서 설명한 바와 같이 백제의 일부로 간주된다. 따라서 "도해파"의 대상인 백제는 당연히 해군력의 수뇌부가 있는 웅진과 함께 일본열도도 포함된다.

광개토대왕군은 앞에서 보았듯이 백제를 대상으로 396년과 399년, 400년 세 차례에 걸쳐 대규모 전쟁을 벌였다. 한반도 백제에 큰 타격을 입히고 나아가 일본열도에까지 진출했다. 그때까지 백제가 장악해 온 일본열도 지배권을 빼앗아 고구려의 지배로 바꾸었고 그 결과 왜왕 찬, 진의 시대를 열었다.

그러나 전쟁이란 단지 영토의 변화나 권력의 교체로만 파악해서는 안 된다. 세계사에서 자주 보듯 전쟁에는 기존 질서의 파괴와 아울러 새로운 질서의 탄생이 뒤따르기 마련이다. 그것이 바로 전쟁이 가져오는 사회적, 문화적 이동과 변화이다. 서기전 알렉산더 대왕의 동정으로 그리스 헬레니즘 문화가 동으로 전파되었고, 13세기 몽골군의 서유럽 진격으로 종교개혁과 르네상스 문화가 촉발되었듯이 광개토대왕군의 남진으로 일본열도에 커다란 변화가 일어난다. 왜냐하면 4세기까지 일본은 한반도에서 건너오는 산발적 이주가 있기는 했으나 그것은 소규모의 개별적 현상이어서 혁신적인 변화까지는 일어나지 않았다. 그래서 일본열도는 문화적으로나 군사 기술적 측면에서 한반도에 비해 몹시 낙후된 정체 상태였다고 할 수 있다. 그러던 차에 한반도에서 대규모 전쟁이 일어나고 극심한 군역에 시달리던 백제 피난민들이 고향을 등지고 신라로 모여들었다. 하지만 거기서도 고구려군의 압박을 받아 정착하지 못한 채 다시 일본열도로 향한다. 그것이 바로 백제 궁월군(弓月君)의 102개 현 백성 수천 명이 집단 이주한 사건이다.198) 이 대대적인 이주에는 402년부터 3년간의 이주 기간이 소요되었는데 이때 다방면의 기술자들이 건너감으로써 일본열도는 의류, 건축, 조선 등 각 분야에서 비약적으로 발전하는 계기가 되어 훗날 아스카문화(飛鳥文化)를 꽃피웠다.

---

198) 『日本書紀』 卷第十, 應神天皇 十四年, "是歲 弓月君自百濟來歸 因以奏之曰 臣領己國之人夫百廿縣而歸化 然因新羅人之拒 皆留加羅國(이 해에 궁월군(弓月君)이 백제에서 와서 '신은 저희 나라의 인부(人夫) 120현(縣)을 이끌고 귀화하고자 하였으나 신라인이 방해하여 모두 가라국(加羅國)에 머물러 있습니다.' 라고 말하였다)." 이 궁월군을 『신찬성씨록(新撰姓氏録)』 「좌경제번 · 진 · 한 · 태진공숙네(左京諸蕃 · 漢 · 太秦公宿禰)」는 진 시황제(秦始皇帝)의 3세손인 효무왕(孝武王)의 후예로서, 그의 아들 공만왕(功滿王)이 주아이 천황 8년에 내조(来朝) 했는데 일명 융통왕(融通王)이라고도 하는 궁월군(弓月君)이 공만왕의 아들이라고 설명하고 있다. 그에게 뿌리를 둔 성씨가 진씨(秦氏)이며 하타씨라고 읽는다. 하타씨는 중국 내 동이족 진씨에서 유래하여 백제를 거쳐 일본열도로 건너간 씨족이다.

제4장

제1절 왜5왕 실체의 역사적 중요성

제2절 왜왕 찬 · 진의 실체

제3절 개로왕과 곤지 그리고 사마

제4절 왜왕 무의 「상표문」 분석

제5절 왜왕 제 · 흥 · 무의 실체

제6절 무령왕과 게이타이

제7절 거대고분군 문제

왜5왕의 실체

제1절

왜5왕 실체의 역사적 중요성

왜5왕의 구체적 실체 탐구에 들어가기에 앞서 위에서 설명한 왜왕의 성격과 발전과정으로 돌아가 보자.

일본과 한국의 통설은 왜5왕을 일왕과 관련해서 왜왕 무(武)를 유랴쿠(雄略)에 비정해 놓고 그것을 기준점으로 삼아 흥(興)은 안코(安康)에, 제(濟)는 인교(允恭)에 비정하는 식이었다. 그러나 이러한 연계설 또는 별칭설은 각 왕의 재위 연대와도 맞지 않고, 「상표문」의 내용과도 다른 점이 많다. 따라서 이 책에서는 과감하게 통설을 버리고 왜왕과 일왕의 별개설을 따랐다. 그리하여 도출한 왜왕의 성격은 백제가 일본열도를 경영하기 위해 설치한 최상위 통치 기구라는 점과 이 왜왕 아래 6개 분국인 왜·신라·가라·임나·진한·모한이 포진해 있었다는 것을 규명하였다. 이러한 왜왕의 총독 기구적 성격 때문에 왜왕 자리는 본국 백제왕의 지휘를 받아 후국들을 통할하는 한편, 본국 백제왕으로 성장해 나가는 태자의 훈련코스로 활용되기도 하였다. 그런데 『일본서기』에는 일왕이 백제 왕자를 인질로 요구했다는 기사가 종종 등장한다. 그러한 요구를 정말로 왕자를 인질로 보낸 이야기라고 이해해서는 안 되며, 실상은 후계자 훈련 목적의 파견으로 해석해야 한다. 이와 같은 왜왕 제도의 성격을 전제로 한 왜5왕의 역사적 의의가 밝혀지면서 다음과 같은 문제들이 뒤따른다.

첫째, 각 친황의 재위 연대나 조공사건 조작 등의 기사에서 알 수 있듯이 『일본서기』 기록의 허구성 문제이고, 둘째, 그러한 허구성이 명백히 드러남에 따라 '임나일본부설'과 진구기의 폐기 문제가 대두된다. 셋째, 야마토왜의 일본열도 장악 시기 문제이다. 넷째, 바른 역사 복원 차원에서 일제가 강제로 가져간 수십만 권의 역사서의 행방과 반환 책임에 관한 문제이다.

먼저 『일본서기』의 허구성에 대해서는 앞에서도 거듭 설명한 바와 같다. 무엇보다도 연대가 2주갑이나 올라가는 등 정확하지 않다. 그리고 백제와의 관계에서도 야마토왜가 우위에 서서 백제 왕실을 신하 부리듯 하며 조공과 인질 등을 요구하는 기사가 곳곳에 보이는데 이런 기사들은 왜5왕의 실체가 규명됨에 따라 허구로 밝혀졌다. 그러므로 『일본서기』의 기록에만 의지하는 일본과 국내 강단사학계는 이러한 문제를 진솔한 태도로 마주하고, 한시라도 빨리 대책을 모색해야 한다.

두 번째로 지적할 문제는 4세기 진구 왕후의 야마토왜군이 한반도에 상륙하여 신라, 백제, 가야의 항복을 받고 임나일본부를 설치해서 200년간 한반도를 경영했다고 하는 '임나일본부설'과 진구기는 즉시 폐기되어야 한다는 점이다. 일본 국정 교과서에 가야 대신 그려져 있는 임나 지도 또한 삭제되어야 마땅하다

세 번째로 야마토왜의 일본열도 장악 시기를 3세기나 4세기로 추단하는 일본 사학계의 입장도 수정해야 한다. 왜5왕의 실체를 인정함으로써 야마토왜의 일본열도 장악 시기를 적어도 7세기 다이카 개신(大化改新)[199] 이후로 잡아야 한다.

마지막 네 번째 문제로는 일제가 조선총독부의 조선사편수회를 통해 수거한 20만 권의 역사서에 대하여 그 행방을 소상히 밝히고, 지금도 궁내성에 은닉해 두었다고 짐작되는 중요 사서들은 한일관계의 건전한 발전을 위해 하루라도 빨리 한국 정부에 돌려주는 것이 긴요하다.

199) 다이카 개신(大化改新): 7세기 중엽 일본의 나카노오에(中大兄) 왕자가 실질적 권력자인 소가씨(蘇我氏)를 제거하고 36대 고토쿠(孝德) 왕을 옹립한 다음 일본 최초로 연호를 정하여 다이카(大化) 원년을 선포하면서 중국의 율령제를 본뜬 중앙집권적 정치체제를 구축하기 위해 단행한 정치 개혁. 나카노오에 왕자는 626년 38대 덴지(天智) 일왕에 즉위한다.

제2절

왜왕 찬·진의 실체

왜5왕을 『일본서기』상 어느 천황에 비정하느냐 하는 문제에 관하여 오사카부(大阪府) 후지이데라시(藤井寺市) 홈페이지에 문화재보호과(文化財保護課) 게시물로 잘 정리되어 있기에 이를 참고하려 한다. 해당 게시물의 번역문은 다음과 같다.

▶ 왜5왕의 비정 1

이번에는 찬(讃), 진(珍), 제(濟), 흥(興), 무(武)라는 이름으로 중국 정사에 등장하는 왜의 5왕이 일본의 어느 천황에 해당하는가 하는 문제를 생각해 보려고 합니다.

이 문제에 대한 본격적인 연구는 에도 시대 교토의 유학자이자 의사인 마쓰시타 겐린(松下見林)[200] 씨에게서 비롯되었습니다. 마쓰시타 씨가 저

200) 마쓰시타 겐린(松下見林, 1637~1704): 일본 에도 시대 전기의 국학자이자 유학자, 의사. 오사카의 의사 집안에 태어나 훗날 교토에서 의술을 펼쳤으며 국학과 고증에 정통하여 『삼대실록(三代実録)』을 교정, 간행했고, 외국 자료를 바탕으로 한 일본사 연구서인 『이칭일본전(異称日本伝)』(1693)이 있다. 이는 『사기』 등 중국과 조선의 서적에서 일본 관련 기사를 발췌하여 편집한 책으로 완성까지 30년이 걸렸다.

술한 『이칭일본전(異称日本伝)』(1693년)은, 중국·조선의 방대한 문헌 사료로부터 일본의 관계 기사를 정성껏 발췌, 집성한 일본 외교사입니다. 그 속에서 5왕 관계는 왕명의 비정까지 논하고 있습니다.

이 왕명 비정에서 마쓰시타 씨가 중시한 것은 5왕의 이름과 천황의 휘(諱, 실명)에서 글자의 뜻과 모양의 차이 및 유사의 관계였습니다. 즉, 찬(讃)은 리추 천황의 휘이고, 이자호와케(去来穂別)의 훈을 줄인 말입니다. 진(珍)은 한제이 천황의 휘로서 미즈하와케(瑞歯別)에서 '瑞'와 '珍'의 글자 모양이 닮았습니다. 제(濟)는 인교 천황의 휘로서 오아사즈마와쿠고(雄朝津間稚子)의 '津'와 '濟'의 글자 모양이 비슷합니다. 홍(興)은 안코 천황의 휘이며, 아나호(穴穂)에서 소리를 따온 것입니다. 무(武)는 유랴쿠 천황의 휘로서 오하쓰세노와카타케(大泊瀬幼武)를 줄인 것이라고 합니다.

마쓰시타 씨 이후의 5왕 비정론은 마쓰시타설에 대한 비판 형태로 전개되었습니다.

『이칭일본전』이 출판된 지 약 20년 후인 1716년, 저명한 유학자 아라이 시라이시(新井白石)[201] 씨가 『고사통혹문(古史通或問)』을 저술하는데 거기서 5왕의 비정 문제도 언급하였습니다. 아라이 씨의 결론은 마쓰시타 씨와 같은 찬=리추, 진=한제이, 제=인교, 홍=안코, 무=유랴쿠였지만, 그 근거는 자음의 유사점으로 통일한 것이었습니다. 즉 찬은 '사누'로서 리추의 휘인 '이사(또는 이자, 去来)'에서 왔고, 진은 '지누'로서 한제이의 휘인 '미즈(瑞)'에서 왔으며, 제는 '쓰'로서 인교의 휘인 '쓰(津)'에서 왔습

---

201) 아라이 시라이시(新井白石, 1657~1725): 일본 에도 시대 중기의 정치가, 도쿠가와 막부(徳川幕府)의 가신, 주자학자. 학문적으로는 주자학, 역사학, 지리학, 언어학, 문학을 두루 섭렵하였고, 시인으로서 다수의 한시를 남겼다. 도쿠가와 막부 6대 쇼군(将軍) 이에노부(家宣)에게 강의하는 시강(侍講)으로서 '정덕의 치(正徳の治)'라고 불리는 주자학적 개혁정책을 주도했으나 되려 사회적 불만과 갈등이 증폭되었다. 8대 쇼군 요시무네(義宗)가 새로운 제도 개혁을 모색함에 따라 실각, 은퇴한 뒤 만년에는 저술 활동에 매진했다. 대표 저서인 『고사통혹문(古史通或問)』에서는 고대사 최대 수수께끼라고 하는 야마타이국(邪馬台国)의 위치를 야마토국(大和国)이라고 주장(만년에는 규슈설(九州説)로 바꿈)했는데 일본에서 제기된 최초의 본격적 논의여서 유명하다. 시라이시의 저서는 대부분 막부에서 금기에 부친 까닭에 메이지기 때까지 출간되지 못하고 필사본이 막부 가신 사이에서 비밀리에 전해지기만 했다.

니다. 홍은 '혼'으로서 안코의 휘인 '호(穗)'에서 왔고, 무는 유랴쿠의 휘인 '무(武)'에서 취한 것이라고 합니다.

마쓰시타 씨의 비정 근거가 글자 모양과 뜻의 유사성을 혼합한 것이라면, 아라이 씨는 자음의 유사성으로 좁혀서 비정을 시도하였습니다. 아라이 씨의 합리주의적인 사고방식이 반영된 것이겠지요. 다만 가사이 와진(笠井倭人) 씨는 '지누'와 '미즈'가 공통된 소리로 연결된다고 본 점이나 홍을 '혼'이라고 한 점에 의문을 나타냈습니다.

더욱 주의할 점은, 아라이 씨의 연구는 5왕 비정에 머무르지 않고『고사기(古事記)』상의 간지(干支)를 존중한 연대론, 나아가 5왕이 사신을 파견하고 조공한 의의로까지 풀이해냈습니다. 그런 의미에서는 5왕 연구의 정형이 아라이 씨에 의해 확립되었다고도 말할 수 있습니다. 아라이 시라이시 씨의『고사통혹문』으로부터 약 60년 후인 1778년 모토오리 노리나가(本居宣長)[202] 씨가『어융개언(馭戎慨言)』을 저술합니다. 국학자인 모토오리 씨는 유학적 합리주의자인 아라이 씨와는 양립할 수 없다는 인식을 가졌던 것으로 잘 알려져 있습니다. 그 단적인 차이는 중국 문헌에 대한 태도에서 나타납니다. 아라이 씨는 중국 문헌에 사료로서 높은 신뢰성을 두었으나 모토오리 씨는 중국 문헌이 소위 중화사상으로 칠해져 있어서 사료로서의 신뢰성은 높지 않다고 평가했습니다.

모토오리 씨는『일본서기』의 기년으로는 찬, 진, 제는 인교 천황, 홍과 무는 유랴쿠 천황 때라고 하며, 이들 5왕의 사신 파견은 천황의 사적이 아니라고 결론 내립니다. (계속)[203]

왜왕 찬·진의 실체 문제는 광개토대왕의 일본열도 상륙과 표리

202) 모토오리 노리나가(本居宣長, 1730~1801): 일본 에도 시대 때 국학자. 18세기 최대의 일본 고전 연구자로서 일본 4대 국학자 중 한 사람으로 꼽힌다. 이세국(伊勢国) 마쓰자카(松坂)의 목면 도매상에서 태어났으나 상인이 되기 싫어서 의사의 길을 택했고 곧 국학에 빠져들었다.『겐지 모노가타리(源氏物語)』를 비롯한 일본 고전을 강의하고,『고사기』를 연구하여 35년 만에 주석서『고사기전(古事記伝)』 44권을 집필했다. 황국의 우월성을 주장한 그는 후기 국학 사상에 큰 영향을 끼쳤다. 네이버 지식백과.

203) 후지이데라시 홈페이지 문화재보호과 게시물 '왜5왕의 비정 1(倭の五王の比定1)'(http://t2m.kr/kaZWR).

관계에 있는 이슈이다. 왜왕 찬·진의 실체를 규명하기 위해서는 앞에서 설명한 광개토대왕군의 일본열도 상륙을 증명하는 여러 가지 증거가 뒷받침되어야 한다. 예컨대 계연수의 「무술등본」을 위시하여 다른 보강 증거들이 말해주는 진실을 인정한다는 전제 아래 왜왕 찬·진의 실체를 규명해야 한다.

앞에서 본 바와 같이 『삼국사기』나 『일본서기』는 각자 나름의 입장에서 왜왕에 관한 기록을 통째로 배제해버린 탓에 왜왕 찬·진을 특정인으로 밝히기는 불가능하다. 그래서 필자는 이 문제에 관한한 왜왕 찬·진이 백제계가 아닌 고구려계임을 입증하는 것으로 실체 규명을 대신하고자 한다. 그런 의미에서 광개토대왕의 일본열도 상륙을 증명하는 보강 증거 중 몇 가지를 한 번 더 정리해 본다.

첫째, 찬·진은 중국 사서에 분명히 고구려계로 나온다. 예컨대 『진서(晉書)』에 다음과 같이 기록되어 있다.

> 是歲, 高句麗·倭國及西南夷銅頭大師並獻方物[204)]
>
> 이해 고구려·왜국 및 서남이의 동두대사가 함께 방물을 바쳤다.

> 倭國獻貂皮人參, 詔賜細笙麝香[205)]
>
> 왜국이 초피와 인삼을 바쳤는데, 조서를 내리고 세생(細笙), 사향(麝香)을 하사했다.

---

204) 『晉書』 卷十, 「帝紀」 第十, 安帝義, (義熙九年(413)).
205) 각주 178) 참조.

즉, 안제(安帝) 의희(義熙) 9년(413)에 고구려와 함께 왜가 입조했으며, 왜가 바친 공물은 고구려의 특산품인 표범 가죽과 인삼이라고 하는 기록인데 공물을 바친 찬이 고구려계임을 분명히 밝힌 셈이다.

둘째, 각종 인질의 성격은 왜왕 찬·진이 고구려계임을 전제로 해야 합리적으로 해석된다. 예컨대 백제의 태자 전지(腆支)의 397년(아신왕 6년) 도일과 405년(아신왕 14년, 전지왕 원년) 귀국 사건은 400년(아신왕 9년) 경자년 고구려 광개토대왕의 일본열도 상륙을 전제로 할 때 이해할 수 있는 일임은 앞서도 살펴보았다. 그리고 백제의 비유(毗有)나 가수리(加須利)의 인질 상황도 앞서 이야기한 바와 같다. 무엇보다도 이러한 인질 문제가 다름 아닌 왜왕 찬·진이 고구려계였다는 추론에 명확한 근거를 제공한다는 점에서 중요하다.

셋째, 신라 인질 미사흔(未斯欣)의 억류와 탈출 문제도 기존 통설이 주장하듯이 신라가 야마토왜에 인질로 보낸 것이 아니라, 바로 왜왕 찬이 신라와 백제의 동맹관계 수립을 방지하기 위해 신라 왕자를 십수 년간 인질로 잡아둔 것이다. 418년(눌지 마립간 2년) 박제상의 희생적 노력으로 인질 상태에서 성공적으로 벗어났던 과정을 분석해 보면 왜왕 찬·진이 고구려계임은 더욱 명백해진다.

넷째, 찬·진이 물러난 후 과거에 비유가 일본에 인질로 남겨 두었던 아들 가수리가 442년(배유왕 16년)에 왜왕 '제'로 복귀한 일은 그 전에 이루어진 434년(비유왕 8년) 나제동맹(羅濟同盟)이 계기가 되어 결정적으로 힘을 잃은 고구려 세력이 일본열도에서 축출된 상황의 반증이라고 볼 수 있다.

다섯째, 기토라 고분(キトラ古墳)과 다카마쓰쓰카 고분(高松塚古墳)은 고분 내부의 유물로 보아 고분의 주인공이 고구려계라고 추측해도 무방하다.

그림 19_ 다카마쓰쓰카 고분군과 기토라 고분군의 위치[206]

일본 나라현(奈良県) 아스카무라(明日香村)에 있는 기토라 고분과 다카마쓰쓰카 고분은 약 1㎞의 거리를 두고 이웃해 있다. 이 고분에서는 희귀하게도 고구려 사신도 벽화, 즉 북현무, 남주작, 동청룡, 서백호로 구성된 전형적인 고구려식 채색 벽화가 발견되었다. 그리고 두 고분은 모두 천정에 천문도(天文圖)가 그려져 있다. 특히 다카마쓰쓰카 고분 벽화에는 언뜻 보아도 고구려풍인 12명의 여인이 아름답게 그려져 있고, 기토라 고분 천정에 그려진 천문도는 고구려에서 보이는 별자리를 매우 정교하게 그려져 있어서 이 벽화를 제작한 주체가 고구려인이겠다는 추측이 강하게 든다. 이들 고분의 축조 연대는 발견 당시만 해도 5세기 중반으로 추정했으나 나중에는 6세기 말

206) 〈그림 19〉 다카마쓰쓰카 고분군과 기토라 고분군의 위치 그림 출처: 일본 국영 아스카 역사 공원(国営飛鳥歴史公園) 홈페이지 (https://www.asuka-park.jp/ko/area/)

에서 7세기 초라고 발표하고, 벽화의 고구려풍에 대해서는 고구려가 망한 후 일본열도로 이민해 온 장인들의 작품으로 해석했다. 그러나 필자의 생각으로는 사신도나 천문도 등을 묘에 장식하려면 피장자가 적어도 왕 정도의 고위급 인물이 아니고서는 불가능하다. 그런 만큼 고구려가 망한 후에 이런 화려한 묘가 축조되었으리라는 추측은 그 타당성이 희박하다. 따라서 단언하기는 어렵지만, 이 두 고분은 고구려계의 왜왕 찬과 진의 무덤이 아닐까 짐작해 본다.

사실 이 문제는 최근 발달한 고고학적 접근법으로 쉽게 풀 수 있다. 방사성 동위원소 측정 방법으로 고분의 축조 연대를 가늠하기란 어렵지 않을 터인데, 현실은 일본의 문화재 당국이 과학적 측정을 의도적으로 회피하는 게 아닌가 하는 의심이 들 정도로 미온적이다.

이상의 내용들을 종합하면 왜왕 찬·진은 고구려계임이 분명하다.

제3절

개로왕과 곤지 그리고 사마

왜5왕을 연구하다 보면 백제 개로왕(蓋鹵王)이 그 중심에 있음을 알게 된다. 개로왕은 백제 본국의 21대 왕으로 등극하기 전 이미 일본에서 십수 년간 왜왕으로 통치권을 행사한 전력이 있다. 그전에는 선대 비유왕이 백제로 돌아간 뒤에도 자신은 일본열도에 남아 체류한 경험이 있다. 게다가 개로왕은 455년에 즉위해서 475년 한성이 함락되어 아차산에서 사망할 때까지 20년의 재위 기간 내내 북쪽의 고구려 장수왕과 벅찬 생존 투쟁을 벌이며 인고의 시간을 보내야 했다. 그런 연유로 끊임없이 북위와의 협력관계를 모색했던 개로왕은 472년 위나라 황제에게 「상표문」을 보내서 백제와 위나라 양국이 협력하여 고구려를 치자고 비밀리에 제안하기도 했다.[207)]

207) 『三國史記』卷第二十五,「百濟本紀」第三, 蓋鹵王, “十八年, 遣使朝魏, 上表曰, ‘臣立國東極, 豺狼隔路, 雖世承靈化, 莫由奉藩. 瞻望雲闕, 馳情罔極. 涼風微應, 伏惟皇帝陛下恊和天休, 不勝係仰之情. 謹遣私署冠軍將軍·駙馬都尉·弗斯侯·長史餘禮, 龍驤將軍·帯方太守·司馬張茂等, 投舫波阻, 搜徑玄津, 託命自然之運, 遣進萬一之誠. 兾神祇垂感, 皇靈洪覆, 克達天庭, 宣暢臣志, 雖旦聞夕沒, 永無餘恨.”

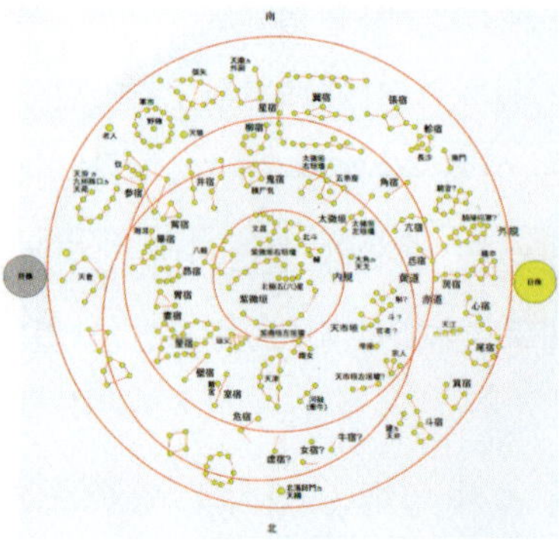

그림 20_ 기토라 고분 천문 복원도[208]

그림 21_ 다카마쓰쓰카 고분 벽화 현무도[209]

그런 와중에도 개로왕은 사직의 안위를 걱정했다. 455년 일본열도에서 급히 귀국하느라 자기를 대신하도록 왜왕 자리를 맡겨두었던 동생 곤지(昆支)를 461년 한성으로 불러들인다. 정식으로 왜왕 자리를 물려줄 테니 만삭의 왕후를 대동하고 일본열도로 돌아가서 장차 사내아이가 태어나면 잘 길러 왜왕 자리를 물려주라고 부탁한다. 만일을 대비하여 후사까지 준비한 것이다. 『삼국사기』에는 이러한 배경에 대해 별다른 설명 없다. 그저 곤지는 개로왕의 아들이라는 기록만 있다. 이는 잘못된 기록이고, 곤지가 개로왕의 동생이라고 하는 『일본서기』의 기록[210]이 정확하다고 본다. 『일본서기』는 곤지가 개로왕의 명령으로 일본열도에 파견되는 과정까지 자세히 전하고 있다. 백제가 일왕에게 보낸 여인이 불미스러운 일을 저질렀으니 다시

---

208) 〈그림 20〉 기토라 고분 천문 복원도 출처: 아스카무라 철저 가이드(あすか村徹底ガイド) (http://rekishi-guide.com/nara/asukamura/takamatsuzuka-kitora/)

209) 〈그림 21〉 다카마쓰쓰카 고분 벽화 현무도 사진 출처: 아스카무라 철저 가이드.(http://rekishi-guide.com/nara/asukamura/takamatsuzuka-kitora/)

210) 『日本書紀』 卷第十四, 雄略天皇, "秋七月 軍君入京 旣而有五子百濟新撰云 辛丑午 蓋鹵王遣弟昆支君 向大倭 侍天王 以脩兄王之好也."

사람을 보내라고 왜가 개로왕에게 요구한 이야기를 장황하게 서술한다. 이에 곤지가 이 문제를 해결하기 위하여 개로왕의 명을 받아 일본열도로 떠나는 장면을 설명한다. 이때 곤지는 자신이 일본열도에 왕후를 대동하는 것은 괜찮으나 자신을 왕후와 결혼시켜 달라는 조건, 다시 말해 왕후인 형수를 아내로 삼게 해달라는 조건을 걸었다고 한다.

개로왕이 이 조건을 수락하여 곤지 일행은 만삭의 왕후를 대동하고 일본열도를 향해 길을 떠난다. 지쿠시노시마(筑紫嶋)[211] 입구에서 왕후가 산기를 느껴 해안에서 가까운 가카라시마(加唐嶋 또는 角羅嶋)에 하선하여 왕후가 출산한다.[212] 이때 왕후가 출산한 동굴은 지금도 금줄을 쳐놓고 무령왕이 출생한 곳으로 기념하고 있다.

이런 우여곡절 끝에 곤지는 그들의 본부인 오사카로 들어와 왜왕 흥(興)으로 취임한다. 그런데 왜 『일본서기』는 그토록 장황하게 형수와의 결혼까지 운운해가며 황당한 스토리를 남겼을까. 그 이유는 뒤에서 다루겠지만, 461년 가카라시마에서 출생한 사마(斯麻)가 훗날 왜왕 무가 되고, 501년 동성왕(東城王)의 뒤를 이어 백제 무령왕이 되는 연결고리를 차단하기 위해서라고 할 수 있다. 통설은 왜왕 무를 즉위 연대도 맞지 않는 일왕 유랴쿠와 동일시하는 비정을

---

211) 지쿠시노시마(筑紫嶋): 오늘날의 규슈(九州)를 일컫는 말.

212) 『日本書紀』 卷第十六, 武烈天皇, “是歲, 百濟末多王無道, 暴虐百姓. 國人遂除, 而立嶋王. 是爲武寧王[百濟新撰云, 末多王無道, 暴虐百姓. 國人共除. 武寧王立. 諱斯麻王. 是琨支王子之子. 則末多王異母兄也. 琨支向倭. 時至筑紫嶋, 生斯麻王. 自嶋還送, 不至於京, 産於嶋. 故因名焉. 今各羅海中有主嶋. 王所産嶋. 故百濟人號爲主嶋. 今案, 嶋王是蓋鹵王之子也. 末多王, 是琨支王之子也. 此曰異母兄, 未詳也.].”

213) 〈그림 22〉 백제-왜 해상로 및 가카라시마 위치 그림 출처: 동아일보 (https://www.donga.com/news/Inter/article/all/20150623/72054672/1)

그림 22_ 백제-왜 해상로 및 가카라시마 위치[213)]

감행한다. 그리고는 가카라시마에서 출생한 사마를 개로왕의 요청에 따라 백제로 돌려보낸 듯이 기록해둠으로써 결과적으로 유랴쿠로 비정한 왜왕 무는 백제 혈통과 아무 관계가 없음을 시사하고, 왜왕 무가 농성왕의 후임으로 백제에 귀국해서 무령왕이 된 사실을 감추려는 것이다. 만삭의 여인에게 곧 출산이 임박했음은 누구라도 예상할 수 있는 일이다. 그런데도 개로왕은 왜 굳이 위험을 무릅쓰면서까지 만삭의 왕후를 데리고 항해에 나서서 일본열도로 건너갔을까. 『일본서기』의 편저자들이 사마를 한성으로 돌려보냈다고 거짓 기술한 숨은 의도는 짐작하고도 남는다. 왜왕 무는 유랴쿠일 리 없고, 『송서』의 「상표문」에서 보듯 왜왕 제의 아들이자, 개로왕의 아들이다. 그러므로 왜5왕 가운데 제·흥·무의 실체를 파악하려면 455년부터 475년까지 재위한 백제 21대 개로왕과 그의 아들 사마, 그리고 숙부인 곤지의 혈연관계는 반드시 염두에 두어야 한다. 일부 학자들은 일본서기에서 곤지가 일본으로 파견되는 조건으로 형수인 만삭의 왕후를 자신과 결혼하게 해달라고 조건을 내건 점에 주목해서 이는 곤지가 형수인 왕비와 이전에 사통관계에 있었다고 보는 설도 주장하지만, 이는 전혀 타당성이 없으므로 취할 바가 못 된다. 왜냐하면 곤지가 일본에 도착했을 때 (일본에) 이미 다섯 왕자가 있었다는『일본서기』의 기록을 보더라도 애초에 그는 백제 본국이 거주한 것이 아니라 오랫동안 일본에 거주했음이 입증된다고 판단된다. 그리고 이는 곤지가 형 개로왕이 왜왕 제(濟)로서 재위할 당시(442~455) 오랫동안 형을 보좌했던 것으로도 해석할 수 있다. 따라서 461년의 개로왕과 곤지의 만남은 개로왕이 자신이 겸직하고 있던 왜왕 자리를 곤지에게 정식으로 물려주기 위함이었고, 곤지를 백제 본국으로 소환했다가 다시 일본에 파견할 때 만삭의 왕후를 대동케 함으로써 후사를 대비했던 것이라고 볼 수 있다. 따라서 사통 운운은 상식적으로 납득할 수 없는 주장이다. 더군다나 곤지는 형인 개로왕에 의하여 좌현왕으로 보임된 사실과 개로왕이 죽은 후 후임인 문주왕을 보좌하기 위하여 귀국했다가 죽임을 당한 사실에 비추어 보더라도 형에 대한 그의 충성심은 의심할 여지가 없다. 필자의 생각에 사통설은 근본적으로 왜왕 무를 곤지의 아들로 위치시킨 것으로, 이는 왜왕 무가 「상표문」에서 "신망고제"라 하여 명백히 밝힌 왜왕 제가 왜왕 무의 아버지라는 사실과 정면으로 배치된다. 결국 이 사통설은 개로왕과 왜왕 제가 동일인임을 부정하고, 혼란을 일으키기 위하여『일본서기』가 설정한 장치의 하나라고 생각된다.

제4절

왜왕 무의 「상표문」 분석

왜왕 찬·진·무의 실체 연구에서는 무엇보다 먼저 왜왕 무가 송의 순제에게 478년에 보낸 「상표문」을 검토해야 한다(왜왕 무의 「상표문」에 앞서 372년 개로왕이 북위 황제에게 보낸 「상표문」도 있으나 왜왕의 실체와는 큰 관련성이 없으므로 이 글에서는 다루지 않는다).

그림 23_ 금줄이 쳐진 사마(나중에 왜왕 무를 거쳐 무령왕이 됨) 탄생지, 가카라시마의 동굴[214)]

그림 24_ 2020년 9월 기존 목재 표지판 대신 화강암 비석이 세워진 무령왕 탄생지.[215)]

214) 〈그림 23〉 금줄이 쳐진 사마(나중에 왜왕 무를 거쳐 무령왕이 됨) 탄생지, 가카라시마의 동굴. 사진 출처: 동북아역사재단(http://contents.nahf.or.kr/edkjViewer/item.do?pg=10&view=contents&grade=001).

215) 〈그림 24〉 2020년 9월 기존 목재 표지판 대신 화강암 비석이 세워진 무령왕 탄생지 사진 출처: 연합뉴스(https://m.yna.co.kr/view/AKR20200925129900073)

順帝昇明二年, 遣使上表曰:

「封國偏遠, 作藩于外, 自昔祖禰, 躬擐甲冑, 跋涉山川, 不遑寧處. 東征毛人五十五國, 西服衆夷六十六國, 渡平海北九十五國, 王道融泰, 廓土遐畿, 累葉朝宗, 不愆于歲. 臣雖下愚, 忝胤先緒, 驅率所統, 歸崇天極, 道逕百濟, 裝治船舫, 而句驪無道, 圖欲見吞, 掠抄邊隸, 虔劉不已, 每致稽滯, 以失良風. 雖曰進路, 或通或不. 臣亡考濟實忿寇讎, 壅塞天路, 控弦百萬, 義聲感激, 方欲大擧, 奄喪父兄, 使垂成之功, 不獲一簣. 居在諒闇, 不動兵甲, 是以偃息未捷. 至今欲練甲治兵, 申父兄之志, 義士虎賁, 文武效功, 白刃交前, 亦所不顧. 若以帝德覆載, 摧此强敵, 克靖方難, 無替前功. 竊自假開府儀同三司, 其餘咸各假授, 以勸忠節.」

詔除武使持節·都督倭新羅任那加羅秦韓慕韓六國諸軍事·安東大將軍·倭王216)

송 순제(順帝) 승명 2년(478)에 사신을 보내 표를 올리기를,

“봉해진 나라가 먼 곳에 치우쳐 있으며, 바깥에 번국을 이루고 있는데, 과거 선조 때부터 아버지에 이르기까지 스스로 갑옷과 투구를 걸치고 산천을 누비느라 편안히 거처할 겨를이 없었습니다. 동으로는 모인(毛人) 55국을 정벌하였고, 서로는 중이(衆夷) 66국을 복종시켰으며, 바다 건너 해북(海北) 95국을 평정하니 왕도는 화락하고 편안하며, 땅을 넓히고 왕기를 아득히 크게 하였으며, 여러 대에 걸쳐 조종(朝宗)하여, 해마다 어긋나는 일이 없었습니다. 신이 비록 아주 어리석으나 조상의 뒤를 이어 다스

216) 『宋書』 卷97, 「列傳」 第57, ‘夷蠻’.

리는 나라를 이끌고 중국의 조정을 섬기고자 하였으나 가는 길이 백제를 거쳐야 하므로 큰 배를 준비해야 하는데, 구려(句驪)가 무도하여 (우리를) 집어삼키려 하고, 변방의 속한 곳을 노략질하며 살육을 그치지 않으니, 매번 지체되어 좋은 바람을 놓치게 됩니다. 그래서 비록 길을 나서지만 혹은 통하고 혹은 통하지 못합니다. 신의 돌아가신 아버지 제(濟)는 실로 원수가 천로(天路)를 막는 것에 분노하였으니, 활을 쏘는 병사 100만이 의로운 소리에 감격하여 바야흐로 크게 일어나고자 하였습니다. 그런데 갑자기 아버지와 형을 잃으니, 수성(垂成)의 공을 이루고자 하였지만 마지막 한 삼태기를 얻지 못하였고, 상중에 있어 병사를 움직이지 못하고 쉬고 있었으므로 이기지 못하였습니다. 지금에 이르러 갑옷과 무기를 잘 갖추어 부형의 뜻을 펼치고자 하니, 의롭고 용맹스러운 병사들이 문무로 공을 이루어, 번쩍이는 칼날이 눈앞에 닥쳐도 또한 눈을 딴 곳으로 돌리지 않습니다. 만약 황제의 세상을 뒤덮는 덕으로써 이 강적을 무찔러 온갖 어려움을 극복한다면, 이전의 공을 바꾸는 일은 없을 것입니다. 삼가 스스로 개부의동삼사(開府儀同三司)를 가수(假授)하고, 다른 사람에게도 모두 각각 [적당한 관작을] 가수하여, 충절을 권유하였습니다."라고 하였다.

조하여 무를 사지절 도독 왜·신라·임나·가라·진한·모한 육국제군사, 안동대장군, 왜왕에 제수하였다.[217]

위의 「상표문」에서 중요한 어휘를 몇 가지 검토해 보기로 한다.

217) 번역은 필자가 동북아역사넷의 기존 번역문을 참조해 다시 해석, 윤문했다.

1. "동정모인55군(東征毛人五十五國)", "서복중이66국(西服衆夷六十六國)", "도평해북95국(渡平海北九十五國)"에 대하여

중국 사서에서 왜의 조공 기록은 266년 야마타이(邪馬台)의 히미코(卑弥呼) 기사[218]를 끝으로 사라졌다가 413년 왜왕 찬의 조공을 필두로 중국 사서에 다시 등장하기까지 약 150년의 공백기가 있다. 위의 인용문은 그 공백기 동안 무슨 일이 있었는지를 한눈에 보여준다. 당시 150여 년의 공백기에 일본열도에는 통일 세력이 없었고, 부락 단위의 소국이 난립한 상황이었음을 알 수 있다. 여기서 "도평해북(渡平海北)"의 주체가 누구인지 그것이 관건이다. 일본의 통설은 그 주체를 일본으로 보며, 일본이 현해탄을 건너 한반도에 진출했다고 해석하지만, 전혀 타당성이 없다. 그들이 3세기에 왜가 현해탄을 건너 한반도에 진출했다고 보는 유일한 근거는 진수(陳壽)의 『삼국지(三國志)』「위지동이전」 한(韓)조에서 한반도 남부에 95개 소국이 난립했다는 기록이다. 그러나 삼한의 면적이 사방 4천 리라고 하였으니 이 기록은 한반도 남부를 말하는 내용이 아니다.[219] 그간 조선 후기의 사대주의 유학자들과 황국사관을 추종하는 식민사학자들이 '사

---

218) 『晉書』 卷97, 「列傳」 第67, 四夷, "宣帝之平公孫氏也, 其女王遣使至帶方朝見, 其後貢聘不絕. 及文帝作相, 又數至.泰始初, 遣使重譯入貢(선제(宣帝)가 공손씨(公孫氏)를 평정하자 여왕이 사 신을 대방(帶方)에 파견하여 입조 알현하였다. 그 뒤 조공(朝貢)과 빙례(聘禮)가 끊이지 않았다. 문제(文帝)가 국상(國相)이었을 때에도 여러 번 조공을 보냈다. 태시년간(泰始年間) 초에는 사자를 파견하여 중역(重譯)하며 들어와 조공을 하였다)."

219) 『三國志』 권30 , 「魏書」 30, 「烏桓鮮卑東夷」 30. "韓, 在帶方之南. 東西以海爲限, 南與倭接, 方可四千里."

방 4천 리'라는 기록은 못 본 체하고 삼한을 한반도 남부에 가두어 놓음으로써 '반도사관'의 근거로 삼은 논리다. 또한 진수가 『삼국지』를 쓸 때 한반도 사정을 훤히 알고 썼는지도 의문이다. 게다가 당시의 항해술이나 조선술로 보더라도 아직 철을 생산할 능력이 없는 왜가 선진 문물을 가진 한반도에 진출한다는 것은 어불성설이다. '남한의 강단사학자'들 일부가 이런 사정을 외면하고 일제가 짜놓은 조선사 축소 왜곡 프레임에 가스라이팅 당한 결과인지는 몰라도 일본의 통설을 무조건 답습하면서 삼국의 국가 정립 시기를 3세기 또는 4세기로 내려 잡는 등 소위 '삼국사기 불신론'을 신봉하는 현상은 통탄스럽기 짝이 없다.[220]

---

220) 소위 '삼국사기 초기 기록 불신론'이라고 한다. 이에 대해 다음과 같은 비판론도 있다. 『일본서기』는 역사의 기초인 연대부터 맞지 않는다. 빨라야 서기 4세기 이후에나 시작되었다고 보이는 야마토의 역사를 서기전 660년으로 천 년가량 끌어올리다 보니 허구와 과장이 심하다. 그러나 일제강점기 황국사관에 입각한 조선사 편찬자들은 삼국사기의 기록을 가짜로 몰아세우는 데에 온 힘을 다했다. 이것이 바로 '삼국사기 초기 기록 불신론'의 출발이다. 그런데 광복 70년이 지난 오늘날에도 남한의 강단사학자들은 그 '삼국사기 불신론'을 고수하고 있다. 동북아시아재단의 국고로 번역 출간한 『일본서기』 3권은 임나 관련 모든 지명을 한반도로 비정하고 있다. 번역본 서문에서 연민수는 "일본서기의 진정한 가치는 일본서기가 고대인들에 의해 편찬된 고대의 사서라는 점에 있다. 반면 『삼국사기』는 고려시대 즉, 중세인의 시각에서 본 고대의 역사서라고 할 수 있다."고 했다. 그들은 그들이 인용하는 『일본서기』가 연대부터 맞지 않는다는 사실은 물론 그 제작 목적이 처음부터 일본의 역사를 끌어올리기 위해 의도적으로 조작, 가공, 왜곡되었다는 점은 일체 언급하지 않는다. 또 『일본서기』에는 후대에 무수한 손질이 가해져서 『삼국사기』보다 오히려 더 후대에 묶여졌다는 사실까지 숨기고 있다. 그러면서 이영식 교수는 덧붙여 현대적 국가의식을 배제할 수 있는 방법은 『일본서기』로 돌아가서 『일본서기』를 있는 그대로 보는 태도가 중요하다고 강변한다(강만길 외, 『우리역사를 의심한다』, 서해문집, 2002).
이영식의 논리대로 사료 비판을 생략하고 『일본서기』를 보면 고구려·백제·신라·가야가 모두 일본의 식민지다. 이야말로 땅을 치고 통탄할 노릇이다. 한편 강단사학계에서 입에 거품을 물고 매도하는 『환단고기』는 편찬자가 확실하고

이에 반하여 왜왕 무의 「상표문」은 5세기 말에 왜왕 무가 당해 지역인 일본열도에서 일어난 일을 본인이 직접 기술한 글이므로 신뢰성이 매우 높다. 따라서 "도평해북"이라는 표현은 규슈를 거쳐 일본열도를 정복한 가야와 백제 이주 집단이 세토내해(瀨戶內海)를 건너 나라(奈良)를 거점 삼아 관서 및 관동지방으로 진출한 상황으로 해석해야 한다. 이처럼 95국의 소국이 존재했다는 『삼국지』 「위지동이전」 한조의 기록은 한반도 남부에 관한 내용이 아니므로 이를 근거 삼을 이유가 전혀 없다. 또한 왜왕 무는 어디까지나 백제의 후왕(侯王) 지위에서 「상표문」을 작성한 만큼 일본열도를 벗어난 한반도 남부의 정복 활동에 대해 언급하는 것도 사리에 맞지 않는다.

2. "신망고제(臣亡考濟)"에 대하여

이 문구에 대하여 학자들은 대부분 별다른 관심을 두지 않는다. 그저 "신(臣)의 죽은 아버지(亡考) 제(濟)"로만 단순하게 해석한다. 반면 원광대 소진철 교수[221]는 "신이 망하는 백제를 생각하여"라고 해석했다. 생각건대 '망고(亡考)'라는 용어는 흔히 돌아가신 아버지에 대해서 쓰는 '선고(先考)'라는 용어와 대비된다는 점에서 볼 때 전자

일식 기록과 연대도 매우 정확하다는 점이 입증되었다. 그런데도 『환단고기』를 위서로 몰아붙이며 '국뽕' 운운하는 그들에게 『일본서기』와 『환단고기』 둘 중 어느 쪽이 더 위서적 요소가 많은지 실증적, 과학적으로 비교 검증해 볼 것을 제의하고 싶은 것이 필자의 생각이다(졸고, 『광개토대왕릉비에 나타난 왜에 관한 연구』, 석사논문, pp.31~32 참조).

221) "망하는 백제를 생각하여"라고 해석한 학자는 소진철 교수 외에 가사이 와진(笠井倭人)도 있다. 소진철, 『금석문으로 본 백제 무령왕의 세계』, 원광대학교 출판국, 1994. p.127.

의 해석이 맞는다고 본다. 다만 전체 의미가 중요한데 이는 뒤에서 이야기하기로 하고, 무왕의 아버지가 '제(濟)'라는 사실을 분명히 밝힌 문구이고, '제'는 개로왕을 의미한다고 볼 때 "신망고제"는 「상표문」에서 매우 중요한 문구이다.

3. "엄상부형(奄喪父兄)"에 대하여

통설은 왜왕 무의 선대 왕인 '제'와 '흥'이 갑자기 죽었다는 뜻으로 해석하지만, 두 명의 왕이 갑자기 왜 죽었는지, 언제 죽었는지 사실관계에 대한 설명이 없다. 따라서 이 통설은 타당성이 없다고 봐야 한다. 이는 475년에 고구려의 침공으로 개로왕이 왕자와 함께 무참히 살해 당한 사건을 가리키는 것으로 이해해야 한다. 이 문구에서 개로왕이 무왕의 부친이고, 죽은 태자는 무왕의 형이라는 사실을 명백히 알 수 있다.

4. "신부형지지(申父兄之志)"에 대하여

이 문구는 왜왕 무가 군대를 동원해서 고구려를 치려고 하는 이유를 설명해준다. 즉, 비명에 죽은 아버지와 형의 원수를 갚고, 아버지 개로왕의 선조인 아신왕(阿莘王, 재위: 392~405)이 영락 6년(396) 고구려의 침공으로 광개토대왕에게 항복하고 노객을 자처해 가며 가까스로 사직을 보존한 치욕을 설분(雪憤)하기 위해서이다. 개로왕은 진즉부터 행동에 나서서 372년 위나라에 「상표문」을 보내 함께 고구려를 치자고 제안한다. 그러나 위나라가 거절하여 개로왕은 소기의 목적을 달성하지는 못한다. 이러한 개로왕의 뜻을 되살려 이번에는 왜왕 무가 송나라에 구원을 요청하였으니 "신부형지지(申父兄之志)", 바로 "부형의 뜻을 따라"라는 문구로 표현된 것이다.

5. 「상표문」에 나타난 송의 작호 문제 – 6국제군사

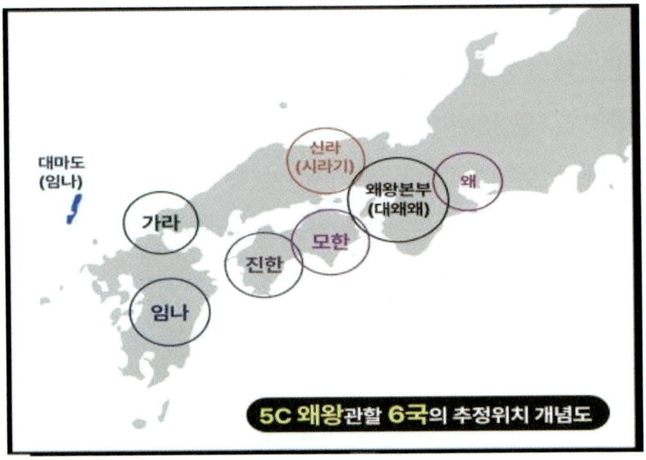

그림 25_ 5세기 왜왕 관할 6국의 추정위치 개념도222)

『송서』에는 안동대장군(安東大將軍)이니, 진동대장군(鎭東大將軍)이니 하는 장군호를 송이 왜왕에게 계속 부여했다고 나온다. 이러한 작호 수여는 송의 위세를 과시하기 위한 제스처이므로 크게 문제 삼을 필요는 없다. 그러나 역대 왜왕이 자신의 통치 범위를 확정한다는 의미에서 제시한 통할 국명은 매우 중요한 의미를 띤다. 예컨대 왜왕 무는 378년 왜·신라·가라·임나·모한·진한 6개국을 통할하는 제(諸)군사 안동대장군을 제수받았다(애초에 왜왕 무가 요청한 개부

222) 〈그림 25〉 5세기 왜왕 관할 6국의 추정위치 개념도: 저자 작성.

의동삼사(開府儀同三司)는 불허되었다). 이 작호에 왜가 들어 있고 신라와 가라·임나가 포함되어 있으나 백제가 빠졌다는 사실은 시사하는 바가 크다. 백제는 왜왕을 후왕(侯王)으로 둔 상위의 대왕국이요, 신라·가라·임나 등의 국가는 한반도 본국의 일본열도 분국[223]임을 뜻하기 때문이다. 이와 관련하여 특기할 점이 있다. 처음에는 왜왕 무가 제청한 관호에 백제까지 포함하여 7국제군사시절도독을 요청했다는 사실이다. 물론 실제로 송의 순제(順帝)가 수여한 관호는 6국제군사였지만, 왜왕 무는 475년 당시 본국에서 개로왕이 전사하고 백제 사직이 위태로운 지경임을 고려하여 은연중에 자신이 본국 백제까지 대표하는 관할권을 요구한 것이 아닐까 추측한다.

223) 한반도 고대 국가들이 일본열도에 진출한 것으로 해석하는 '분국설'의 관점이다.

제5절

왜왕 제 · 흥 · 무의 실체

왜왕 제 · 흥 · 무의 실체에 대해서는 졸고 「5세기 왜5왕의 성격과 실체에 관한 연구」[224]에서 상세히 논증한 바 있으나 여기서 다시 한번 정리해 본다.

1. 「상표문」 속의 왜왕 제는 개로왕이다

「상표문」 중간에 나오는 "신망고제"라는 문구에 대해 종래 학자들은 이 글의 작성자인 왜왕 무의 죽은 아버지 '제'라고 하거나 소진철 교수처럼 "신의 망하는 백제를 생각하여"라는 뜻으로 해석해서 큰 의미를 부여하지 않고 넘어갔다. 그러나 왜왕의 실체를 규명할 때 이 문구는 매우 중요하다. 왜냐하면 "신망고제"에서 '제'는 일반적인 제삼자의 이름이 아니라 바로 왜왕 무의 2대 선왕을 가리키는 고

224) 김주인, 「5세기 왜5왕의 성격과 실체에 관한 연구」, 『역사와 융합』 제12호, 바른역사학술원, 2022, pp,7~48.

유명사이다. 요즘도 흔히 부고에서 사망한 부친을 높여 부르는 '선고'라는 말에 비추어볼 때 이 "신망고제"는 왜왕 무와 왜왕 제가 부자 관계임을 분명하게 규정하는 문구로 이해할 수 있다.

각도를 바꾸어 왜왕무는 왜왕제도의 성질에 비추어 볼 때 분명 백제의 왕의 아들일 터인데 누구의 아들일까? 하는 문제를 생각해 보기로 한다.

앞서 말한 바와 같이 에다후나야마 고분에서 출토된 큰칼의 명문에는 왜왕제도의 중심에 개로왕이 등장한다.

더구나 개로왕은 461년 왜왕자리를 동생인 곤지에게 물려주는 대신 후사를 대비하는 의미에서 만삭의 왕후를 대동하여 열도로 향하게 했다.

그 만삭의 왕후가 열도상륙 직전 후쿠오카 앞의 각라도에서 왕자를 출산한 사실을 『일본서기』가 기록하고 있다. 따라서 왜왕무가 바로 이 각라도에서 출생한 개로왕의 아들이 아닐까 하는 개연성이 커진다. 『일본서기』에는 왕후가 섬에서 출산한 왕자를 사마(嶋)라고 부르며 백제로 돌려보냈다고 기록하고 있으나 이는 어떤 숨기고 싶은 의도에서 그렇게 기록한 것으로 보인다.

왜냐하면 만삭의 왕후는 조만간 출산하리라 하는 것은 누구나 예상할 수 있는데 왜 굳이 열도를 향하게 했느냐 하는 의문이 있고 그것은 바로 개로왕이 고구려의 침약에 대비하여 후사의 안전을 도모하기 위한 것이라 쉽게 짐작할 수 있기 때문이다.

따라서 출산한 아기를 백제로 돌려보냈다는 기록은 거짓으로 보인다. 더구나 개로왕은 만삭의 왕후 이외에 다른 왕자를 열도에 파견한 기록도 없다.

따라서 각라도에서 출생한 개로왕의 아들 사마(嶋)가 왜왕 무라고 볼 수밖에 없다.

이처럼 왜왕 무와 왜왕 제가 부자 관계임이 밝혀진 이상 왜왕 제와 왜왕 무가 부자 관계인 것과 합하여 또 하나의 중요한 결론이 도출된다. 바로 왜왕 제와 개로왕이 동일인이라는 것이다. 왜냐하면 왜왕 무라는 한 인물에게 아버지가 '제와 개로왕' 두 명일 수는 없기 때문이다. 이를 도표로 표시하면 아래와 같다.

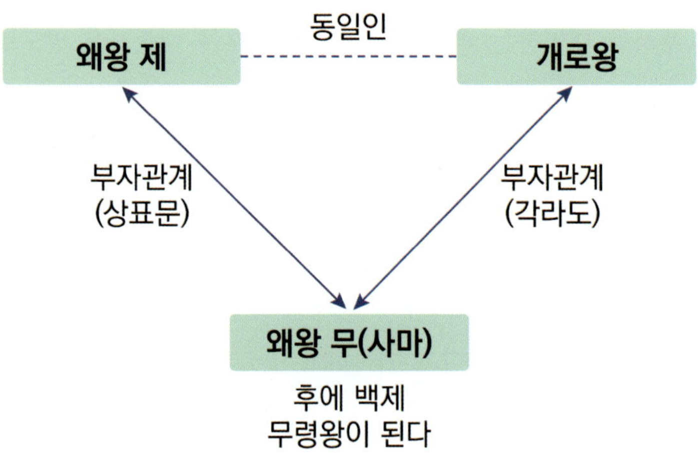

또 개로왕의 재임 기간인 455~475년과 『송서』에 나타난 왜왕 제의 재임 기간인 445~461년 사이에는 6년이라는 햇수가 겹치는데 이는 455년에서 461년까지 6년 동안은 개로왕이 아우 곤지에게 왜왕의 업무를 대신하도록 위탁한 기간이라고 볼 수 있다. 이 점은 『일본서기』에서 곤지가 461년 일본열도에 부임했을 때 아들이 5명이 있었다는 기록을 생각하면 곤지가 과거부터 왜왕 제를 보좌하여 일

본열도를 다스린 경험이 풍부했으리란 추측과 연결된다. 또 하나, 곤지의 아들 5형제 중 둘째 말다(末多)의 존재를 눈여겨보아야 한다. 그는 백제 본국에서 개로왕이 죽은 뒤 문주왕(文周王, 재위: 475~477)과 삼근왕(三斤王, 재위: 477~479)이 잇달아 권력 다툼에서 패하여 암살당하는 혼란기에 귀국한다. 그리고는 동성왕으로 취임해서 혼란한 백제 정국을 안정시키고 잃었던 영토를 회복하는 데도 크게 기여했음을 강조하고 싶다.[225]

2. 왜왕 흥은 곤지이자 개로왕의 동생이다

앞에서 보았듯이 361년 개로왕의 명령을 받아 일본열도로 출발할 때 그 출발 목적은 공석인 왜왕의 자리를 개로왕에게서 정식으로 물려받는 것이었다. 『일본서기』에는 마치 유라구기 요구하여 인질로 보내진 양 기록되어 있으나 이는 『일본서기』에 항용 보이는 거짓 기술로 이해해야 한다. 실상은 백제왕의 후사를 공고히 할 목적으로 이루어진 파견이다. 개로왕의 동생 곤지에게 만삭의 왕후를 대동케 하고, 만약 아들이 태어나면 잘 길러서 훗날 왜왕의 지위를 물려주어 백제 왕실의 운명이 고구려에 위협받을 때를 대비하다록 기획한 다목적 포석이었다. 개로왕의 이러한 포석은 훗날 적중했음이 증명된다. 개로왕이 고구려 장수왕의 침공으로 전사하자 곤지는 477년 왜왕 자리를 조카인 사마(斯摩)에게 물려주어 왜왕 무로 즉위시킨 일

225) 『三國史記』 卷第二十六, 「百濟本紀」 第四, 東城王, "十年, 魏遣兵來伐, 爲我所敗(10년(488)에 북위[魏]가 군사를 보내와서 침공하였으나 우리에게 패하였다)."

이 그것이다. 그리고 곤지 자신은 형 문주왕을 도우려 귀국했고, 귀국 후 비록 권력 투쟁에 패배하기는 했으나 곤지의 둘째 아들 말다가 동성왕으로 취임하여 정국이 안정되었다. 그 후 동성왕이 죽자 그의 뒤를 이어 501년 왜왕 무가 귀국해서 무령왕이 되는 드라마 같은 역사가 이어졌다. 왜왕 흥, 즉 곤지는 이처럼 백제 왕실에 대한 충성심이 강했다. 458년에는 개로왕으로부터 좌현왕(左賢王)[226]에 봉해질 정도로 강력한 군사 지도자의 면모도 보인다. 그런 이유로 『일본서기』에서는 '군군(軍君)'으로 불리기도 하는데 가족 사랑 또한 대단했음이 뒤에서 다룰 스다하치만신사(隅田八幡神社) 인물화상경(人物画像鏡)에 잘 나타나 있다. 뒤에서 자세히 다루겠지만, 일부 학자는 곤지를 유랴쿠와 동일인으로 추정하기도 한다. 위에서 보았듯이 곤지는 대단한 인물이었음이 틀림없어서 오사카 근처에는 아스카베신사(飛鳥戸神社)라 하여 곤지를 모시는 사당도 있다. 일설에는 대형 고분 중 하나인 다이센 고분(大仙古墳)이나 곤다야마 고분(譽田山古墳)의 주인공이 곤지라고도 한다. 곤지와 관련하여 에다후나야마 고분(江田船山古墳)[227]과 이나리야마 고분을 살펴볼 필요가 있다.

226) 『宋書』, 「夷蠻 東夷 列傳」, 백제조에는 개로왕이 대명(大明) 2년(457) "行冠軍將軍 右賢王 餘紀를 冠軍將軍으로 삼고, 行征虜將軍 左賢王 餘昆과 行征虜將軍 餘暈를 모두 征虜將軍으로…삼았다."는 기록이 나오는데, 이 여곤(餘昆)을 곤지로 본다.

227) 에다후나야마 고분(江田船山古墳): 일본 규슈 구마모토현(熊本県) 다마나군(玉名郡) 나고미마치(和水町, 옛 지명은 기쿠스이마치(菊水町))에 있는 전방후원분으로 분구는 62m에 달한다. 1873년 발굴되기 시작했는데 일본에서는 5세기 말에서 6세기 초엽에 축조되었다고 추정하며 유랴쿠의 능으로 보는 학설이 있고, 북한 학계는 백제계 고분으로 보기도 한다.

그림 26_ 에다후나야마 고분 출토 유물[228)]

특히 에다후나야마 고분은 규슈(九州) 구마모토현(熊本県)의 다마나시(玉名郡)에 있으며, 출토 유물은 도쿄국립박물관에 소장되어있다. 출토 유물에는 금동관을 비롯한 백제풍 귀중품이 다수 섞여 있다. 가장 시선을 끄는 것은 철검에 새겨진 명문의 내용이었다.

228) 〈그림 26〉 에다후나야마 고분 출토 유물 사진 출처: 일본 도쿄국립박물관, 'e国宝', (https://emuseum.nich.go.jp/).

229) 〈그림 27〉 에다후나야마 고분의 명문이 새겨진 철검. 칼몸에 은상감으로 75자가 새겨져 있다. 사진 출처: 菊池市図書館友の会(https://www.libraryofall-kikuchi.net/post/2021年7月号-熊本・菊池の歴史アラカルト).

그림 27_ 에다후나야마 고분의 명문이 새겨진 철검[229)]

◆ 에다후나야마 고분 출토 철검의 명문

治天下獲□□□鹵大王世奉事典曹人名无利弖八月中用大鉄釜并四尺廷刀八十練九十振三寸上好刊刀服此刀者長寿子孫洋洋得□恩也不失其所統作刀者名伊太和書者張安也

이 명문을 서강대 김영덕 명예교수의 해독을 바탕으로 다시 해석하면 다음과 같다.

> 천하를 다스리는 확가이시자 크신 개로 대왕의 누리의 벼슬아치로서 섬긴 '기리'가 만들어 8월에 큰 주문을 써서 아우는 넉 자 큰 칼을 여든 번 불리고 예순 번 후려서 삼재에 가장 좋은 칼이 되었다. 이 칼을 차는 자는 장수하고 자손이 불어 삼은을 얻을 것이고 이끄는 나라도 잃지 않을 것이다. 칼을 꾸민 이는 이태화이고, 쓴 이는 장안이다.

이 명문은 "獲□□□鹵大王(획□□□로대왕)"의 '獲(획)' 자와 '鹵(로)' 자를 두고 해석이 갈렸다. '획' 자를 '살모사 복(蝮)' 자로 읽기도 했는데 국왕의 이름에 살모사라는 뜻의 글자를 쓰다니 전혀 사리에 맞지 않는다. 또한 '로' 자도 개로왕을 뜻하는 '소금 로(鹵)' 자인지 아니면 '이빨 치(齒)' 자인지 논란이 되었다. 명문 전체의 뜻조차 해독하지 못하여 오랫동안 별 진전이 없던 가운데 서강대 김영덕 교수가 고대 한일관계에 관심을 두고 이두를 공부하여 위와 같은 해석을 내놓은 것이다. 여기서 '확가'는 '확고를 거느리는 대왕'이라는 뜻이고, '확고'는 '대왕 밑의 후왕 또는 제후'를 뜻하는 백제어로 보았다. 필자 생각에는 백제 22담로[230] 제도에 근거한 '담로'를 가리키는 말이 아닌가 생각한다. '확고'를 '담로'라고 여긴다면 '로' 자냐, '치' 자냐 하는 논쟁도 자연히 종결된다. 따라서 필자는 이 '로' 자를 개로왕의 '소금 로(鹵)'자로 보려 한다.

한편 이 고분에서는 백제식 금동관을 비롯하여 동경 등 다수의 백제식 유물이 쏟아져 나와 고분의 주인공이 백제의 고위직 관료였음을 알려준다. 위의 명문 해석에서 고분의 주인공으로 생각되는 '기리[无利弖]'는 과연 누구일까. 김영덕 교수에 따르면 '기리'는 458년에 개로왕의 「상표문」에서 개로왕의 요청으로 우현왕의 작위를 받은 '여기(餘紀)'라고 추정한다.[231]

이 「상표문」에서 곤지도 좌현왕을 제수받았다는 점이 중요하

230) 『南史』 卷79, 「列傳」 69, 夷貊 下, "…號所都城曰固麻, 謂邑曰檐魯, 如中國之言郡縣也. 其國之주 003有二十二檐魯, 皆以子弟宗族分據之…((백제는) 도성을 고마라고 부르고, 읍을 담로라고 이르는데 중국에서 군현이라 하는 것과 같은 말이다. 그 나라에는 22개의 담로가 있는데, 모두 (왕실의) 자제와 종족에게 나누어 점거하게 하였다)."

231) 김영덕, 『백제와 다무로였던 왜나라들』, 글로벌콘텐츠, 2013, pp.15~18.

다.[232] 개로왕이 자리하고 있는 수도 한성에서 보면 왜왕이 위치한 가와치(河内)는 왼쪽이고, 구마모토는 오른쪽에 있다. 개로왕은 일본 열도에 좌현왕과 우현왕을 두어서 백제의 대세력을 과시했음이 확인된다.

다음으로 이나리야마 고분에 대해 알아보자. 1968년 도쿄 북쪽 사이타마현 교다시(行田市)에 있는 이 무덤에서 쇠칼이 발견되었다. 칼에는 115자의 명문이 상감(象嵌)되어 있었다. 이두로 쓰인 이 명문을 김영덕 교수가 해석하여 한국학중앙연구원 영문 학술지 『The review of Korean studies』(12권 4호, 2009년)에 발표하였다. 그 내용은 다음과 같다.

---

232) 『宋書』 卷97, 「列傳」 57, '夷蠻傳', "二年, 慶遣使上表日:「臣國累葉, 偏受殊恩, 文武良輔, 世蒙朝爵. 行冠軍將軍·右賢王餘紀等十一人, 忠勤宜在顯進, 伏願垂澘, 並聽賜除.」 仍以行冠軍將軍·右賢王餘紀爲冠軍將軍, 以行征虜將軍·左賢王餘昆·行征虜將軍餘暈並爲征虜將軍, 以行輔國將軍餘都·餘乂並爲輔國將軍, 以行龍驤將軍沐衿·餘爵並爲龍驤將軍, 以行寧朔將軍餘流·麋貴並爲寧朔將軍, 以行建武將軍于西·餘婁並爲建武將軍. 太宗泰始七年, 又遣使貢獻.((대명) 2년에 [여]경이 사신을 보내 표를 올려 말하였다. '신의 나라는 대대로 자못 특별한 은혜를 받아 문무의 좋은 대신이 대대로 조정의 작호를 받았습니다. 행(行)관군장군 우현왕 여기 등 11명은 충성스럽고 부지런하여 마땅히 특별 승진할 만하니 엎드려 바라건대 모두 제수해주십시오'라고 하였다. 이에 행관군장군 우현왕 여기를 관군장군으로 삼고, 행정로장군 좌현왕 여곤과 행정로장군 여훈을 모두 정로장군으로 삼고, 행보국장군 여도와 여예를 모두 보국장군으로 삼고, 행용양장군 목금과 여작을 모두 용양장군으로 삼고, 행영삭장군 여류와 미귀를 모두 영삭장군으로 삼고, 행건무장군 우서와 여루를 모두 건무장군으로 삼았다. 태종 태시 7년(471)에 또 사신을 보내 조공하였다)."(글자 강조는 필자)

233) 〈그림 28〉 명문이 새겨진 이나리야마 고분 철검의 앞면(왼쪽)과 뒷면(오른쪽).

그림 28_ 명문이 새겨진 이나리야마 고분 철검의 앞면(왼쪽)과 뒷면(오른쪽)[233]

▶ 이나리야마 고분 철검 명문

앞면

辛亥年七月中記。乎獲居臣、上祖名意富比垝、其児多加利足尼、其児名互已加利獲居、其児名多加披次獲居、其児名多沙鬼獲居、其児名半互比、

뒷면

其児名加差披余、其児名乎獲居臣。世々為杖刀人首、奉事来至今。獲加多支鹵大王寺在斯鬼宮時、吾左治天下、令作此百練利刀、記吾奉事根原也。

김영덕 교수 해석

서기 471년 '고 확고'는 조상 이름을 적어둔다. '오후비꼬' 어르신 그 아들 '다기리 족리' 어르신, 그 아들 '고리가리 확고' 그 아들 '다기비시 확고', 그 아들 '다사기 확고' 그 아들 '바라고비', 그 아들 '가사비리', 그리고 그

이 철검은 현재 사이타마현립 사키타마 사적박물관(さきたま史跡の博物館)에 소장되어 있다. 사진 출처: 위키피디아(http://t2m.kr/DXubU).

아들은 '고 확고'이다. 오늘날까지 우리는 장수로서 대대로 섬긴바 그 임금은 사기궁에 마실을 차리고 천하를 다스리시는 크신 확가 개로대왕이시니라. 온 번 불리고 달구어 만든 이 칼에 우리 집안 내력과 뿌리를 적어두는 바이다.[234]

여기서 한 가지 주목할 점은 이 집안이 '확고' 즉, '담로'의 집안임이 분명하다는 것과, '바라고비'와 '가사비리' 이 두 사람은 다른 이들과 달리 '확고'라는 직위가 없다는 것이다. 필자는 이 두 사람이 '확고'의 지위를 받지 못한 이유는 바로 광개토대왕의 일본열도 상륙 때문이라고 짐작한다. 광개토대왕의 일본열도 정복으로 인해 백제가 지배력을 잃고 왜왕 자리를 고구려계 찬과 진에게 넘겨야 했던 시기에 해당하지 않을까 하기 때문이다. 무덤의 피장자인 '고 확고'의 아버지와 조부인 '바라고비', '가사비리'는 무덤의 조성 연대인 471년, 즉 개로왕 때부터 30년에서 50년 전쯤 사람으로 짐작되고, 당시는 왜왕 찬과 진의 시대였기 때문이다. 따라서 그 윗대들과 달리 '확고'의 벼슬을 지내지 못했을 가능성이 크다. 이렇게 볼 때 이나리야마 철검의 명문은 광개토대왕군의 일본열도 점령과 권력 변동을 암시하는 또 하나의 결정적 증거라고 해도 좋을 것이다. 아울러 이 명문에 나오는 '8대 선조'를 따져보면, 1대를 25년으로 잡아서 무덤을 축조한 때부터 200년 전쯤 일본열도로 이주했으리라 추측할 수 있다. 이는 고이왕 때의 활발한 일본열도 진출과 연관시킬 수 있으니 앞서 살펴본 내용과 같다.

이처럼 매우 중요한 의미를 갖는 명문이 정통 사학자가 아닌 서

---

234) 김영덕, 위의 책, p.10.

강대 물리학과 김영덕 명예교수의 이두 연구로 해석되었다는 것은 참으로 놀라운 일이다. 김 교수는 일찍이 버클리대에서 물리학으로 학사, 석사, 박사학위를 취득한 분인데 1994년 서강대에서 정년퇴직한 후 역사에 심취하여 이처럼 큰 업적을 남겼으니 우리나라 강단사학계에 큰 경종을 울렸다고 생각한다.

에다후나야마 고분과 이나리야마 고분에서 발굴된 철검의 명문 해석으로 볼 때 칼이 만들어진 471년은 곤지가 왜왕 흥으로 재임한 때였다. 곤지는 개로왕의 후왕으로서 백제가 일본열도에서 엄청난 세력을 형성하도록 이끌었을 뿐만 아니라 이나리야마 고분의 피장자 '고' 씨 집안의 '확고' 자리도 회복시켜 주는 등 왜를 포함한 6국을 지배하는 왜왕이었음이 다시 한번 확인된다.

결론적으로 왜왕 흥의 실체는 개로왕의 동생 곤지임이 분명하다고 할 수 있다.

그 근거를 종합적으로 다시 한번 정리하면

① 『송서』의 기록상 왜왕 흥의 재임기간은 461~477년인데 재임 첫해인 461년은 『삼국사기』나 『일본서기』상 곤지의 열도파견 시기와 일치한다.

② 만삭의 왕후를 대동한 열도파견 목적이 곤지가 공석인 왜왕 자리를 형으로부터 물려받는 대신 장차 태어날 왕자를 양육하여 후계자로 삼을 것을 수락한 것으로 볼 수 있다.

③ 곤지가 458년 송황제로부터 좌현왕을 제수 받았는데 이는 우현왕 여기와 함께 열도를 통활 하는 곤지의 위세를 짐작할 수 있고 이는 앞서 말한 에다후나야마 칼금로 입증된다.

④ 왜왕 흥의 퇴임 연대인 477년은 『삼국사기』상 곤지의 한성

백제로의 귀환시기와 일치하는 점도 왜왕 흥의 실체가 곤지임을 말해준다 할 것이다.

3. 왜왕 무는 무령왕과 동일인이다

앞서 밝힌 대로 왜왕 무가 왜왕 제의 아들임을 『송서』의 「상표문」상 "신망고제(臣亡考濟)"라는 어휘에서 명백히 도출된다. 또, 왜왕 무가 각라도에서 출생한 개로왕의 아들 "사마(斯麻)"이므로 한 아들에 아버지가 둘일 수 없다는 의미에서 왜왕 제와 개로왕이 동일인임도 분명해졌다.

그럼에도 『일본서기』의 편저자와 『일본서기』를 신봉하는 일본 관학자들은 양자가 동일인이라는 사실을 감추기 위하여 두 가지 기록 장치를 준비했다.

첫째는 461년 만석의 왕후가 각라도에서 출생한 아들을 백제로 돌려보냈다고 기술했다. 그러나 만삭의 왕후를 개로왕이 동생으로 하여금 대동하게 명했을 때는 분명히 후사를 위하여 왕자를 열도에서 양육하겠다는 목적이 있었다고 보여지므로, 태어난 왕자를 백제로 돌려 보냈다는 것은 전혀 설득력이 없다고 할 것이다.

따라서 이 기술은 허위이며 이는 이 왕자가 나중에 자라서 왜왕 흥의 뒤를 이어 왜왕 무가 되었다는 사실을 감추기 위한 기술이라고 보아야 할 것이다.

둘째 장치는 아예 왜왕 무의 실체를 일왕 유랴쿠(웅략)로 비정했다는 것이다. 물론 이는 후세의 일본 관학자들의 왜곡된 해석이지만 아무튼 재위 연대도 틀리고 『송서』의 「상표문」 내용과도 배치되는 이러한 해석을 할 수밖에 없었던 것은 바로 왜왕 무가 각라도에서 출생한 개로왕의 아들 사마라는 사실을 감추기 위함이라고밖에 볼 수 없다.

이러한 『일본서기』의 편저자들과 일본 주류 사학자들의 시도는 1971년 백제 무령왕릉 발굴에서 나온 지석의 문언에 의해 결정적으로 파탄이 나게 된다.

그림 29_ 무령왕릉 지석[235]

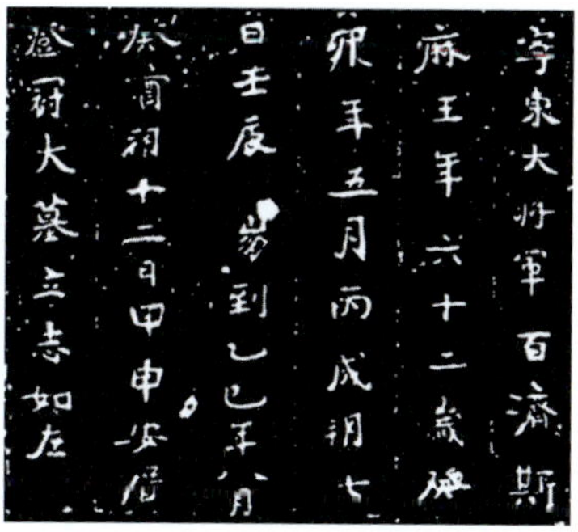

그림 30_ 무령왕릉 지석 탁본[236]

◆ 무령왕 지석

寧東大將軍百濟斯/麻王年六十二歲癸/卯年五月丙戌朔七/日壬辰崩到乙巳年八月/ 癸酉朔十二日甲申安厝/登冠大墓立志如左[237]

영동대장군(寧東大將軍) 백제 사마(斯麻)/왕(王)은 62세이신 계/묘년(523) 5월 (병술일이 초하루인데) 7일/임진에 붕(崩)하셨다. 을사년(525) 8월/(계유일이 초하루인데) 갑신일인 12일에 안장하여/대묘(大墓)에 올려 모시고 이렇게 기록한다.

235) 〈그림 29〉 무령왕릉 지석 사진 출처: 국립공주박물관 소장. 사진 출처: e뮤지엄(https://gongju.museum.go.kr/prog/mainPsgudMng/kor/sub04_02/list.do).

236) 〈그림 30〉 무령왕릉 지석 탁본 사진 출처: 스카이데일리(https://www.skyedaily.com/news/news_view.html?ID=46158).

237) '무령왕 지석(誌石)' 명문: 황수영 판독을 따름.

이 지석의 문언을 분석해 보면 다음과 같다.

첫째, 출생연도에 있어 무령왕은 왜왕 무와 동일한 461년 생이다. 왜냐하면 무령왕의 사망연도인 계묘년 523년에서 무령왕의 나이 62세를 빼면 461년인데, 이는 왜왕 무가 각라도에서 출생한 연도와 동일하다.

둘째, 이름이 같다. 즉, 지석에서 나온 무령왕의 이름과 『송서』에 나타난 왜왕 무는 이름이 동일하게 '사마'이다. 각라도에서 출생한 아기의 이름은 『일본서기』에 '도(嶋)'로 나오는데, 지석의 한자 발음과 동일하다. 이 사마라는 이름은 섬에서 태어난 사람이라는 뜻이고, 각라도의 동굴 표지판과 일치한다.

셋째, 재위 기간의 연속성 문제이다. 무령왕의 재위 기간은 501년~523년으로 『삼국사기』와 『일본서기』에 나오는데, 『송서』상에 나타난 왜왕 무의 재위 기간인 478년~501년 과 비교하면 양자는 연속성이 인정된다. 이는 왜왕 무가 동성왕의 갑작스런 죽음으로 급거 귀국하여 무령왕으로 등극했다는 사실을 입증하는 것으로 생각되기 때문에 양자는 동일인이라고 볼 중요한 근거가 된다고 할 것이다.

넷째, 뿐만 아니라 무령왕의 목관을 분석해 본즉, 일본에서만 생산되는 금송으로 제작되었는데, 이는 무령왕이 왜왕 무로 재임하는 동안 침습한 일본산 금송으로 관을 쓰기 위하여 장사가 2년 늦게 된 것으로 이해된다.

그 외에도 무령왕이라는 시호도 왜 왕 무의 '무(武)' 자와 그가 받은 '영동대장군'에서 '녕(寧)' 자를 따온 것으로 왜왕 무와 무령왕이 동일인임을 한 번 더 짐작케 한다.

이처럼 무령왕릉에서 출토된 지석의 문언으로 인하여 『일본서기』의 편저자와 관학자들이 그토록 감추고자 한 왜왕 무와 무령왕의 동일인이라는 사실은 명백해졌다고 보지만 더욱 중요한 것은 지석에서 나타난 '붕(崩)'이라는 글자가 갖는 의미이다.

왜냐하면 '붕'이라는 글자는 황제의 죽음에만 쓰는 용어이기에 일반적으로 『삼국사기』나 『일본서기』에서 한 번도 삼국 왕의 죽음에 대하여 이 글자를 쓴 적이 없기 때문이다.

『일본서기』는 자신들의 왕인 천황의 죽음에는 '붕'자를 쓰면서 백제 왕의 죽음에는 '홍(薨)'자를 씀으로써 마치 백제 왕이 일본 천황의 지휘 아래 있는 제후인듯 기술했으나 이 지석에서 무령왕의 죽음을 '붕'으로 표기했으므로 백제가 해양제국이었다는 것과 백제 왕의 지위가 황제급이었다는 것이 밝혀졌다.

뿐만 아니라 이는 왜왕의 지위가 일왕을 거느리는 총독의 지위라는 것을 확실히 밝혀주는 증거라 할 것이며, 『일본서기』상 백제왕이 일왕에게 조공과 여자를 바치는 식의 기록은 완전한 역사 왜곡의 허구라고 할 것이다.

한 가지 더 첨언할 것은 『일본서기』는 자국의 역사를 돋보이게 하기 위해 그런 기술을 했다고 치더라도 『삼국사기』에서 무령왕의 죽음을 '홍'으로 표기한 것은 연호 사용이 일반화 되었던 삼국시대 연호 사용을 완전히 삭제 한 것과 더불어 『삼국사기』의 불가사의한 자국사 역사 비하의 한 단면을 보는 듯하여 씁쓸함을 금할 수 없다.

단재 신채호는 일찍이 이러한 점을 들어 『삼국사기』의 편저자인 김부식을 후대 역사가들에게 사대적 노예사관을 심은 장본인이라 비판했는데 깊이 음미하고 새겨볼 말이라 할 것이다.

아무튼 하루 빨리 고대 한일관계사가 왜곡의 굴레에서 벗어나 백제 왕실의 지위가 제대로 평가 받을 날이 오기를 기대한다.

이상에서 살펴본 백제 왕실과 왜왕과의 관계를 연결 계보로 그려보면 다음과 같다.

그림 31_ 왜5왕과 백제왕의 연결 계보도[238]

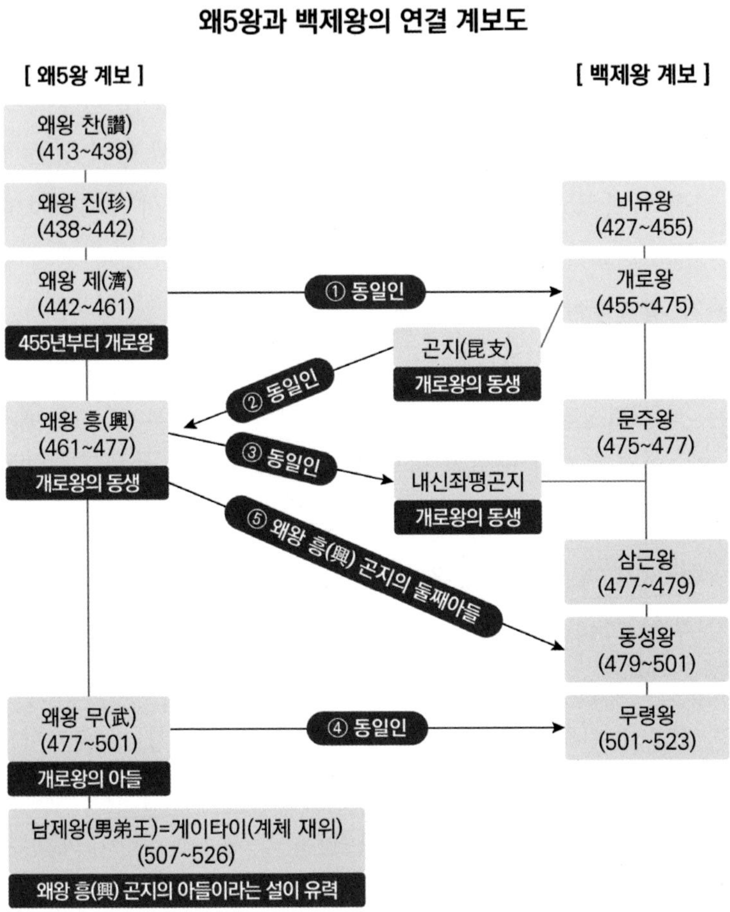

238) 〈그림 31〉의 계보도는 졸고 「5세기 왜5왕의 성격과 실체 연구」, 『역사와 융합』 12호, 바른역사학술원, 2022, p.35에서 재인용.

제6절

무령왕과 게이타이

앞에서 가계도로 이미 설명한 바와 같이 왜왕 무가 된 개로왕의 아들 사마는 삼촌 곤지의 집에서 곤지의 보살핌 속에 양육되었다. 그런데 곤지에게는 461년 백제 한성에서 왜왕의 근거지인 가와치 지방으로 돌아올 때 이미 다섯 아들이 있었다.[239] 따라서 사마는 나이가 비슷한 곤지의 다섯째 아들이나 사마보다 나중에 태어났을 여섯째 아들과 특별히 가깝게 자랐을 터다. 당시의 권력 판도를 고려하면 게이타이(継体)는 최고 권력자인 왜왕 무의 영향력 아래서 선발되었다고 본다. 『일본서기』는 이 문제에 관해서 25대 부레쓰(武烈)가 후사 없이 죽은 탓에 후임을 놓고 매우 큰 혼란에 빠져들었다. 여러 사람이 물망에 올랐으나 모두 사양하는 바람에 가까스로 시골구석에 숨어 살고 있던 남제왕(男弟王, 요오토노키미)를 추대하여 게이타이를 즉위시켰다고 나온다.

239) 『日本書紀』 巻第十四, '雄略天皇' 五年, "秋七月, 軍君入京. 既而有五子(가을 7월에 군군이 왕경에 들어왔다. 이미 다섯 아들을 두었다)."

그림 32_ 스다하치만 신사 인물화상경[240]

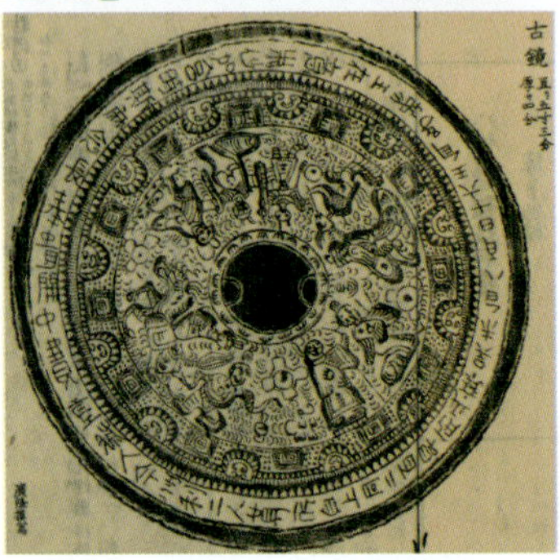

그림 33_ 스다하치만 신사 인물화상경 탁본[241]

그러나 이러한 기록은 전부 게이타이가 곤지의 아들임을 감추기 위하여 꾸며낸 허구일 뿐, 사실상 실권자인 왜왕 무의 결정으로 곤지의 아들이 선정되었을 가능성이 매우 크다. 이에 대한 증거물이 바로 스다하치만 신사에서 출토된 인물화상경이다.[242] 1914년에 발견된 인물화상경에서 가장 눈길을 끄는 점은 거울 정면에 새겨져 있는 아홉 명의 인물과 거울 둘레에 양각된 48자의 명문이다. 명문에는 왜왕 무를 가리키는 '사마(斯麻)'라는 글자가 들어있고, 사마와 가까운 사이였던 '남제왕(男弟王)'이라는 글자도 보인다.

---

240) 〈그림 32〉 스다하치만 인물화상경: 일본 와카야마현(和歌山県) 하시모토시(橋本市) 소재 스다하치만신사(隅田八幡神社)에 전시 중인 모조품이고, 진품은 국보로 등재되어 국립도쿄박물관이 소장하고 있다. 사진 출처: flicker.com (https://www.flickr.com/photos/28074232@N06/4063220857).

241) 〈그림 33〉 스다하치만 신사 인물화상경 탁본: 둘레에는 제작 경위을 전하는 명문이 새겨져 있고, 중앙에는 제작 당시 관련 인물과 정황이 새겨져 있다. 사진 출처: 하테나 블로그 '오이시코겐노후모토카라(生石高原の麓から)'(https://oishikogennofumotokara.hatenablog.com/entry/2022/07/10/090000).

242) 쓰다하치만 신사(隅田八幡神社)는 일본 혼슈(本州)의 오사카부(大阪府) 남서 방향에 위치한 와카야마현(和歌山県) 하시모토시(橋本市)에 있으며, 이곳에서 처음 발견된 인물화상경은 5~6세기경에 제작되었다고 추정되는 동경으로서 일본 국보로 등재되어 있다. 제작 연대에 대하여 일본에서는 443년설과 503년설이 우세하다.

인물화상경의 명문과 해석문은 다음과 같다.

▶ 인물화상경 명문

癸未年八月日十大王年男弟王在意柴沙加宮時斯麻念長壽遣開中費直穢人今州利二人等取白上同二百旱作此竟

대왕년 계미 8월 10일에 남제왕이 의시사가궁에 살고 있을 때에 사마가 남제왕의 장수를 기원하면서 '계중직비 예인 금주리' 등을 보내 상품의 백동 이백 한을 취하여 이 거울을 만들었다.[243]

이는 1934년 금석문 해석의 권위자인 후쿠야마 도시오(福山敏男) 교수의 해석으로 일본의 통설이다. 이 해석을 둘러싸고 일본의 통설은 대왕년(大王年)의 제작자로 보이는 사마를 수령인인 남제왕의 신하로 보고, 사마가 이 동경을 남제왕에게 조공품으로 바치는 것이라고 해석한다. 마치 칠지도를 백제왕이 일왕에게 충성의 표시로 바쳤다는 해석과 같은 맥락이다. 그러나 필자는 이러한 후쿠야마의 해석에 동의하기 어렵다. 무엇보다도 당시 왜왕 무의 지위는 백제왕의 지휘를 받아 열도를 통할하는 총독 또는 최고 사령관의 위치였기 때문에 남제왕보다 상위임이 분명하다. 그런데도 왜왕 무를 지낸 무령왕이 아우뻘로 여겨지는 남제왕에게 장수를 빌고 충성을 맹세한다는 것은 얼토당토않은 해석이라 생각된다. 명문 해석상 동경을 만든 사람은 무령왕이 아니라 남제왕이라고 보아야 옳다.

인물화상경에 관해 국내에서 가장 많은 연구를 한 소진철 교수는 이 동경은 조공품이 아니라 남제왕에게 내리는 신임의 표시라고

243) 소진철, 『금석문으로본 무령왕의 세계』, 원광대학교출판국, 1994, p.19.

주장했다.[244] 이는 필자의 견해와 같지만, 동경을 만든 주체를 무령왕, 즉 사마로 본다는 점에서는 필자와 견해가 다르다. 또한 계미년이 503년인 것은 의심의 여지가 없으나 "일십대왕년(日十大王年)"이 무엇을 의미하는지에 대해서는 의견이 분분한데 대부분 8월 10일 대왕년이라고 해석한다. 종종 '십일(十日)'이라고 쓸 것을 '일십(日十)'으로 썼다고 간주하지만, 이는 잘못된 해석이다. '일십'은 대왕년에 붙이는 특별한 의미의 연호라고 생각한다. '일십'은 '크고 환하다'는 뜻이므로 "일십대왕년"은 무령왕의 연호에 해당할 것이다. 생각건대 이 동경은 무령왕이 남제왕에게 보낸 선물이 아니라, 남제왕이 왜왕 무의 후임으로 자신에게 왜왕 자리를 물려준 데 대한 감사의 표시로 만든 기념품이 아닌가 싶다. 왜냐하면 왜왕 무는 동성왕의 갑작스러운 죽음으로 501년에 귀국하여 무령왕으로 등극했다. 그 후임으로는 자신을 키워주고 왜왕 자리까지 물려준 삼촌 곤지에게 보답하는 의미에서 곤지의 아들인 남제왕에게 왜왕 자리를 물려주었을 가능성이 크다. 인물화상경이 만들어진 때가 503년이라고 한다면, 이 동경은 남제왕이 왜왕 자리를 물려받고 2년 뒤에 만들었음을 알 수 있고, 왜왕 자리를 물려준 데 대한 감사와 축하의 의미를 담은 기념품이라고 보기에 충분하다. 따라서 인물화상경의 제작 목적은 남제왕의 장수를 기원하는 의미에서가 아니라 사마의 장수를 기원하기 위해서라는 해석이 옳다고 생각한다.

여기서 특기할 것이 하나 있다. 왜왕 무에게는 훗날 게이타이 7년에 일본에 보내지는 '사아(斯我, 또는 순타(純陀))'[245] 태자가 있었는

244) 소진철, 위와 같은 책, pp.33~49.

245) 사아(斯我, ?~513): 부여사아(夫餘斯我). 순타태자(純陀太子)라고도 한다. 무

데 왜왕 무는 무령왕으로 취임하기 위해 귀국하면서 왜왕 자리를 아들인 '사아'에게 물려주지 않고 사촌인 남제왕에게 물려주었다는 점이다. 즉, 남제왕으로서는 왜왕 무의 이러한 파격적인 조처에 보답할 도의적 책무를 느꼈을 것이다. 그러한 사정이 인물화상경이라는 기념 동경을 제작한 배경이라고 볼 수 있다.

또한 인물화상경의 명문 속에는 '개중직비(開中費直)' 등을 보냈다는 뜻의 '견(遣)' 자와 백동을 가져왔다는 뜻의 '취(取)' 자, 그리고 만들었다는 뜻의 '작(作)' 자가 보여서 남제왕이 개중직비 등을 백제에 파견해서 고급 백동을 가지고 돌아와 일본에서 만들었다고 추정할 수 있다. 특히 백동을 이백 한(二百旱)이나 가지고 와서 만들었다는 말은 이 동경을 무령왕이 충성의 표시로 만들었다기보다는 남제왕이 감사와 축하의 표시로 기념품으로 제작하여 여러 사람에게 배포했다고 본다면 오늘날의 기념 우표 같은 성격이 아니었을까 싶다. 그리고 이 동경 중앙에 양각된 아홉 명의 인물이 누구인지도 매우 흥미롭다. 짐작건대 곤지왕 내외의 다섯 아들과 사마까지 합하면 여덟 명이 되므로 결국 나머지 한 사람은 바로 남제왕이고, 그가 바로 507년에 게이타이로 등극했으리란 추정이 가능하다. 이러한 게이타이의 등극에는 당시 실세였던 무령왕의 영향력이 크게 작용했음은 두말할 필요 없다. 하지만 『일본서기』는 이런 사실들을 숨기기 위해 무령왕의 지위를 게이타이보다 낮게 그려놓은 것이다. 이를 종합해서 인물화상경에 나타난 명문을 해석하면 다음과 같다.

령왕의 장남이자 성왕의 형. 왜에서 태어났고 나중에 무령왕을 따라 백제로 건너갔다. 505년 일본에 사신으로 파견되었고, 513년 사망했다고 한다.

> 일십대왕년 계미년 8월에 의자사가궁에 사는 남제왕은 사마(대왕)의 장수를 빌어 계중직비와 금주리등을 보내 백동 이백 한을 가지고 오게 해서 동경을 만들었다.

이와 같은 과정을 거치면서 왜왕 제도는 더 이상 중국 사서에 나타나지 않는다. 그 이유는 바로 게이타이 대에 와서 왜왕과 일왕 자리가 동일인으로 통합된 결과라고 보인다. 왜왕의 자리가 게이타이 시대부터 이렇게 일왕의 자리와 합쳐짐으로써 일왕의 자리는 백제의 임명이 아니라 세습을 통해 계승되므로 왜왕 제도는 더 이상 존속할 필요가 없었을 것이다. 혹은 백제왕이 일왕 임명에 상당한 영향력을 행사했을 가능성도 크다. 비록 왜왕 자리는 없어졌을지라도 백제왕과 일왕의 관계는 백제가 망하는 670년까지 면면히 돈독하게 이어왔다는 점에서도 특별한 관계성이 엿보인다.

제7절

거대고분군 문제

또 하나 살펴볼 문제는 5세기 들어서 갑자기 나타난 일본 거대 고분군의 주인공이 누구인가 하는 점이다.

현재 일본 정부는 고분군을 대부분 일왕의 무덤으로 비정해 놓고 일왕가를 관장하는 궁내성 관할 아래 천황가의 신성을 보호한다는 구실로 발굴은 물론 접근조차 엄격히 통제하고 있다. 그러나 그 규모가 엄청나서 이집트의 피라미드, 중국의 진시황릉과 더불어 세계 3대 고분군의 하나로 꼽히는 다이센 고분(大仙古墳)[246]과 곤다야마 고분 등에 대한 철저한 통제는 역사가로서 볼 때 이해하기 힘든 부분이 많다. 특히 거대고분군의 피장자를 일왕으로 비정한 것이 문제이다. 우선 고분군의 축조 시기로 추정되는 5~6세기 일왕의 지위에 관한 기록을 보자. 다이센 고분은 일본에서 닌도쿠(仁德)의 능으

246) 다이센 고분(大仙古墳): 다이센료고분(大仙陵古墳)이라고도 한다. 오사카부 사카이시(堺市) 다이센마치(大仙町)에 있으며, 길이 525m, 높이 39.8m에 달하는 일본 최대의 전방후원분이자 세계 최대 고분 중 하나이다. 일본에서는 닌도쿠(仁德) 천황의 능으로 추정한다.

로 비정하는데, 다음은 『일본서기』 닌토쿠 원년(431)과 4년(434)의 기록이다.

① 닌토쿠 원년(431)조

卽宮垣室屋弗堊色也. 桷梁柱楹弗藻飾也. 茅茨之蓋弗割齊也. 此不以私曲之故, 留耕績之時者也.

궁전의 담장과 건물에는 흰색을 칠하지 않았다. 서까래, 들보, 기둥도 장식하지 않았다. 억새로 지붕을 이을 때에도 끝을 가지런히 하지 않았다. 이는 사사로운 이유로 백성이 밭을 갈고 베짜는 시간을 빼앗지 않기 위함이었다.(닌토쿠 원년(431))[247)]

② 닌토쿠 4년(434)조

三月己丑朔己酉, 詔曰, 自今以後, 至于三年, 悉除課役, 以息百姓之苦. 是日始之, 黼衣絓履, 不弊盡不更爲也. 溫飯煖羹, 不酸餧不易也. 削心約志, 以從事乎無爲. 是以, 宮垣崩而不造, 茅茨壞以不葺. 風雨入隙, 而沾衣被. 星辰漏壞, 而露床蓐. 是後, 風雨順時, 五穀豐穰. 三稔之間, 百姓富寬. 頌德既滿, 炊烟亦繁.

3월 기축삭 기유(21일)에 '지금부터 3년간 모든 과역(課役)을 면제하고 백성의 괴로움을 덜어 주라'고 명하였다. 이날부터 시작하여 수놓은 옷과 비단신은 완전히 해지지 않으면 다시 만들지 않았다. 또한 따뜻한 밥과 국은 시고 썩지 않으면 바꾸지 않았

247) 『日本書紀』 巻第十一, 仁德天皇, "卽宮垣室屋弗堊色也﹅ 桷梁柱楹弗藻飾也﹅ 茅茨之蓋弗割齊也﹅ 此不以私曲之故留耕績之時者也。"

으며, 욕심을 줄이고 행동을 삼가여 쓸데없는 일을 만들지 않았다. 그래서 궁전의 담장이 무너져도 수축하지 아니하고 지붕을 이은 억새가 허물어져도 개수하지 않았다. 그리하여 비바람이 그 틈새로 들어와서 의복을 적시었고, 별빛이 무너진 곳으로 새어 들어와 침상을 비추었다. 이후 비바람이 때에 맞아 오곡이 풍성하게 여물었다. 세 번 곡식이 익는 사이에 백성은 부유하고 넉넉해져 칭송하는 소리가 이미 가득하고 밥 짓는 연기 또한 가득 피어올랐다.[248]

위의 기록과 같이 닌토쿠는 검소한 생활을 표방하여 의복과 신발도 비단을 사용하지 않고, 궁궐도 기와가 아닌 갈대 지붕을 덮은 토담 또는 통나무집에 불과했다고 『일본서기』는 전한다.[249] 이는 닌토쿠의 검소함을 보여주는 대표적인 일화인데 닌도쿠가 실제 거주했던 곳의 모습을 상세히 알 수 있다. 이렇듯 살아생전 검소함을 표방하여 백성의 고통을 덜어 주려는 의미에서 기와 건물도 아닌 토담 또는 통나무집에서 지낸 닌토쿠 일왕이 죽어서는 초거대 고분의 주인공이 되었다. 나중에 에도 시대 때 대규모 증축이 있었다고는 해도 상식적으로 받아들이기 힘든 면이 있다. 더구나 왜왕 제도에서 알 수 있듯이 당시 일왕은 왜왕의 감독을 받는 산하 기관의 수장과 같았으므로 권한도 크지 않았다고 보이는데 어떻게 수만 명의 연인

248) 『日本書紀』 巻第十一, 仁德大皇, "三月己丑朔己酉´ 詔日「自今以後至于三年´ 悉除課役´ 以息百姓之苦°」是日始之´ 黼衣絓履´ 不弊盡不更爲也´ 温飯煖羹´ 不酸鯘不易也´ 削心約志´ 以從事乎無爲° 是以´ 宮垣崩而不造´ 茅茨壞以不葺´ 風雨入隙而沾衣被´ 星辰漏壞而露床蓐° 是後´ 風雨順時´ 五穀豐穰´ 三稔之間´ 百姓富寛´ 頌德既滿´ 炊烟亦繁°"

249) 최재석, 위의 책, p.407.

원이 동원되는 거대고분을 축조할 수 있었는지 의문이 든다. 더군다나 다이센 고분의 일부는 1872년 태풍 피해를 받아 일부가 무너지는 통에 내부 부장품인 동경과 백제풍의 환두대도가 세상에 모습을 드러냈다. 그 출토품들이 무령왕릉에서 출토된 유물과 모양이 같았다. 다이센 고분에서 출토된 동경은 현재 미국 보스턴 미술관에 있다고 한다.

그림 34_ 오사카부 사카이시(堺市) 소재 다이센 고분250)

이런 모든 정황을 종합해 보더라도 이 거대고분의 축조는 왜왕 세력이 전성기에 있었던 5세기 중후반의 일이고, 그 중심에 왜왕 흥, 즉 곤지가 있었던 게 아닌가 생각한다. 왜냐하면 왜왕 흥, 즉 곤지는 개로왕의 동생으로 461년부터 477년까지 16년간 재임했는데 그의

250) 〈그림 34〉 오사카부 사카이시(堺市) 소재 다이센 고분. 사진 출처: 에다마메(edamame) 간사이 관광 가이드(https://travel-kansai.com/korean/ancient-tomb/).

둘째 아들은 동성왕이 되었고, 막내아들은 현 일왕가의 비조로 일컬어지는 게이타이로 등극했다. 무엇보다도 곤지 자신이 아들처럼 양육하여 후계자로 만든 왜왕 무가 왜왕 흥의 뒤를 이어 24년간 왜왕 자리를 지켜냈음은 물론 백제로 건너가서 동성왕의 후임인 무령왕이 되었으니 이런 사실만 보더라도 곤지의 권세가 어느 정도였는지 짐작하고도 남는다. 따라서 거대고분의 축조는 곤지 또는 왜왕 무 시절에 이루어졌다 하겠으며, 그 피장자도 곤지를 포함한 백제 계열의 후왕 또는 왕이었을 가능성이 크다고 추정된다. 역사의 진실을 밝히기 위해서는 앞으로 이 고분이 발굴될 날이 꼭 있어야 하리라 역사학도 입장에서 기대해 본다. 끝으로 이 책에서 주로 논하고 있는 4~5세기 왜5왕 시대의 중요 사건을 연대별로 정리하여 다음의 <표 5>처럼 나타내었다.

표 4_ 5세기 왜5왕 시대의 중요 사건 연대기

연대	사건 내용	출처	비고
397	아신왕 6년(397) 여름 5월에 태자 전지(腆支)를 볼모로 보냈다.[251]	『삼국사기』 「백제본기」	삼국사기에는 전지를 볼모로 보냈다고 기록하고 있으나 396년 고구려의 공격을 생각하면 태자를 일본열도로 피신시켜서 공석인 왜왕에 취임토록 파견했을 가능성이 있다.
400	광개토대왕군 일본열도 점령	광개토대왕릉비, 『태백일사』	경자년조에 대한 「무술등본」 해석 참조
402	미사흔을 볼모로 보냄(고구려의 압박).	『삼국사기』 「신라본기」	실성왕 원년(403) 3월에 왜국(倭國)과 우호 관계를 맺고 내물왕(奈勿王)의 아들 미사흔(未斯欣)을 볼모로 삼았다.[252] 일본열도에 상륙한 고구려군이 신라와 백제가 연합하여 고구려군에 대항할 것을 염려해서 왕자를 볼모로 보내도록 했을 가능성이 있다.
405	전지왕의 귀국과 등극	『삼국사기』 「백제본기」	전지왕 혹은 직지(直支)라고 한다. … 아신왕(阿莘王)의 맏아들로서 아신왕 재위 3년(394)에 태자가 되었고, 6년(397)에 왜국에 볼모로 갔다. … 전지를 맞이하여 왕위에 오르게 했다.[253]
418	눌지 2년(418) 가을에 왕의 동생 미사흔이 왜국에서 도망해 돌아왔다.[254]	『삼국사기』 「신라본기」, 『일본서기』	박제상의 희생적 도움으로 미사흔은 탈출에 성공했다. 『일본서기』에는 같은 내용이 진구 5년(205)에 진구의 인질[255]로 나오지만, 연대가 200년 이상 차이가 나므로 거짓으로 보아야 한다.
421	비유태자 귀국해서 비유왕으로 등극.[256]	『삼국사기』 「백제본기」	비유는 전지왕이 귀국할 때 인질로 일본열도에 남긴 맏아들이다. 그리고 비유는 귀국할 때 가수리를 인질로 남겼다.

연대	사건 내용	출처	비고
430 ∽ 438	왜왕 찬의 죽음 / 왜왕 진의 등극	『宋書』 「夷蠻列傳」	진이 438년 송에 보낸 「상표문」의 문제(본문 찬, 진의 실체 참조). 찬과 진은 형제지간임.
434	나제동맹 성립	『삼국사기』 「백제본기」 「신라본기」	비유왕과 눌지왕 사이의 나제동맹[257] 성립이 일본열도에서 고구려 세력 약화의 기폭제가 됨.
442년 이후	왜왕 제(濟) 등극	『宋書』 「文帝紀」 「夷蠻列傳」	왜왕 진이 물러나자(이유가 죽음인지 추방인지 알 수 없음) 비유왕은 재빨리 일본에 남겨 둔 아들 가수리를 왜왕 제로 앉혔다(『일본서기』는 왜왕에 대해 언급할 수 없기에 가수리라는 이름만 썼으나 실제 가수리는 비유왕 귀국 시 인질로 남겨진 비유의 아들로 보아야 함). 즉, 가수리는 개로왕의 이름이다.
455	개로왕의 등극[258]	『삼국사기』 「백제본기」	『삼국사기』는 왜왕 제도를 기록에서 뺐기 때문에 왜왕 제가 귀국하여 개로왕이 되었다는 사실을 기술하지 못했으나 왜왕 제는 455년 비유왕이 죽자 귀국해서 개로왕으로 등극했다.
461	곤지의 일본열도 파견, 왜왕 흥(興) 등극	『삼국사기』 「백제본기」, 『일본서기』	만삭의 왕후를 대동, 가카라시마에서 개로왕의 아들인 '사마(후일 왜왕 무를 거쳐 무령왕이 됨)' 출생[259]
477	왜왕 무(武) 등극	『宋書』	479년 송에 「상표문」을 보냄.[260]
479	동성왕 즉위[261]	『삼국사기』 「백제본기」	동성왕은 혼란기의 백제 왕가를 안정시키고 잃었던 영토를 수복함.[262]
501	왜왕 무가 귀국하여 무령왕으로 등극	『삼국사기』 「백제본기」	무령왕은 「백제본기」에 동성왕의 둘째 아들로 되어 있는데[263] 이것은 나이로 보더라도 왜왕 무와 무령왕을 동일 인물로 간주했을 때의 잘못된 기록이다.
503	인물화상경 제작	인물화상경 명문[264]	본고 p.219 참조
507	게이타이 등극[265]	『일본서기』, 『고사기』	본고 p.221 참조

251) 『三國史記』 卷第二十五, 「百濟本紀」 第三, 阿莘王, “六年, 夏五月, 王與倭國結好, 以太子腆支爲質.”

252) 『三國史記』 卷第三, 「新羅本紀」 第三, ‘實聖 尼師今’, “元年, 三月, 與倭國通好, 以奈勿王子未斯欣爲質.”

253) 『三國史記』 卷第二十五, 「百濟本紀」 第三, ‘腆支王’, “腆支王 或士 直支., 梁書名映. 阿莘之元子, 阿莘在位第三年立爲太子, 六年出質於倭國. 十四年王薨, 王仲弟訓解攝政, 以待太子還国, 季弟碟禮殺訓解, 自立爲王. 腆支在倭聞訃, 哭泣請歸, 倭王以兵士百人衛送. 既至国界, 漢城人解忠來告曰, ‘大王弃世, 王弟碟禮, 殺兄自王. 願太子無輕入.’ 腆支留倭人自衛, 依海島以待之, 国人殺碟禮, 迎腆支即位. 妃八湏夫人, 生子久尒辛.”

254) 『三國史記』 卷第三, 「新羅本紀」 第三, ‘訥祇 麻立干’, (2년) 秋, 王弟未斯欣自倭國逃還.

255) 『日本書紀』 卷第九, ‘神功皇后’, “五年春三月癸卯朔己酉 新羅王遣汚禮斯伐·毛麻利叱智·富羅母智等朝貢 仍有返先質微叱許智伐旱之情 是以 誂許智伐旱 而紿之曰 使者汚禮斯伐·毛麻利叱智等 告臣曰 我王以坐臣久不還 而悉沒妻子爲孥 冀暫還本土 知虛實而請焉 皇太后則聽之 因以 副葛城襲津彦而遣之 共到對馬 宿于鉏海水門 時新羅使者毛麻利叱智等 竊分船及水手 載微叱旱岐 令逃於新羅 乃造芻靈 置微叱許智之床 詳爲病者 告襲津彦曰 微叱許智忽病之將死 襲津彦使人令看病者 卽知欺 而捉新羅使者三人 納檻中 以火焚而殺 乃詣新羅 次于蹈鞴津 拔草羅城還之 是時俘人等 今桑原·佐糜·高宮·忍海 凡四邑漢人等之始祖也”.

256) 『三國史記』 卷第二十五, 「百濟本紀」 第三, ‘毗有王’, “毗有王 久尒辛王之長子或云腆支王庶子, 未知孰是., 羑姿貌, 有口辯, 人所推重. 久尒辛王薨, 即位.”

257) 433년 백제의 비유왕(毗有王, 427～455)과 신라의 눌지왕(訥祇王, 417～458) 사이에 맺어진 것이 제2차 나제동맹이다. 이 동맹은 필요할 때 상호 원군을 파견하도록 한 군사적 공수동맹(攻守同盟)이었다. 한국민족문화대백과사전.

258) 『三國史記』 卷第二十五, 「百濟本紀」 第三, ‘蓋鹵王’, “蓋鹵王 或云近蓋婁., 諱慶司, 毗有王之長子. 毗有在位二十九年薨, 嗣.”

259) 『日本書紀』 卷第十四, ‘雄略天皇’, “(五年) 夏四月 百濟加須利君 蓋鹵王也 飛聞池津媛之所燔殺適稽女郎也 而籌議曰 昔貢女人爲采女 而既無禮 失我國名 自今以後 不合貢女 乃告其弟軍君 昆支也 曰 汝宜往日本以事天皇 軍君對曰 上君之命不可奉違 願賜君婦 而後奉遣 加須利君則以孕婦 嫁與軍君曰 我之孕婦 既當產月 若於路產 冀載一船 隨至何處 速令送國 遂與辭訣 奉遣於朝”.

260) 『宋書』, 「夷蠻列傳」, ‘百濟’, “世祖 大明元年(457), 遣使求除授, 詔許. 二年, 慶遣使上表曰: 「臣國累葉, 偏受殊恩, 文武良輔, 世蒙朝爵. 行冠軍將軍右賢王餘紀等十一人, 忠勤宜在顯進, 伏願垂愍, 並聽賜除.」 仍以行冠軍將軍右賢王餘紀爲冠軍將軍. 以行征虜將軍左賢王餘昆·行征虜將軍餘暈並爲征虜將軍. 以行輔國將軍餘都·餘乂並爲輔國將軍. 以行龍驤將軍 沐衿·餘爵並爲龍驤將軍. 以行寧朔將軍餘流· 麋貴並爲寧朔將軍. 以行建武將軍于西·餘婁並爲建武將軍. 太宗 泰始七年, 又遣使貢獻."

261) 『三國史記』 卷第二十六, 「百濟本紀」 第四, '東城王', "(즉위년(479)) 東城王, 諱牟大 或作摩牟., 文周王弟昆支之子. 膽力過人, 善射百發百中. 三斤王薨即位".

262) 『三國史記』 卷第二十六, 「百濟本紀」 第四, '東城王', "十年, 魏遣兵來伐, 爲我所敗." 북위와 백제가 전쟁한 내용은 『남제서(南齊書)』, 「백제열전(百濟列傳)」에도 나온다. 그런데 『남제서』는 영명(永明) 8년(490; 동성왕 12년)의 기사로서 『삼국사기』와 2년의 차이가 난다. 『자치통감(資治通鑑)』 「제기(齊紀)」에는 『삼국사기』와 같은 영명(永明) 6년(488)조에 북위와 백제가 충돌한 기사가 있다. 한 번의 전쟁을 둘로 기록한 것인지 488년과 490년에 각각 전쟁이 있었는지는 분명하지 않다.
『삼국사기』의 이 기사에 대해서 이병도는 북위가 해로로 군사를 충청도에 보내 백제를 공격한 사건으로 해석했다. 선비족 탁발씨가 세운 북위가 충청도까지 배를 타고 와서 공격했다는 것은 가능성이 희박하다. 그나마 김상기나 방선주는 백제가 화북지역에 있었기에 전쟁이 가능했다는 학설을 제기했는데 이 의견은 사실을 반영했다고 보인다. 그러나 유원재는 한국 강단사학계 특유의 주체 바꾸어 해석하기 관행에 따라 백제를 공격한 위의 실체를 고구려라고 주장하기도 했다. 필자는 동성왕 당시의 백제는 영토 일부가 대륙에서 북위와 국경을 맞대고 있었으리라 본다.

263) 『三國史記』 卷第二十六, 「百濟本紀」 第四, '武寧王', "武寧王, 諱斯摩 或云隆., 牟大王之第二子也. 身長八尺, 眉目如畫, 仁慈寬厚, 民心歸附. 牟大在位二十三年薨, 即位."

264) 인물화상경 명문: "癸未年八月日十大王年男弟王在意柴沙加宮時斯麻念長寿遣開中費直穢人今州利二人等取白上同二百旱作此竟."

265) 『日本書紀』 巻第十七, '繼體天皇', "元年春正月辛酉朔甲子´ 大伴金村大連´ 更籌議曰「男大迹王´ 性慈仁孝順´ 可承天緒° 冀慇懃勸進´ 紹隆帝業° 」物部麁鹿火大連 · 許勢男人大臣等´ 僉曰「妙簡枝孫´ 賢者唯男大迹王也(원년 봄 정월 신유삭 갑자(4일)에 대반금촌대련이 다시 일을 도모하여, '남대적왕은 성품이 어질고 부모에게 순종하시니 왕위를 계승할 만합니다. 바라건대 은근히 권하여 제업(帝業)의 융성함을 잇도록 합시다'라고 말하였다. 물부추록화대련(物部麤鹿火大連: 모노노베노아라카히노오호무라지)과 허세남인대신(許勢男人大臣: 코세노오히토노오호오미) 등이 모두 '왕의 자손을 자세히 살펴보건대, 어진 사람은 오직 남대적 천황뿐입니다'라고 말하였다)° "

제5장

결론

지금까지 왜5왕과 왜왕 제도에 관하여 여러 측면에서 깊이 살펴보았다.

앞서 서론에서도 밝혔듯이 필자는 2년 전에 왜5왕 문제를 대학원 박사학위 논문 주제로 선정하고 우선 그때까지 연구한 결과를 종합하여 「왜5왕의 성격과 실체에 관한 연구」라는 소논문을 작성해서 학술지 『역사와 융합』에 게재한 바 있다. 40여 쪽에 불과한 짧은 논문이었으나 왜5왕에 관한 연구가 별로 없어서였는지는 몰라도 반향이 컸고 격려도 많이 받았다. 특히 무령왕 연구의 권위자로 인정받는 원광대 명예교수이신 소진철 박사의 격려와 지도가 큰 힘이 되었다. 워낙 연세가 많으셔서(94세) 거동도 불편하신데도 휠체어를 타고서라도 학위 논문 심사를 맡아주시겠다며 의욕을 보이셨다. 그러나 최근 건강이 악화하여 더 이상 지도해 주시지 못하게 되었으니 참으로 안타까운 일이다.

왜5왕을 계속 연구하다 보니 왜5왕을 넘어 왜왕 제도 전반으로 연구 범위가 확장되었다. 지난 논문에서 왜5왕 중 제·흥·무의 실체에 대해 주로 논증했으니 나머지 미진한 부분인 왜왕 찬과 진에게 노력을 집중하자는 게 애초 목표였다. 그러나 왜왕 찬, 진이 고구려계임을 밝히기 위한 논증을 전개해 가며 자료를 모으는 과정에서 자연스럽게 광개토대왕비문의 경자년조 분석에도 천착하게 되었다.

경자년조는 광개토대왕비문을 조작한 주체인 일본 군국주의 참모본부에서 마음먹고 조작, 훼손하여 글자 대부분이 날카로운 정으로 파이고 쪼아져 원형을 알아보기 힘든 지경이다. 다행히 독립운동가이자 역사가인 운초 계연수 선생이 남긴 「무술등본」이 후학들에게 전해져 연구자료로 쓰였으니 그야말로 하늘이 도우신바 천운이라 하겠다.

「무술등본」에 관해서는 진위를 의심하는 학자도 있으나 작성 과정에 독립운동가 홍범도와 오동진 등 유명 인사가 관여한 사실이 밝혀졌고, 내용상으로도 『환단고기』와 부합하는 점이 많다는 점에서 볼 때 사료로서의 가치를 신뢰할 수 있다고 생각한다.

이 책은 바로 그 「무술등본」을 중심으로 논지를 전개했으나 단지 「무술등본」에 기록된 경자년조를 보고 고구려의 광개토대왕군이 일본열도에 상륙했다고 결론지은 것은 아니다. 예컨대 비문에서 경자년조의 문제적 글자인 '임나가라(任那加羅)'와 '안라인수병(安羅人戍兵)'이 무슨 이유에서 훼손되지 않고 남겨졌느냐 하는 점을 파헤침으로써 훼손 주체들이 해당 문구는 일본의 소위 '임나일본부설'을 뒷받침한다고 판단하여 훼손하지 않고 남겨놓았다는 결론을 끌어내기도 했다. 결과적으로는 이 두 개의 잔존 문구가 오히려 광개토대왕군의 일본열도 상륙을 뒷받침하는 유력한 근거임을 논증할 수 있어서 참으로 다행이었다.

게다가 이나리야마 고분의 철검 명문과 기토라 고분의 고구려 벽화를 검증함으로써 비문에 나오는 광개토대왕군의 일본열도 상륙으로 백제계가 장악하고 있던 왜왕 자리를 빼앗은 고구려계 왜왕 찬과 진의 무덤일 수 있다는 점도 보강 증거로 제시했다.

이 글에서 중요하게 다룬 문제는 왜왕 제도가 비록 왜5왕이 송나라에 보낸 「상표문」으로 인해 역사의 수면으로 떠올랐지만, 그 발전과정을 살펴볼 때 왜왕이라는 자리는 어느 날 갑자기 생겨나지는 않았다는 점이다.

왜왕 제도의 연원을 찾으려면 3세기 백제 고이왕 시대까지 거슬러 올라가야 한다. 백제가 일본열도에 진출하여 꾸준히 규슈와 기나이 지역에 산재한 200여 개 소단위 부족국가를 평정하고 왜, 신라, 임나, 가라, 진한, 모한 등 6개 군국으로 구획을 정리하여 그 총괄 책임을 왜왕에게 부여하는 권력구조가 형성되어 있었다. 따라서 왜왕 제도는 오랜 기간에 걸쳐 점차 하나의 시스템으로 발전해 온 것인데 가장 대표적인 상징물이 바로 372년 근초고왕이 신표로 제작하여 왜왕 지에게 하사했다고 하는 칠지도이다.

또 왜왕 제도의 발전과정에서 특기할 점은 고대 일본열도에 있었던 야마타이국 여왕 히미코의 존재이다. 야마타이국은 고대 2~3세기 규슈지방의 강자로서 그 수장이 히미코였다. 그는 일찍이 아달라왕 때 신라에 사신을 보냈을 뿐만 아니라 멀리 위나라에까지 사신을 보내서 위나라 황제로부터 '친왜국여왕'이라는 작호까지 하사받은 실존 인물이다.

이 히미코는 『일본서기』 제작의 기본 전제인 '만세일계 천황가'의 연속성을 훼손할 우려가 있었으므로 『일본서기』에서는 정면으로 다루지 못한 듯하다. 그러나 『일본서기』의 편찬자들은 어떻게든 야마타이국을 야마토왜에 연결시켜야 했다. 그래서 히미코 대신 가공인물인 진구 왕후를 등장시켜서 히미코의 활동을 진구 왕후의 업적으로 보이게끔 역사 조작을 시도했다. 그 대표적인 예가 진구 원년(중애 9)조에 나오는 소위 신라정벌기이다. 그러나 『일본서기』의 기록을 꼼꼼히 검토해 본 결과 그것은 진구 왕후의 신라정벌 기록이 아니라 히미코가 대마도를 정벌한 이야기이고, 삼한의 의미도 『일본서기』에 "시소위지삼한야(是所謂之三韓也)"라는 문구가 보여주듯 대마도를 지칭한다는 점을 밝혔다는 데 큰 의미가 있었다.

이 책을 통해 필자가 내세우는 바는, 종래 일본의 관변학자들과 그에 동조하는 국내 강단사학자들의 통설인 일왕과 왜왕을 동일시한 일원설이 아니라, 왜5왕의 존재는 일본열도의 일왕계와 구별되는 별도의 권력기관으로 존재했나는 이원설이다. 바꿔 말하면 왜왕 제도는 248년 히미코의 죽음을 계기로 고이왕이 대마도를 정벌한 때부터 시작하여 100여 년간 일본열도에서 대대로 이어졌다고 할 수 있다. 백제의 여러 왕이 일본열도에서 정복 활동을 벌인 결과 근초고왕 때 결실을 보고 507년 게이타이가 등극할 때까지 왜를 비롯한 6국을 거느리는 일본열도 최고의 권력 기구로 군림했다는 논지를 펼쳐 보았다.

일본의 통설은 왜왕 제도를 자신들의 일왕계와 일원적으로 파악한다. 왜왕 무는 일단 유랴쿠에 비정한 다음 거꾸로 하나씩 차례대로 거슬러 올라가면서 왜왕 흥은 안코에, 왜왕 제는 인교에, 또 왜왕 진은 한제이에, 왜왕 찬은 리추에 비정히였다. 하지만 연대도 맞지 않고 특히 『송서』의 내용과도 너무나 동떨어져 수긍할 수 없는 논리라고 의심을 받아왔다.

그렇다면 '일본의 관변학자들은 왜 이런 무리한 주장을 하는가?' 이 물음에 필자의 핵심 주장이 내포되어 있다. 왜왕계를 일왕계로 일치시키려면 왜왕 무를 유랴쿠에 비정할 게 아니라 재위 연대가 비슷한 왜왕 흥을 유랴쿠에 비정하면 타당할 것이다. 그런데 왜 연대도 맞지 않는 왜왕 무를 유랴쿠에 비정하는지 그 이유를 집중적으로 고찰해 보았다. 결국 일본 사학계가 '만세일계의 천황가'를 고수함으로써 일왕가의 연속성을 무조건 지켜야 했기 때문이라는 결론에 다다랐다. 바꿔 말하면 그러한 관변학자들에게는 일왕이 최고의 권력기관인데 일왕 위에 왜왕이라는 권력기관이 있다는 것을 인정할 수 없었기 때문이다. 그러다 보니 왜왕 무의 존재를 유랴쿠로 호도하여 뒤로 감추고, 왜왕 무가 실제로 일본열도를 통할한 기간인 478년부터 501년까지 왜의 가공인물로 여겨지는 천황을 네 명(세이네이(淸寧), 겐조(顯宗), 닌켄(仁賢), 부레쓰)이나 배치해서 그들이 480년부터 506년까지 26년간 재위한 것처럼 꾸몄다.

통설은 왜왕과 일왕을 하나로 보기 때문에(일원설) 왜왕 무에 대응하는 일왕도 네 명이 아니라 하나여야 한다. 그것이 바로 왜왕 무를 유랴쿠로 비정한 이유이지만, 그것이 일원설의 딜레마임은 틀림없다. 결국 이원설, 즉 왜왕계와 일왕계를 별개로 보는 길밖에 없다. 그러나 같은 기간에 왜왕과 일왕이라는 두 개의 권력기관이 공존했다면 그 가운데 하나를 허위로 몰지 않는 한 필연적으로 어느 쪽이 상위냐의 문제에 직면한다. 그런데 왜왕 무의 존재는 『송서』의 「상표문」으로 의심할 바 없이 입증되었고, 왜를 포함한 6국제군사라는 작호로 그 권위가 일왕보다 위에 있음이 분명해졌다. 더군다나 무령왕 지석에서 그의 죽음을 '붕(崩)'으로 표기하여 백제왕이 왜왕 등 후왕을 거느린 황제 반열에 있었음을 입증하였다.

이쯤 되면 만사휴의(萬事休矣)라 할 것이다. 이제 왜왕이 백제왕의 지휘를 받아 일왕을 포함한 6국을 거느리고 일본열도를 통할한 총독의 지위에 있었음이 분명하게 입증되었다고 하겠다. 자연히 『일본서기』에 기록된 잦은 백제 왕자의 인질 파견과 조공에 대한 의문도 해소된다. 종래 일본과 한국의 강단사학자들은 한결같이 백제 왕자의 인질 문제를 '야마토왜'로부터 병력 지원을 받기 위한 담보라거나 또는 무기 제조에 필요한 철정(鐵鋌)을 계속 안정적으로 공급받기 위한 담보용이라고 해석해 왔다. 그러나 이러한 해석은 상식적으로 수긍하기 어렵다. 5세기 전후까지도 야마토왜는 철기를 제작하지 못했을 뿐만 아니라 군사적 측면이든 문화적 측면이든 국력 수준이 대륙과 한반도에 미치지 못했다고 보인다. 『일본서기』에 의하더라도 제대로 된 선박조차 만들지 못하는 수준이라 하겠는데 그 무엇이 한반도의 고구려·백제·신라에 그렇게 큰 위협이 되었겠는가. 『삼국사기』에 20여 차례 집중적으로 나오는 왜구의 신라 침공도 당시 동해안에 인접한 신라에 집중되었을 뿐이고, 그 본질은 대규모 전쟁이 아니라 부족한 식량을 구하기 위한 해적의 노략질 수준에 불과했다는 것이 밝혀진 만큼 상식에 근거한 이러한 의문은 타당하다고 생각한다.

지금까지 살펴본바, 왜5왕의 실체라고 할 때 왜왕 제는 개로왕으로, 왜왕 흥은 개로왕의 동생 곤지로, 왜왕 무는 개로왕의 아들 사마로 밝혀지면서 그러한 의문에도 명확한 해답이 내려진다. 즉, 왜에 파견한 백제 왕자들은 인질이 아니었다. 2~3세기부터 일본열도로 진출했던 가야나 백제의 이주민들이 개척한 일본열도 내 분국들을 통할하는 한편 후계 수업을 위한 파견이었다고 볼 수 있다. 따라서 『일본서기』에 일왕이 백제왕에게 계속된 인질 파견이나 조공품 제공을 요구한 기록은 『일본서기』 제작자들이 일본의 역사를 백제보다 상위에 두고자 했던 주객전도의 역사 조작임이 드러난다.

이처럼 일본열도는 백제가 망하기 전까지 5세기를 전후해서 300여 년의 시간 동안 백제의 지배를 받는 백제의 일부로 간주되었다는 것 또한 분명해진다. 이러한 관점에서 향후 고대 한일관계는 전면적으로 재검토되어야 한다.

결론적으로 왜왕 제도는 왜왕 무가 501년 본국 백제로 귀환해서 동성왕의 뒤를 이어 무령왕으로 등극함에 따라 왜왕 자리를 사촌인 남제왕에게 물려주었고, 이 남제왕이 507년 일왕으로 추대되어 게이타이로 등극함으로써 일왕과 왜왕의 이중구조가 종식되었으며 지배구조는 일왕으로 일원화되었다고 하겠다.

그렇다면 야마토왜 조정의 일왕가 계보는 어떻게 이해해야 할까. 김성호 교수는 그의 저서 『비류백제와 일본국가 기원』에서[266] 광개토대왕의 남진으로 396년 백제가 초토화되자 웅진 백제의 수장이 일본열도로 망명하여 397년 야마토왜를 창건하니 그가 바로 15대 오진이고, '3왕조 교체설'에서는 실질적인 일왕가의 효시로 일컬어진다고 주장한다. 하지만 이런 야마토왜는 400년에 광개토대왕군이 연이어 일본열도에 상륙하자 고구려군과 전투를 벌였고, 결국에는 아직 힘이 부족했던 야마토왜가 항복을 선언하였고, 광개토대왕이 임명한 왜왕 찬의 산하로 들어가게 된다. 바로 16대 닌토쿠, 17대 리추, 18

266) 김성호, 『비류백제와 일본국가 기원』, 지문사, 1982, p.203.

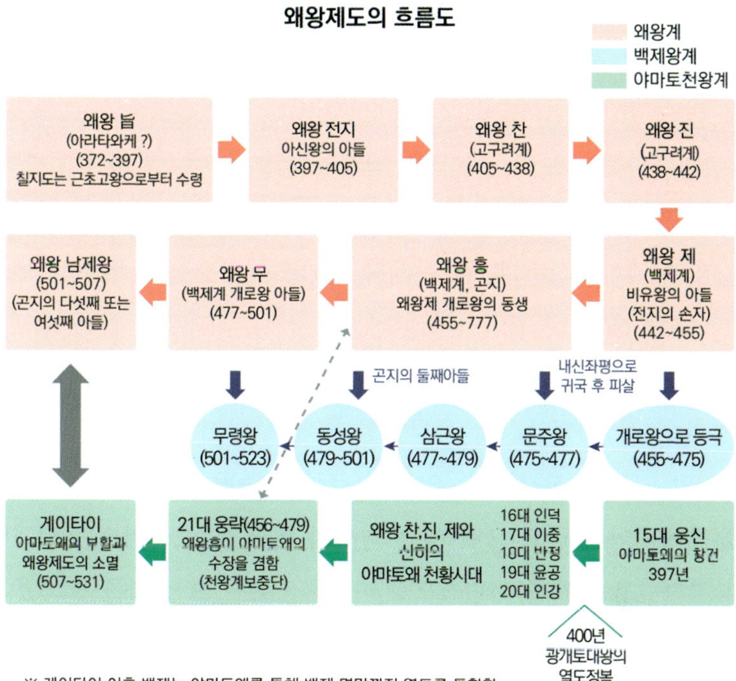

※ 게이타이 이후 백제는 야마토왜를 통해 백제 멸망까지 열도를 통할함
※ 웅략 다음 22대~25대까지 4대 천황은 가공인물임. 이는 왜왕 무의 존재를 감추기 위한 장치이자 왜왕 무를 웅략에 비정하는 통설의 주장과 표리관계

그림 35_ 왜왕 제도의 흐름도

대 한제이, 19대 인교, 20대 안코가 고구려계 왜왕 찬과 진의 휘하에서 후왕 또는 제후가 되어 사직을 보존한 것이다. 이런 상황에서 왜왕 흥이 야마토왜의 수장인 유랴쿠를 겸직하여 일왕 체계가 일시적으로 중단된 듯 보였으며, 왜왕 흥의 뒤를 이은 왜왕 무의 시대에도 일왕이 없는 왜왕의 시대(이 시기에 재임한 왜왕 4명이 허구의 가공인물일 수밖에 없는 이유는 앞서 설명했다)가 지속되었다. 그 후 501년 왜왕 무가 본국인 백제로 귀환하여 무령왕으로 등극함에 따라 공석이 된 왜왕 자리를 왜왕 흥의 막내아들 남제왕에게 물려준다. 이 남제왕이

507년에 26대 게이타이로서 일왕에 등극하여 일왕제가 부활한다. 그에 따라 왜왕 체제와 일왕 체제가 합쳐지고 왜왕 제도는 자연히 소멸의 길로 접어든다.

이러한 왜왕 제도의 흐름을 백제왕 계보와 야마토왜의 일왕 계보를 관련 지어서 표7과 같이 도표로 나타내었다.

이 책에서 다룬 왜5왕 문제나 광개토대왕릉 비문의 경자년조 징실 문제는 둘 다 『삼국사기』나 『일본서기』가 다루지 않은 주제였던 탓에 7세기에 백제와 고구려가 망한 뒤로 1,300여 년 아주 긴 시간 동안 역사의 뒤안길에 묻혀있었다 해도 과언이 아니다. 필자는 『송서』와 「무술등본」이라는 양대 사료를 주춧돌 삼고, 다른 보강 증거를 찾아내어 이렇듯 오랜 세월 역사의 미궁 속에 숨겨져 있던 왜5왕과 경자년조 문제를 전면적으로 파헤침으로써 그 실체를 밝혀냈다. 워낙 전인미답의 길을 걷다 보니 천학비재인 필자의 능력으로는 한계도 절감하였으나 고대 한일관계에 관한 역사의 새 지평을 열었다는 자부심 하나만은 무엇보다 크게 느꼈다. 앞으로 강호 제현의 폭넓은 관심과 지도가 더해져 이 글이 우리 역사의 새 물꼬를 트는 계기가 되기를 간절히 소망한다. 덧붙여 강조하고 싶은 것은 필자의 소견이 국제 사회의 보편적 선린관계를 해치는 방향으로 해석되어서는 안 된다는 점과 아울러 본고를 통해 고대 한국과 일본의 역사적 사실관계를 분명히 함으로써 장차 양국의 건전한 미래를 지향하는 시금석으로 인식되었으면 하는 바람임을 밝혀둔다.

주지하다시피 오늘날 한류는 전 세계에 물결치고 있다. K팝, K드라마를 필두로 영화, 음식 그리고 패션과 화장품에 이르기까지 문화의 전 영역으로 뻗어나가고 있는 지금이야말로 고대부터 시작된 한일관계를 올바르게 정립함으로써 한일 두 나라를 넘어 동양 문화의 보편적 세계화에까지 커다란 보탬이 되리란 점 또한 강조하고 싶다. 때는 바야흐로 우크라이나 전쟁 여파로 인해 세계가 신냉전 구도로 접어들고 있다. 이 글을 통해 한국과 일본이 그동안 왜곡되어 온 한일고대사를 바로 잡고, 선린 우호 관계를 증진해 나갈 작은 계기가 되기를 바란다.

끝으로 『환단고기』에 대하여 한마디 적고자 한다. 광개토대왕릉비문의 경자년조 해석과 관련하여 '임나'나 '안라인수병' 등의 문구 및 고이왕의 대마도 정벌 등과 관련하여 『환단고기』의 기사를 몇 번 인용했고, 그 편저자인 운초 계연수의 「무술등본」도 인용했다. 주위에서는 『환단고기』를 두고 위서 논란이 있는데 학술논문에 인용하는 것은 적절치 않다는 우려의 목소리가 컸다. 그래서 『환단고기』 위서론에 관한 논쟁기록을 훑어보았다. 놀랍게도 『환단고기』가 왜 위서로 낙인찍혀야 하는지에 관한 핵심적인 논의는 별로 없고 문화, 문명 등 현대 용어가 기록에 나온다거나, 1911년 계연수가 제자 이유립에게 전했다는 원본이 분실된 경위가 석연치 않다거나, 또는 왜 1911년에 즉시 발간하지 않고 69년 뒤인 1980년도에 정식 출간하도록 부탁했느냐고 하는 주변적 논의가 대부분이었다. 심지어 계연수의 실존 여부가 불분명하다느니, 과거 군사정권 시절 박창암이 군사정권의 정통성을 뒷받침하는 방편으로 민족주의 역사서인 『환단고기』를 고의로 띄워줬다느니 하는 저급한 주장까지 있었다. 필자도 역사서가 대부분 그러하듯 『환단고기』라는 책의 내용을 100% 사실이라고 믿지는 않는다. 특히 '삼성기'에 나오는 환국과 배달국에 관한 기록은 신화라면 몰라도 역사 기록으로 보기에는 다소 무리가 있다는 지적도 이해가 간다. 북한 학계에서 『환단고기』 가운데 「태백일사」를 주로 인용하는 이유도 이런 맥락이라고 본다. 그러나 『환단고기』에 위서라고 주홍 글씨로 낙인찍는 것에는 반대한다. 왜냐하면 『환단고기』는 내용이 방대해서 어느 한 사람이 허구의 창작물로 지어낼 만한 역사서가 아니다. 게다가 저술 당시 여러 원전을 참조한 흔적이 역력한데도 왜 그것을 '솥뚜껑으로 자라 잡는 식'으로 덮어누르려 하는지 이해가 가지 않는다. 특히 요동의 홍산문화 유적지를 발굴한 결과 『환단고기』를 뒷받침하는 유물이 다수 쏟아져 나온 상황을 고려하면 이덕일 교수의 지적대로 『환단고기』를 위서로 치부하는 쪽에서 숨기고 싶은 내용이 많기 때문일지 모른다. 게다가 우리 역사학계는 과거 조선 초기 태종 이방원을 위시하여 세조, 성종 등 여러 임금을 거치면서 중국에 사대할 목적으로 우리 역사에서 중국과 대립하는 기록 대부분을 '수거령'으로 회수, 폐기 처분한 부끄러운 역사가 있음을 상기해야 한다. 또 일제강점기 조선사편수회를 통하여 조선총독부가 우리 역사서 20여만 권을 강제로 수거하여 폐기 또는 은닉한 사례가 있다. 게다가 우리 역사학회는 그렇게 은닉된 역사서를 회수하기 위해 노력하기는커녕 오히려 힘겹게 살아남은 우리 귀중한 역사 기록을 이렇듯 위서 운운하는 식으로 낙인을 찍는데 몰두하고 있다. 한마디로 자학적이고 비학문적인 작태가 아닐 수 없다. 한 가지 예를 들어 보자. 위서론의 중요 근거 가운데 "왜 환단고기는 1911년 즉시 발행하지 않고 70년 가까이 지난 후에야 발행하도록 이유립에게 지시했느냐" 하는 점이다. 그 엄혹한 상황에서 우리 역사를 말살 축소하는 데 혈안이 된 조선총독부의 기세를 생각하면 당시 『환단고기』 같은 우리 역사서를 발간할 경우 곧장 잡혀가서 필시 재판도 없이 처형되었을 게 불 보듯 뻔하다. 그런데도 그처럼 한가한 의문을 제기하는 것인지 묻고 싶은 심정이다. 필자는 이런 모든 점을 종합할 때 『환단고기』 위서론은 본질상 '환단고기 금서론'이라 규정코자 한다. 대한민국은 학문의 자유가 헌법으로 보장된 자유국가이다. 따라서 '환단고기 금서론'은 위헌적인 학문폭력일 수 있다. 역사적으로도 '금서 목록'은 독재 권력이 반대 세력을 억압하기 위하여 사용하는 전형적인 방법 중 하나였다. 위서론으로 포장된 '금서 목록' 지정으로 『환단고기』에 대한 자유로운 연구과 토론, 또는 책자 발간을 금지하는 것은 문제의 소지가 크다. 따라서 우리 강단사학계가 결코 지향해서는 안 될 방향이라고 생각한다. 최근 논란이 된 『전라도천년사』 파동도 따지고 보면 위서론에서 보인 바와 같은 강단사학계의 폐쇄적인 학문연구 태도에 근본 원인이 있지 않을까 생각한다. 성균관대학교 이기동 교수는 자신이 번역한 『환단고기』 서문에서 자신은 참회하는 마음으로 이 책을 쓴다고 고백하며 『환단고기』는 단순한 역사서가 아니라 우리 고유의 사상과 철학이 담긴 귀중한 책이라고 규정했다. 이러한 학계의 변화 움직임에 따라 최근 들어 『환단고기』 진서론이 점차 힘을 받고 있음은 다행스러운 일이다.

'역사를 잊은 민족에게 미래는 없다'고 했다. 우리나라 역사 연구 발전을 위해서라도 『환단고기』를 둘러싼 필자의 이러한 당부에 대해 건설적 논의가 활발해지기를 기대한다.

참고문헌

1. 국내 문헌

『삼국사기(三國史記)』

『삼국유사(三國遺事)』

『일본서기(日本書紀)』

『고사기(古事記)』

『신찬성씨록(新撰姓氏錄)』

『사기(史記)』

『한서(漢書)』

『삼국지(三國志)』

『후한서(後漢書)』

『송서(宋書)』

『양서(梁書)』

『남제서(南齊書)』

『남사(南史)』

『북사(北史)』

『자치통감(資治通鑑)』

『위서(魏書)』『수서(隋書)』

『구당서(舊唐書)』

『신당서(新唐書)』

『月城(慶州)昔氏璿源大同譜』

단행본

권인한, 『廣開土王碑文 新研究』, 박문사, 2015.

김석형, 『초기조일관계연구』, 사회과학원출판사, 1966.

김석형, 『초기조일관계사(하)』, 사회과학출판사, 1988.

김성호, 『비류백제와 일본국가의 기원』, 지문사, 1982.

김성호, 『일본은 구다라 망명정권』, 기파랑, 2012.

김성호, 『비류백제와 일본의 국가기원』, 지문사, 1982.

김영덕, 『백제와 다무로였던 왜나라들』, 글로벌콘텐츠, 2013.

김인배, 김문배, 『임나신론』, 고려원, 1995.

金鉉球, 『大和政權の對外關係研究』, 吉川弘文館, 1985.

김현구, 『'임나일본부설'은 허구인가』, 창비, 2010.

남창희, 『한일 관계 2천 년: 화해의 실마리』, 상생출판, 2019.

盧泰敦, 「廣開土王陵碑」, 『譯註 韓國古代金石文』1, 駕洛國史蹟開發研究院, 1992.

문정창, 『백제사』, 인간사, 1988.

박시형, 『광개토왕릉비』, 사회과학원출판사, 1966; 푸른나무, 2007.

박진석, 『高句麗 好太王碑 研究』, 아세아문화사, 1996.

徐榮洙, 『'辛卯年記事'의 변상과 원상』, 『高句麗研究』 2, 1996.

소진철, 『금석문으로 본 백제 무령왕의 세계』, 원광대학교 출판국, 1994.

손영종, 『조선단대사: 고구려사5』, 과학백과사전출판사, 2008.

안경전 역주, 『환단고기』, 상생출판사, 2019.

안춘배, 『가야토기와 그 영역의 연구』, 동아대학교 박사학위논문, 1994.

오봉근·손영종, 『조선수군사』, 평양 : 사회과학출판사, 1991.

李基白, 『新羅思想史研究』, 一潮閣, 1986.

이대구, 『고대 일본은 한국의 분국』, 한가람역사문화연구소, 2021.
이덕일, 『동아시아 고대사의 쟁점: 한사군 한반도설과 임나 가야설 비판』, 만권당, 2019.
이덕일, 『이덕일의 한국통사』, 다산북스, 2019.
이덕일, 『중앙박물관가야본성전시회 비판』, 한가람역사문화연구소, 2020.
이덕일, 『한국사, 그들이 숨긴 진실』, 위즈덤하우스, 2009.
이도상, 『미래 세대를 위한 한국고대사 바로 읽기』, 만권당, 2022.
이명우, 최현호 『1909년 환단고기』, 도서출판 북포럼, 2020.
이병선, 『대마도는 한국의 속도였다』, 이화, 2005.
李載浩, 『韓國史의 展開』, 서울:集文堂, 1996.
李進熙, 『廣開土王陵碑の研究』, 吉川弘文館, 1972.
이진희 저, 李基東 역, 『廣開土王碑의 探求』, 일조각, 1982.
이찬구, 『새로운 광개토대왕릉비 연구』, 개벽사, 2020.
李亨求·朴魯姬, 『廣開土大王陵碑新研究』, 同和出版公社, 1986.
이형구, 「광개토대왕릉비」, 새녘, 2014.
林基中, 『廣開土王碑原石初期拓本集成』, 동국대학교출판부, 1995.
임중권, 『한국 실증주의사학과 식민사관』, 한가람역사문화연구소, 2020.
張俊植, 『新羅中原京研究』, 學研文化社, 1998.
전라도천년사편찬위원회, 『전라도천년사』, 2022, 미출간.
조희승, 『조선단대사』 2(진국 · 가야), 과학백과사전출판사, 2011.
조희승, 『초기 조일관계사(상)』, 사회과학출판사(평양), 1988.
조희승 지음, 이덕일 주해, 『북한학자 조희승의 임나일본부 해부』, 도서출판 말, 2019.
조희승, 『북한학자 조희승의 임나일본부 해부』, 말, 2019.
최재석, 『삼국사기 불신론 비판』, 만권당, 2016.

최재석, 『백제의 대화왜와 일본화과정』, 일지사, 1990.
최재석, 『백제의 야마토왜와 일본화 과정』, 만권당, 2023.
한일관계사연구논집편찬위원회, 『왜5왕 문제와 한일관계』, 경인문화사, 2005.
홍성화, 『한일 고대사 유적 답사기』, 삼인, 2008.
홍성화, 『수수께끼의 왜국 왕 왜5왕』, 살림, 2019.
홍성화, 『칠지도와 일본서기』, 경인문화사, 2021.
황순종, 『임나일본부는 없었다』, 만권당, 2016.

학술논문

강인구, 「한국의 전방후원분」, 『한국사론』 14, 국사편찬위원회. 1984.
강인구, 「해남 장고산고분 조사」, 『천관우선생 환력기념한국사학논총』, 1985.
고광의, 「廣開土太王碑 釋文 一考」, 『白山學報』 100, 백산학회, 2014.
김석형,「삼한 삼국의 일본 렬도 내 분국들에 대하여」, 『력사과학』 63－1, 1963.
김병곤, 「新羅 王號 '寐錦'의 由來와 性格」, 『사학연구』4, 한국사학회, 2006.
金永萬, 「廣開土王碑文의 新研究(1)」, 『新羅加耶文化』 第11輯, 嶺南大學校 新羅加耶 文化研究所, 1980.
김주인, 「광개토대왕능비에 나타난 '왜'에 관한 연구」, 신한대학교 석사논문, 2021.
김주인, 「5세기 왜(倭) 5왕의 성격과 실체에 대한 연구」, 『역사와 융합』 제2호, 바른역사학술원, 2022.
김영하, 「廣開土大王陵碑의 정복기사해석－신묘년기사의 재검토와 관련하여－」, 『한국고대사연구』 66, 한국고대사학회, 2012.

金昌鎬, 「廣開土王陵碑 辛卯年條의 재검토」, 『考古研究』 제2집, 1989.
南豊鉉, 「中原高句麗碑의 解讀과 吏讀的 性格」, 『中原高句麗碑 研究』, 학연문화사, 2000.
노태돈, 「5세기 금석문에 보이는 고구려인의 천하관」, 『한국사론』 19, 1988.
백승옥, 「廣開土太王陵碑文 辛卯年條에 대한 新解釋」, 『東洋學』 58, 2015.
서영수, 「광개토대왕비의 재조명」, 『단국대학교사학회사학지』 권38, 2006.
윤창열, 「광개토대왕비문과 환단고기의 整合性」, 『세계환단학회지』 제5권 1호, 세계환단학회, 2018.
王建群, 『好太王碑研究』, 吉林人民出版社, 1984. 왕젠췬 저, 임동석 역, 『광개토왕비 연구』, 역민사, 1985.
전진국, 「스에마츠 야스카즈(末松保和)의 임나흥망사 소개와 비판적 검토」, 『한국고대사탐구』 34호, 한국고대사탐구, 2020.
박순발, 「영산강유역 전방후원분과 식륜(埴輪)」, 『한일고대인의 흙과 삶－전주 국립박물관 특별전시 도록－』, 국립전주박물관, 2001.
손영종, 「광개토왕릉비 왜관계기사의 올바른 해석을 위하여」, 『력사과학』, 사회과학출판사, 1988.
안춘배, 「고고학상에서 본 '임나일본부설'」, 『가라문화』 제8집, 1990.
연민수, 「日本書紀 神功紀의 史料批判」 ,『일본학』 15호, 1995.
이재석, 「『宋書』倭國傳에 보이는 倭王(武) 上表文에 대한 검토」, 신라문화연구소, 2004.
林炳泰, 「新羅五小京考」, 『歷史學報』 35 · 36, 1967.
임영진, 「광주 월계동의 장고분 2기」, 『한국고고학보』 31, 1994.
전덕재, 「충주 고구려비를 통해 본 5세기 중반 고구려와 신라와의 관계」, 『고구려발해연구』 65, 2019.

전영래, 「백제남방 경역(境域)의 변천」, 『천관우선생 환력기념 한국사학논총』, 1985.

鄭杜熙, 「廣開土王陵碑文 辛卯年記事의 再檢討」, 『歷史學報』 제82집, 1979.

鄭寅普, 「廣開土境好太王陵碑文釋略」, 『白樂濬博士記念國學論叢』, 思想界社, 1955.

千寬宇, 「復元加耶史」 上·中·下, 『文學과 知性』 28·29·31, 1977·1978. 『加耶史硏究』, 一潮閣, 1991.

田中俊明, 「熊津時代 百濟의 領域再編과 王·侯制」, 『百濟의 中央과 地方』, 忠南大学校百済研究所, 1997.

鈴木英夫 (SUZUKI Hideo) 저, 박재용(朴宰用) 역, 「倭의 五王과 高句麗 : 한반도와 관계된 왜왕의 칭호와 對고구려 전쟁 계획」, 『高句麗硏究』 第14輯, 고구려발해학회, 2002.

이시와타리 신이치로(石渡信一郎) 지음, 안희탁 옮김, 『백제에서 건너간 일본 천황』, 지식여행, 2002.

白崎昭一郎, 『廣開土王碑文の研究』, 吉川弘文館, 1993; 권오엽·권정 譯, 『廣開土王碑文의 硏究』, 제이앤씨, 2004.

2. 국외 문헌

단행본

旗田巍, 1974, 「廣開土王陵碑文の諸問題」, 『古代朝鮮と日本』, 龍溪書舍, 1974.

吉田晶,「古代國家の形成」, 『岩波講座日本歷史』 2(古代 2), 岩波書店, 1975.

奧田尙, 「任那日本府」と新羅倭典」, 『古代國家の形成と展開』, 吉川弘文館, 1976.

鬼頭淸明, 「任那日本府』の檢討」, 『日本古代國家の形成と東アジア』, 校倉書房, 1976.

東潮,「倭と榮山江流域」, 朝鮮學會編 ,『前方後圓墳 古代日朝關係』, 同成社, 2002.

岡內三眞,「前方後圓形墳の築造モデル」,『韓國の前方後圓形墳』, 雄山閣, 1996.

西谷正,「韓國の前方後圓墳をめぐる諸問題」, 朝鮮學會編 『前方後圓墳古代日朝關係』, 同成社, 2002.

柳澤一男, 「全南地方の榮山江形石室の系譜と前方後圓墳」, 朝鮮學會編『前方後圓墳と古代日朝關係』, 同成社, 2002.

橫井忠直, 「高句麗古碑考」, 『會餘錄』 5, 1889.

三宅米吉, 「高麗古碑考追加」, 『考古學雜志』 2－5, 1898.

今西龍,「廣開土境好太王陵碑に就いて」,『訂正增補 大日本時代史』, 早稻田大學出版部, 1915.

方起東,『好太王碑』, 吉林文史出版社, 1999.

三品彰英, 『日本書紀朝鮮關係記事考證』上, 吉川弘文館, 1962.

前間恭作, 「輯安高句麗廣開土王陵碑」, 『朝鮮金石總覽』, 亞細亞文化社, 1919.

前間恭作,「輯安高句麗廣開土王陵碑」,『朝鮮金石總覽』上, 亞細亞文化社, 1976.
末松保和,『任那興亡史』, 吉川弘文館, 1977.
今西龍,『新羅史研究』, 近澤書店, 1933.
前田晴人,『倭の五王と二人の王家』, 同成社, 2009.
上田正昭,『倭国の世界』, 講談社, 1976.
栗原朋信,「七支刀銘文についての一解釈」,『論集日本文化の起源２ ー 上代日本対外関係の研究』, 吉川弘文館, 1966.
江上波夫,『騎馬民族國家』, 中央公論社, 1967.
藤間生大,『倭の五王』, 岩波書店, 1968.
原島礼二,『倭の五王とその前後』, 塙書房, 1970.
井上秀雄,『任那日本府と倭』, 東出版, 1973.
坂元義種,『古代東アジアの日本と朝鮮』, 吉川弘文館, 1978.
坂元義種,『倭の五王』, 教育社, 1981.
佐伯有清 編,『雄略天皇とその時代』, 吉川弘文館, 1988.
武田幸男,『廣開土王碑原石拓本集成』, 東京大學出版會, 1988.
武田幸男,『廣開土王碑』, 天來書院, 2007.
武田幸男,『廣開土王碑墨本の研究』, 吉川弘文館, 2009.
山尾幸久,『古代の日朝關係』, 塙書房, 1989.
白石太一郎, 吉村武彦,『爭點 日本の歴史』 2, 新人物往來社, 1990.
水谷千秋,『謎の大王 継体天皇』, 文藝春秋, 2001.
瀧音能之, 『「日本書紀」と「宋書」で読み解く！－謎の四世紀と倭の五王－』, 青春出版社, 2018.
朝鮮學會編 ,『前方後圓墳 古代日朝關係』, 同成社, 2002.

학술논문

福山敏南, 「石上神宮七支刀の銘文」, 『美術研究』 158, 1951.

江上波夫, 「日本における民族と國家の起源」, 『東洋文化研究所紀要』 32, 1964.

坂元義種, 「古代東アジアの＜大王＞について－百済大王考補論－」, 『京都府立大學學術報告. 人文』 第20巻, 京都府立大学学術報告委員会, 1968.

請田正幸, 「六世紀前期の日朝關係－任那「日本府」を中心として－」, 『朝鮮史研究會論文集』 11, 1974.

武田幸男, 「平西將軍 倭隋の解釋－5世紀の倭國政權について」, 『朝鮮學報』 77, 朝鮮學會, 1975.

穴澤和光·馬目順一, 「朝鮮南部出土 鐵製鋲留甲冑」, 『朝鮮學報』 76, 1975.

東潮, 「慕韓과 秦韓」, 『碩晤尹容鎭教授停年退任紀念論叢』, 1996.

東潮, 「榮山江流域と慕韓」, 『展望考古學』 247, 1996.

武末純一, 「고고학에서 본 弁韓·辰韓과 倭」, 『新羅文化』 14, 1997.

福山敏男, 「石上神宮の七支刀」, 『美術研究』 通号 158, 国立文化財機構 東京文化財研究所, 1951.

3. 기타 참고 매체

기쿠치이케시도서관 도모노카이(菊池市図書館友の会)(https://www.librar yofall-kikuchi.net/post/2021年7月号-熊本・菊池の歴史アラカルト)

국립중앙박물관 'e뮤지엄'(https://gongju.museum.go.kr/prog/mainPsgudMng/kor/sub04_02/list.do)

국영 아스카 역사 공원 홈페이지(国営飛鳥歴史公園)(https://www.asuka-park.jp/ko/area/)

대한문화방송(https://www.kmbc.kr/news/articleView.html?idxno=11992)

동북아역사넷(http://contents.nahf.or.kr/)

동아일보(https://www.donga.com/news/Inter/article/all/20150623/72054672/1)

사카이시(堺市) 중앙도서관(https://adeac.jp/sakai-lib/catalog/mp000009-100070)

오사카부 후지이데라시, 문화재보호과(大阪府藤井寺市, 文化財保護課)(http://t2m.kr/kaZWR)

아소시 교육위원회(阿蘇市教育委員会)(http://t2m.kr/Hmyaa)

아스카무라 철저 가이드(あるか村徹底ガイド)(http://rekishi-guide.com/nara/asukamura/takamatsuzuka-kitora/)

연합뉴스(https://m.yna.co.kr/view/AKR20200925129900073)

오사카부 후지이데라시, 문화재보호과(大阪府藤井寺市, 文化財保護課)(http://t2m.kr/kaZWR)

우리역사넷(http://contents.history.go.kr/mobile/eh/view.do?levelId=eh_n0070_0010)

인문학 오픈데이터 공동이용센터(Center for Open Data in the Huma

nities)(https://images.app.goo.gl/YPPnpVpDTCD6tdd99)
일본 도쿄국립박물관 'e国宝'(https://emuseum.nich.go.jp/)
일본 문화유산데이터베이스(文化遺産データベース)(https://bunka.nii.ac.jp/db/heritages/imagemorelarge/125354)
유튜브 채널 '역사이다'(https://www.youtube.com/@historycider)
위키피디아 위키백과
타비진(TABIZINE/)(https://tabizine.jp/2021/04/09/372076/)
플리커(www.flickr.com)
하테나 블로그 '오이시코겐노후모토카라(生石高原の麓から)'(https://oishikogennofumotokara.hatenablog.com/entry/2022/07/10/090000)
한국민족문화대백과사전(https://encykorea.aks.ac.kr/)
한국사데이터베이스(https://db.history.go.kr/)
한韓문화타임즈(http://m.hmhtimes.com/news/articleView.html?idxno=6747)

색　인

2

6

ㄱ

ㄴ

ㄷ

ㄹ

ㅁ

ㅂ

ㅅ

ㅇ

ㅈ

ㅊ

ㅌ

ㅍ

ㅎ

열도 총독, 왜5왕 1500년 숨겨진 한일 관계의 비밀

초판발행 2025년 12월 1일

지은이 김주인
펴낸이 안종만 · 안상준

편 집 소다인
기획/마케팅 최동인
표지디자인 BEN STORY
제 작 고철민 · 김원표

펴낸곳 (주) 박영사
서울특별시 금천구 가산디지털2로 53, 210호(가산동, 한라시그마밸리)
등록 1959. 3. 11. 제300-1959-1호(倫)
전 화 02)733-6771
f a x 02)736-4818
e-mail pys@pybook.co.kr
homepage www.pybook.co.kr
ISBN 979-11-303-2416-6 03910

정 가 25,000원